ANGELA MERKEL – MACHTWORTE

ANGELA MERKEL MACHT WORTE

Die Standpunkte der Kanzlerin

Herausgegeben von
Robin Mishra

HERDER

FREIBURG · BASEL · WIEN

www.herder.de

Satz: Barbara Herrmann, Freiburg
Herstellung: fgb · freiburger graphische betriebe
www.fgb.de

Gedruckt auf umweltfreundlichem, chlorfrei gebleichtem Papier
Printed in Germany

ISBN 978-3-451-30353-1

Inhalt

Einleitung

Mit Machtworten ist das so eine Sache. „Ja klar, in bestimmter Weise habe ich auch was zu sagen", sagte Angela Merkel beim Empfang von Sternsingern im Kanzleramt. Aber auch sie könne wenig erreichen, „wenn nicht andere mitmachen".[1] In der deutschen Politik sind klare Ansagen riskant. Denn sobald der erste aus den eigenen Reihen widerspricht, steht die Kanzlerin schwächer da als zuvor. Um ihre Pläne durchzusetzen, braucht sie im Bundestag die Unterstützung des Koalitionspartners – und im Bundesrat die Zustimmung der Ministerpräsidenten. Je weniger klassische Machtworte ausrichten können, desto mehr zählt die Macht der Worte. Die Kanzlerin regiert, indem sie spricht. Und das nicht nur im Wahlkampf.

„Machtworte" enthält jüngere wie ältere Reden Merkels, innenpolitische wie außenpolitische, anerkannt prominente ebenso wie weniger bekannte. Die Auswahl versucht, ein möglichst authentisches Bild von Gedanken, Überzeugungen und Zielen der Politikerin Angela Merkel zu zeichnen. Dabei werden auch Brüche und Widersprüche sichtbar.

Der Aufstieg der Physikerin aus dem Osten zur Regierungschefin des vereinigten Deutschland hat nichts von seiner Faszination eingebüßt. So unterschiedliche Persönlichkeiten wie der Liedermacher Wolf Biermann, die Feministin Alice Schwarzer oder der SPD-Altbundeskanzler Helmut Schmidt loben Merkel, 2010 kürte das Time Magazine sie zur „Frau Europa" und würdigte ihre „ruhige Entschlossenheit".[2] Das amerikanische Magazin Forbes wählte Merkel 2009 zum vierten Mal in Folge zur mächtigsten Frau der Welt[3], und US-Präsident Barack Obama pries sie als „außergewöhnliche Führungspersönlichkeit"[4] – nachdem sie vor dem amerikanischen Kongress gesprochen hatte.

In der Demokratie bestimmen Reden die Politik, und sie prägen das Bild des Redners. Auch wenn Redenschreiber an den Texten der Bundeskanzlerin und Parteivorsitzenden feilen, sagen Merkels Ansprachen viel über ihre Persönlichkeit aus. Die Kanzlerin gehört nicht zu den Politikern, die nur vorformulierte Manuskripte ablesen. Sie variiert, sie interagiert mit ihrem Publikum. Deshalb sind in diesem Band die Originaltexte nicht nachträglich verändert oder geglättet worden. Allerdings wurden sie gekürzt und auf markante Passagen konzentriert; Auslassungen sind gekennzeichnet, Begrüßungs- und Anredeformeln wurden weggelassen. Als Überschriften dienen prägnante Zitate aus der jeweiligen Rede.

Die Texte in diesem Buch sind nach Themen geordnet und mit kurzen Einführungen des Herausgebers versehen. Merkels drei große innenpolitische Grundsatzreden zu Beginn handeln vom Begriff der *Freiheit*. Als Oppositionsführerin erklärt sie ein Mehr an Freiheit zum Ziel entschiedener Reformen. In ihrer Regierungserklärung von 2005 versucht sie, ihr Freiheitsverständnis mit den Interessen des Koalitionspartners SPD zu vereinbaren. 2009 schließlich, zu Beginn der christlich-liberalen Regierung, kombiniert sie die Freiheit mit dem Prinzip Verantwortung und erklärt sich vor allem zur Kanzlerin des Zusammenhalts. Im Laufe der Jahre haben sich manche ihrer Standpunkte verändert. Mit Großbritanniens eiserner Lady Margaret Thatcher vergleicht Merkel heute niemand mehr.[5]

Unter dem Eindruck der *Finanzkrise* betont Merkel die Rolle des Staates als Hüter der Ordnung so stark wie niemals zuvor. Die Soziale Marktwirtschaft hält sie für den gesunden Mittelweg zwischen ungezügeltem Kapitalismus und entmündigendem Sozialismus. In dieser Phase tastet Merkel sich mit jeder Rede ein Stück weiter vor. Den Vorwurf, nicht die alles erklärenden Worte zur Krise gefunden zu haben[6], nimmt sie in Kauf. Sie will keine Gewissheiten versprechen, solange sie Risiken sieht.[7]

Seit Merkels Zeit als Umweltministerin steht der *Klimaschutz* weit oben auf ihrer Agenda. Als Kanzlerin arbeitet sie daran, internationale Abkommen auf den Weg zu bringen. Im Inland setzt sie auf erneuerbare Energien, aber auch auf eine Verlängerung der Laufzeiten bei Kernkraftwerken.

Die Bundeskanzlerin und Parteichefin Merkel schreibt sich die Modernisierung der *Gesellschaft* auf ihre Fahnen. Die Bildungspolitik nimmt sie sich dabei ebenso vor wie eine Familien- und Frauenpolitik, die von klassischen Rollenbildern Abschied nimmt. Fragen der *Moral* und des christlichen Menschenbildes behandelt sie in ihren Reden häufig. Dabei weist sie jedoch auf die unterschiedlichen Sphären von Religion und Politik hin. In Fragen des Lebensschutzes vertritt sie pragmatische Positionen.

Ihrer *Partei* mutet Angela Merkel damit einiges zu. Mit dem konservativen Tafelsilber der CDU geht sie funktional um. „Wir verändern, was uns belastet, und wir bewahren, was uns stark macht", sagt sie beim Hannoveraner Parteitag 2007, der das neue Grundsatzprogramm beschließt. Die politische Mitte verortet sie dort, wo sie und damit ihre Partei stehen.

Wie keine zweite Politikerin verkörpert Angela Merkel die deutsche *Einheit*. Der Blick der Mecklenburgerin auf die ehemalige DDR ist frei von jeglicher Ostalgie. Auf westdeutsche Besserwisserei reagiert sie allerdings allergisch. In ihren Beiträgen zu diesem Thema preist sie die friedliche Revolution als großartigen Beitrag der DDR-Bürger zur deutschen Geschichte. Haben die Wirtschaftswunderkinder aus dem Westen Ähnliches vorzuweisen?

Oft klingen Reden deutscher Politiker über die finstersten Jahre der deutschen *Geschichte* reichlich pflichtschuldig. Nicht so bei Angela Merkel. Die Singularität deutscher Schuld gehört für sie zur Staatsräson. Relativierungen des nationalsozialistischen Unrechts lässt die Kanzlerin nicht durchgehen – auch eigenen Parteifreunden nicht. Aus dem „Zivilisationsbruch der Shoah“ leitet Merkel die historische Verantwortung der Deutschen für das Existenzrecht Israels ab.

Sie wolle ein Deutschland, „das ein tolerantes Land unter anderen ist, das sich nicht aufspielt und das sein Licht nicht unter den Scheffel stellt“ – so formuliert Merkel ihre außenpolitische Idealvorstellung. Die Bundeskanzlerin glaubt, dass die Zeit der Insellösungen vorbei ist. Sie setzt auf Bündnisse, zum einen mit den *Nachbarn* in Europa: Bis auf Malta und Zypern hat sie in ihrer ersten Amtszeit alle EU-Mitgliedstaaten bereist. Genauso wichtig ist ihr die Bindung an den *Westen*, also die NATO und vor allem die Vereinigten Staaten von Amerika. Diese West-Fixierung ging sogar so weit, dass Merkel 2003 den Irakkrieg der USA guthieß. Sie liefert ihr auch die Gründe, am Bundeswehreinsatz in Afghanistan gegen massive Kritik festzuhalten.

Besonders aufschlussreich für ihr Selbstverständnis sind die Reden, in denen Merkel an anderen *Persönlichkeiten* Maß nimmt. Sie bewundert Hillary Clintons Standhaftigkeit und das klingt, als spreche sie über ihre eigene Person. Ihren langjährigen Weggefährten und Rivalen Edmund Stoiber lobt sie, nicht ganz ernst gemeint, für seinen zeitintensiven Verhandlungsstil, und als das in Gold gefasste Porträt ihres Vorgängers Gerhard Schröder im Kanzleramt aufgehängt wird, bemerkt sie launig, das Bild sei „lichtmäßig etwas scheinwerferabhängig“.

Überhaupt gehören ironische Bemerkungen zu Angela Merkels rhetorischem Arsenal. Wer hören will, der höre. Die ausgewählten Reden zeigen: Will Merkel gegenüber ihren Adressaten etwas klären, sagt sie das so, dass es auch die Medienöffentlichkeit versteht. Wenn die Naturwissenschaftlerin unpräzise bleibt, ist dies in der Regel beabsichtigt – etwa wenn sie vor dem Bund der Vertriebenen die umstrittene Personalie Erika Steinbach nur sehr allgemein anspricht. Merkels Aktenkenntnis, mit der sie ihre Fachminister immer wieder überrascht, geht in früheren Reden schon einmal mit ihr durch. Die Detailfreude der Oppositionschefin jedoch ist bei der Bundeskanzlerin einem stärkeren Rückzug auf das Grundsätzliche gewichen.

Merkel will ihre Zuhörer ansprechen und überzeugen, im Wahlkampf wie im Bundestag, per TV-Ansprache oder Videobotschaft. Mit einem herrschaftsfreien Diskurs im Sinne von Jürgen Habermas darf man die Kommunikation der Bundeskanzlerin dennoch nicht verwechseln. Merkels Rhetorik ist zwar inkludierend, dabei aber auf Machtsicherung ausgerichtet. Oder, wie CDU-Vize Christian Wulff über sie sagt: „Der gute Hirte führt die Herde von hinten. Ihm geht kein Schaf verloren, und trotzdem geht die Herde in die Richtung, in die er möchte.“[8] In der Demokratie mag das auf Dauer die effektivste Form der Selbstbehauptung sein. Die schnellste Art der Fortbewegung ist es nicht immer.

Komplexe Zusammenhänge erspart Merkel ihren Zuhörern nicht und setzt sie zuweilen in Parenthesen. Aufzählungen, Anaphern, rhetorische Fragen gliedern ihren Vortrag. Der Rednerin Merkel zählt Struktur mehr als Emphase. Andererseits scheut sie vor umgangssprachlichen Formulierungen wie „super“ oder „toll“ nicht zurück.[9] Als supertolle Rednerin im Sinne von Charismatikern wie John F. Kennedy oder Barack Obama, Willy Brandt oder Joschka Fischer gilt sie dennoch nicht. Es wäre aber zu fragen, ob das Bild eines großen Redners nicht allzu sehr von der Vorstellung tiefer Männerstimmen und kraftstrotzender Auftritte geprägt ist.[10]

Zu viel Pathos entspräche im Übrigen auch nicht Merkels Politikverständnis.[11] Parolen wie Obamas „change“ erscheinen Merkel etwas zu simpel für eine komplexe Wirklichkeit und unübersichtliche Machtverhältnisse. Wenn die Kanzlerin dann doch einmal ein starkes emotionales Moment einbringt – etwa in ihrer Rede zum Tag der deutschen Einheit 2006 – wirkt das, weil ungewohnt, umso stärker.

Pathos, Ethos, Logos: Von den drei rhetorischen Elementen, die nach Aristoteles die Überzeugungskraft einer Rede ausmachen, bevorzugt die Rednerin Merkel vor allem den Ethos, die Autorität der Sprecherin, und den Logos, die folgerichtige Argumentation. Schon deshalb lohnt es sich, ihren Worten genauer zuzuhören. „Sie spricht präzise und gedankenscharf", lobte sie vor einigen Jahren der große Tübinger Rhetoriker Walter Jens.[12] Merkel habe „einen absolut prägnanten Sprachstil, der sie von praktisch allen Politikern der Gegenwart unterscheidet", so ihr Biograf Gerd Langguth.[13]

Reden muss mit Handeln einhergehen. Anders als ein repräsentatives Staatsoberhaupt verfügt eine Bundeskanzlerin über reale Macht. Sie kann sich nicht damit schmücken, das Richtige gesagt zu haben, wenn sie in der Sache hinter dem formulierten Anspruch zurückbleibt. In dieser Hinsicht ist das abschließende Urteil über Merkels Amtszeit noch nicht gesprochen.

Es ist auch künftig nicht zu erwarten, dass die Kanzlerin angesichts der drängenden Probleme, die Deutschland bewegen, mit der Faust auf den Tisch hauen wird. Dennoch: Durch die Machtworte der Rede prägt Angela Merkel weiter die nationale und internationale Politik. Auf ihre Weise.

Berlin, im Februar 2010 *Robin Mishra*

1. Freiheit

„Ohne Freiheit ist alles nichts“

Die erste ihrer drei groß angelegten innenpolitischen Grundsatzreden hält Angela Merkel zwei Jahre vor ihrer Wahl zur Bundeskanzlerin. Im Herbst 2003 entscheidet sie die Machtfrage in der Union für sich. Zwar hat sie die Kanzlerkandidatur 2002 Edmund Stoiber überlassen müssen, als neuer CDU/CSU-Fraktionschefin erwächst ihr jedoch schnell eine starke Position – zumal die rot-grüne Regierung von Gerhard Schröder auf die Stimmen der Union im Bundesrat angewiesen ist. Eine Schlüsselrolle für ihre Wahrnehmung in der Öffentlichkeit spielt diese von langer Hand vorbereitete und sorgfältig inszenierte Ansprache am 1. Oktober 2003 im Deutschen Historischen Museum in Berlin. Merkel zeichnet ein dramatisches Bild von der Lage in Deutschland und erklärt einschneidende Wirtschaftsreformen für notwendig. So erhebt die CDU-Vorsitzende den persönlichen und programmatischen Anspruch, das Land zu führen.

Vor einigen Wochen fragte mich ein Journalist in einem längeren Gespräch: „Sagen Sie mal, Frau Merkel, wenn Sie sich 1990 anders entschieden hätten und nicht in die Politik und zur CDU gegangen wären, was würde der CDU heute eigentlich fehlen?“ „Ich“, habe ich kurz und knapp geantwortet. Der Ehrlichkeit halber muss ich anfügen, dass ihm diese Antwort noch nicht gereicht hat. Damit hatte er sicher auch nicht ganz Unrecht. Und so habe ich ihm in der Folge noch ein wenig näher vom Wert der Freiheit im umfassenden Sinne erzählt, von der Sozialen Marktwirtschaft, von der Lust auf Veränderung, von der Freude am Ausloten der eigenen Grenzen und vielem mehr, das mich – wie viele andere – bewog, 1989 erst in den Demokratischen Aufbruch und 1990 in die CDU zu gehen. All diese Erwartungen vor jeweils eigenem biographischem Hintergrund würden der CDU ohne uns sicher fehlen. (...)

Quo vadis, Deutschland? Wohin gehst du, Deutschland? Wenn man sich heute umschaut in Deutschland, wenn man aufmerksam verfolgt, was und wie über unser Land im In- und Ausland berichtet wird, wenn man liest, was und wie über unser Land geschrieben wird, wenn man hinhört, was und wie über unser Land gesprochen wird, dann bin ich spontan geneigt zu sagen: „Quo vadis?", „Wohin gehst du?" – davon kann eigentlich keine Rede sein. Unser Land steht. Wo stehst du, Deutschland? Warum stehst du, Deutschland? Dies sind Fragen, die dem „Wohin" vorausgehen und vorausgehen sollten.

Wir, das ist die Wahrheit, leben seit langem vor allem von der Substanz. Für diese bittere Wahrheit haben die, die in der früheren DDR gelebt haben, durch leidvolle Erfahrung übrigens ein sehr feines Gespür entwickelt. Die Leistungsfähigkeit unserer Volkswirtschaft nimmt ab. Die staatlichen Institutionen sind teilweise ausgezehrt oder arbeiten sich in Bürokratie ab. Viele Einzelteile bewegen sich, aber das Ganze tritt auf der Stelle. Der jüngste IWF [Internationaler Währungsfonds]-Bericht stellt Deutschland auf der Bühne der Weltgemeinschaft als eine der zentralen Bremsernationen dar. In weiten Teilen der Gesellschaft, die Parteien schließe ich dabei ausdrücklich mit ein, fehlt der Wille zum Aufbruch. (...)

Was also ist los mit dir, Deutschland? Ich glaube, es lohnt sich nicht über die zentralen Probleme unseres Landes zu streiten, sie sind so offensichtlich. Zu wenig Arbeit; zunehmend instabile soziale Sicherungssysteme; hoch verschuldete öffentliche Haushalte; ein in Teilen dürftiges Bildungswesen; zu wenig Kinder.

Ein Zurück zur guten alten Zeit ist unmöglich. Auch darüber lohnt es sich nicht zu streiten. Der Einfluss der Weltwirtschaft und der globale Wettbewerb, die technologische Revolution hin zur Informations- und Wissensgesellschaft, die demographischen Vorgaben für die nächsten vierzig Jahre – sie spiegeln geschichtliche Abläufe wider, gegen die weder Tobin-Steuer noch Mütterprämien, nicht der Austritt Deutschlands aus der EU und nicht einmal die Errichtung einer abgeschotteten Diktatur helfen würde.

Über all dies lohnt sich nicht zu streiten. Das entscheidende Problem, über das wir sehr wohl nachdenken müssen, liegt viel tiefer. Es fehlt an der wichtigsten Voraussetzung für eine Gesundung unseres Landes: Es fehlt an Vertrauen. Es fehlt an Vertrauen in die politische Führung, an Vertrauen in die ökonomische und soziale Kraft unseres Landes, an Vertrauen in die eigenen Fähigkeiten, Chancen und Möglichkeiten. Fatalismus greift um sich, mit all seinen Folgen. Notwendige, ja, auch harte Einschnitte und Kürzungen werden nur als Angriff auf die eigene Lebensqualität wahrgenommen.

Ein Ziel der ganzen Operationen? Nicht erkennbar. Der Nutzen für den Einzelnen? Nicht spürbar. Das „Warum" und „Wozu" von Reformen? Fehlanzeige. Reformen? Ein Wort, vor dem man sich per se schon fürchten muss. Und das Ergebnis des Ganzen? Wenn es gut kommt, bleibt es Wahlenthaltung, bei einer (...) Art nostalgischer Kapitulation. Wenn es schlecht kommt, kann aus Wahlenthaltung Protestwahl werden, aus Depression Rebellion, politische Rattenfänger inbegriffen.

Deutschland steht an einer Wegmarke. Mehr noch: Ich bin überzeugt, Deutschland steht am Scheideweg. Entweder Resignation und Kapitulation oder Aufbruch und Aufstieg. Wir haben die Wahl. Ich möchte, dass alle, die für dieses Land Verantwortung tragen, die Zeichen der Zeit erkennen. Ich möchte, dass wir die Zeichen *unserer* Zeit erkennen. Wir durchleben nicht einfach eine Konjunkturkrise, wir durchleben auch nicht einfach eine Strukturkrise. Wir leben – es mag sich trivial anhören, kann aber nicht oft genug gesagt werden – in einer anderen Zeit als die Gründerväter unseres Landes. Nach dem Ende des Kalten Krieges und dem Zusammenbruch des Kommunismus ist nicht vor dem Ende des Kalten Krieges. Nach der digitalen Revolution ist nicht vor der digitalen Revolution. Leben im Zeichen der Globalisierung ist nicht Leben ohne Globalisierung. Ein Leben in unserer Zeit ist ein Leben in den zweiten Gründerjahren unserer Republik, und die zweiten Gründerjahre sind nicht die ersten.

Aber so wie es die ersten waren, so sind auch die zweiten Gründerjahre Schicksalsjahre für unser Land. Und eines – das bleibt: Das ist der Geist, der Gründerjahre ausmacht, der Geist des Aufbruchs, des Mutes und der Entschlossenheit, der Geist, neue Pfade einzuschlagen, das ist die Kraft der Freiheit. Wohlstand für alle. Das ist der Geist, der die alte Bundesrepublik stark gemacht hat. Das ist der Geist, der das wiedervereinigte Land wieder stark machen kann. In den zweiten Gründerjahren dieser Republik.

Gelingen kann das, wenn wir zwei sehr einfach anmutende, aber gleichzeitig sehr anspruchsvolle Regeln beachten und zu unserem Handlungskodex erheben: Wir müssen mehr für Deutschland tun. Und: Jeder muss bei sich selber anfangen. (...)

Lassen Sie uns verabreden, dass wir tatsächlich Schluss damit machen, zuerst mit dem Finger auf die anderen zu zeigen: die Arbeitgeber auf die Gewerkschaften, die Gewerkschaften auf die Arbeitgeber, eine Volkspartei auf die andere, die Parteien auf diejenigen Minderheiten, die sie ohnehin nicht wählen. Jeder hat da doch so seine Prügelminderheiten: die Sozialhilfeempfänger, die Vermögenden, die Polizisten, die kleinen Mieter, die Freiberufler.

Nein, es geht mir wahrlich nicht um alte Rituale und Bekenntnisse. Es geht um etwas anderes, um das richtige Ziel und die richtige Reihenfolge. Es muss Schluss damit sein, reflexartig *zuerst* auf den anderen zu schauen. Jeder muss bei sich selber anfangen. Weil es um Deutschland geht und nicht um ein vielleicht auf den ersten Blick ehrbares, aber dennoch begrenztes Einzelinteresse. Deshalb noch mal so einfach wie klar: Wir müssen mehr für Deutschland tun, und jeder muss bei sich selber anfangen. (...)

Unser Land hat genug vom Egoistenwettbewerb. Wir haben genug davon, dass die eigentlich wirklich florierende Branche in Deutschland die Schwarzarbeit ist. Ich denke, nicht wenige haben auch genug davon, dass wir Politiker uns nur zu gerne hinter den Zwängen des politischen Geschäftes verstecken und stärker als vielleicht erforderlich in kurzfristigen, ja in *zu* kurzfristigen Zeitspannen denken. (...)

Heute, zwölf Monate nach der Bundestagswahl, wäre es für die Union ein Leichtes, das Land vor die Wand fahren zu lassen. Mit einer Bundestagsfraktion auf Augenhöhe mit den Sozialdemokraten, mit unserer Mehrheit im Bundesrat – in Zahlen: neun von 16 Ministerpräsidenten stellt die Union – wäre es wirklich ein Leichtes, das Land vor die Wand fahren zu lassen. Aber das wird es mit mir nicht geben. (...) Die Gleichung heute ist eine andere: Wenn die Vorteile die Nachteile überwiegen, dann muss der Kompromiss eingegangen werden, dann aber trägt der Kompromiss auch die Handschrift der Union, und die Menschen werden das erkennen. Erst wenn das nicht möglich ist, erst dann ist die Stunde der Ablehnung, die Stunde des Nein gekommen, und dann werden die Menschen auch das erkennen und verstehen.

Wie aber wissen wir als Union, dass die Vorteile die Nachteile überwiegen? Indem wir die Grundwerte, die uns leiten, zum Maßstab unseres konkreten Handelns erheben: Freiheit, Solidarität und Gerechtigkeit. Das waren unsere Grundwerte in den ersten Gründerjahren der Bundesrepublik, und das sind unsere Grundwerte in den zweiten Gründerjahren unseres Landes. Diese Grundwerte auf der Grundlage des christlichen Menschenbildes sind konstitutiv für die Christlich Demokratische Union. Wir dürfen sie nicht isoliert voneinander sehen, nach dem Motto: Der eine ist für die Freiheit zuständig, der andere für die Solidarität, der dritte für die Gerechtigkeit. Das ist die Gefahr jeder Volkspartei. Gelebt werden können sie nur im Verhältnis zueinander, in ständiger Balance. Unser Gemeinwesen insgesamt braucht diese Balance.

Die augenblickliche Entwicklung unseres Landes jedoch zeigt, dass die Werte unseres Gemeinwesens leiden, dass diese Balance aus den Fugen gerät. Es wird dabei weit mehr beschädigt, als sich in Euro und Cent messen lässt. Der erste Verlierer ist die Gerechtigkeit, weil sich die organisierten Interessen wirkungsvoller als die Schwachen gegen den Abstieg wehren. Der Kern von Gerechtigkeit ist Verlässlichkeit. Ist aber Verlässlichkeit nicht mehr gegeben, empfinden die Menschen auch nicht mehr, dass es gerecht und fair zugeht. Dabei geht es heute wahrlich nicht mehr um ein veraltetes Verständnis von Verteilungsgerechtigkeit. Es geht auch nicht mehr ausschließlich um das, was die Union als Chancengerechtigkeit bezeichnet und was jetzt mehr schlecht als recht von den Sozialdemokraten nachgeplappert wird.

Nein, in unserer heutigen Zeit geht es um einen erweiterten Gerechtigkeitsbegriff: um Leistungsgerechtigkeit zwischen Staat und Bürger. Wie erfährt der Bürger, dass sich das, was ihm an Einschnitten, Kürzungen, Zuzahlungen, Leistungsausgliederungen vom Staat zugemutet wird, am Ende für ihn auch tatsächlich lohnt? Nicht morgen, auch nicht unbedingt in einem Jahr, aber am Ende eines Weges, bei dem das „Wozu" des Ganzen für ihn sichtbar wird. Und zwar das „Wozu" als Leistung des Staates – ganz konkret: Sicherheit im Alter, Sicherheit bei Krankheit und Sicherheit bei der Beschäftigung. Keine Leistung ohne Gegenleistung, keine Abzocke des Bürgers, sondern ein Mehr an Wohlstand und Sicherheit – das ist moderne Gerechtigkeit.

Wenn aber die Politik diesen Zusammenhang von Zumutung und dem „Wozu" nicht deutlich macht, wenn Gerechtigkeit nicht als moderne Leistungsgerechtigkeit durchgesetzt wird, dann gibt es kein Mehr an Wohlstand, dann gehen nach der Gerechtigkeit zweitens auch Wohlstand, soziale Sicherheit und damit auch Solidarität der breiten Bürgerschaft verloren. Und zum Schluss wird die Freiheit in der Gesellschaft ausgehöhlt, weil aus Mangel Zwangsmaßnahmen, Rationalisierung, zu viel Staat, Starre und Resignation um sich greifen.

Es ist wie ein Teufelskreis: Gerechtigkeit wird nicht mehr empfunden, Solidarität kann in den Augen vieler nicht mehr wirklich gelebt werden, und das Reden von Freiheit und Eigenverantwortung macht eher Angst als Mut.

In der Hierarchie der Werte rangiert Freiheit nicht nur in den neuen Bundesländern, sondern – und das finde ich mindestens so Besorgnis erregend – auch und gerade in den alten Bundesländern ganz unten. (...) Es ist wahr: Unser Gemeinwesen braucht alle drei Werte – die Freiheit, die Solidarität, die Gerechtigkeit. Wahr ist aber auch: Unser Gemeinwesen braucht eine Neujustierung dieser drei Werte in ihrem Verhältnis zueinander, und zwar zugunsten der Freiheit. Oder anders gesagt: Damit Solidarität und Gerechtigkeit wieder gelebt werden können, muss die Freiheit in unserer Wertehierarchie wieder deutlich von unten nach oben kommen.

Denn ohne Freiheit ist alles nichts. Das ist die Richtung, in der Veränderungen stattfinden müssen. Freiheit steht für Leistungsfreude, Entfaltung des Einzelnen, Freude an Verschiedenheit, Ablehnung von Gleichmacherei, Eigenverantwortung. Unsere politische Ordnung der Demokratie ist eine Ordnung der Freiheit. Unsere wirtschaftliche Ordnung der Sozialen Marktwirtschaft ist eine Ordnung der Freiheit. Sie muss gestärkt werden. Sie ist gleichsam das Dach aller notwendigen Reformbemühungen. Es ist dabei im Übrigen keine Spielerei von mir, von der Weiterentwicklung der Sozialen Marktwirtschaft zur neuen Sozialen Marktwirtschaft zu sprechen.

Denn: Wir leben in den zweiten Gründerjahren unserer Republik. Das muss im politischen Handeln sichtbar werden. Die Soziale Marktwirtschaft muss auf eine neue Stufe gehoben werden, zur neuen Sozialen Marktwirtschaft. Damit Solidarität und Gerechtigkeit wieder erlebbar werden, muss Freiheit gestärkt werden. (...)

Es geht um Gerechtigkeit. Das müssen wir auch im Hinblick auf die anstehenden Debatten um unser Steuersystem bedenken. Aber wie sieht die Realität aus? Zieht einer ins Umland wegen der besseren Luft und der billigeren Mieten, gilt das als Nachteil, der über die Entfernungspauschale auszugleichen ist. Bleibt er in der Stadt, hat er höhere Lebenshaltungskosten, dafür aber kurze Wege und wird voll zur Kasse gebeten. Arbeitet die freiberufliche Hebamme in der Nacht, muss sie ihren Verdienst voll versteuern. Ist sie beim Krankenhaus angestellt, gibt es für die gleiche Arbeit Steuerfreiheit. Der festangestellte Journalist wird für seinen Wochenenddienst vom Staat steuerlich subventioniert. Der freie Kameramann, der mit ihm loszieht, geht leer aus.

Das alles stimmt doch hinten und vorne nicht mehr. Es ist im Grunde nicht mehr begründbar und hat mit Freiheit und Gerechtigkeit wenig bis gar nichts zu tun. Das bisherige Einkommensteuergesetz ist nicht mehr reparabel. Wir brauchen ein neues. Es wird dabei Heulen und Zähneklappern geben, aber es muss sein. Deutschlands Reformfähigkeit wird sich beispielhaft daran entscheiden, ob es endlich gelingen kann, eine große Steuerreform mit einfachen und niedrigen Tarifen einzuführen. (...)

Das ist nicht nur notwendig, um den Bürgern mehr finanziellen Spielraum für ihre Eigenvorsorge zu geben. Es ist auch dringend geboten, weil vor allem eines für unglaublichen Verdruss sorgt: das tiefsitzende Empfinden, dass das, was der Staat dem Bürger in Form von Steuern und Abgaben abnimmt, und das, was der Bürger dafür an Leistungen zurückerhält, in ein untragbares Missverhältnis geraten sind.

Wir haben inzwischen ein irrwitziges Dogma der Umverteilung zum Gerechtigkeitsideal erhoben. Von Freiheit ist schon gar nicht die Rede. Bei den Armutsberichten der Bundesregierung messen wir nicht den tatsächlichen Lebensstandard, sondern den relativen Abstand zur rechnerischen Mitte. Das führt dann dazu, dass die Armut sinkt, wenn Boris Becker in Monaco oder demnächst in der Schweiz seine Steuern zahlt, und es führt dazu, dass die Armut steigt, wenn er und sein Geld nach München zurückkehren. (...) Mit der realen Armut hat das nichts zu tun. Hier zeigt sich, wie die Forderung höherer Vermögens- oder Erbschaftssteuern uns immer stärker in die Irre führt. Das werden wir verhindern. (...)

Unser starres Tarifsystem [passt] nicht mehr in die Arbeitslandschaft des 21. Jahrhunderts. Es führt kein Weg daran vorbei, über die konkreten Löhne und Arbeitszeiten auch vor Ort, in den einzelnen Unternehmen entscheiden zu lassen. Wir nennen das betriebliche Bündnisse für Arbeit. Die flächendeckenden Branchentarifverträge müssen zu Rahmenverträgen umgestaltet werden. Die Zeit drängt. Wir müssen ja heute schon einem ungeordneten Prozess durch Tarifflucht und Firmenabwanderung zuschauen. Eine freiheitliche Politik muss den Spielraum für Mehrarbeit oder geringeren Lohn durch einen gesetzlichen Rahmen vorgeben. Mir ist dieses Thema sehr ernst. An der Frage einer modernen Tarifverfassung wird sich unter anderem die Erneuerungsfähigkeit unseres Gemeinwesens entscheiden. Sie entscheidet nicht nur über den Verbleib von Betrieben, sondern vor allem darüber, ob Investoren von außerhalb bei uns und nicht woanders ihr Geld anlegen.

Ich höre den einen oder anderen warnen: Das ist doch das Ende der Tarifautonomie. Diese Warnung nehme ich ernst. Denn ich will nicht das Ende der Tarifautonomie. Ich will ihren Erhalt, aber ich will eben auch, dass sie die Schaffung und Sicherung von Arbeit möglich macht. Nur darum hat es am Ende zu gehen. Diesem Ziel müssen unsere Maßnahmen dienen.

Aber so wie ich von Versäumnissen und Fehlern der Politik gesprochen habe, zum Teil von Fehlern, die nur noch schwer ein Umsteuern möglich machen – so sage ich jetzt genauso deutlich: Wenn der Satz „Jeder muss bei sich selber anfangen, mehr für Deutschland zu tun“ ernst genommen wird, dann haben wir an dieser Stelle unserer heutigen Debatte auch die Verantwortung der Tarifpartner erreicht. Wir wollen und dürfen sie nicht ausklammern, denn in ihrer Verantwortung liegen immerhin 50 Prozent der Lohnzusatzkosten.

Weil es um Arbeitsplätze geht, macht es keinen Sinn, den Arbeitsmarkt so verriegelt und geschlossen zu halten, dass derjenige, der herausfällt, kaum eine Chance hat, wieder hinein zu kommen. Stattdessen müssen wir das volle Potential moderner Arbeitsmarktpolitik ausschöpfen – betriebliche Bündnisse für Arbeit, Leiharbeit, Teilzeitarbeit, befristete Arbeitsverhältnisse, flexibler Kündigungsschutz, mehr und länger arbeiten. (...)

An allen Ecken und Kanten – ob beim Bekenntnis zu Bildung und Forschung, bei der Neuordnung der sozialen Sicherungssysteme, bei den Finanzbeziehungen zwischen Bürger und Staat oder der Neuordnung der Arbeitswelt – an allen Ecken und Kanten tun sich scharfe Interessengegensätze auf. Diese Interessengegensätze werden so etwas wie einen Schlichter brauchen. Es bedarf eines Schlichters – und zwar eines, der Autorität besitzt. Und wenn wir ehrlich sind, kann das auch in Zukunft nur einer sein: der Staat. Dafür muss er ein starker Staat bleiben. Es wird ja viel geredet über den schlanken Staat, den schnellen Staat, den effizienten Staat. Zu Recht wird darüber geredet, denn der Staat hat sich übernommen.

Konsequenz ist: Er muss sich zurücknehmen, zugunsten von mehr Freiraum und mehr Eigenverantwortung der Menschen. Denn wirklich stark bleiben kann der Staat nur, wenn er nicht allein auf Zwang und Kontrolle setzt. Die Werkzeuge des Staates sind Hilfe zur Selbsthilfe und Leistungsanreize, nicht Zentralbürokratie und Umverteilung. Daraus erwächst Autorität. Echte Autorität folgt aus Vertrauen und Verlässlichkeit. Aus Autorität kann Achtung entstehen. Auch das ist für die Zukunft unseres Gemeinwesens unerlässlich.

„Mehr Freiheit wagen!"

Mit einem Wahlprogramm, das auf Merkels wirtschaftsliberale Vorstellungen zurückgeht, erleben CDU und CSU bei der Bundestagswahl am 18. September 2005 eine herbe Enttäuschung. Die Union wird mit 35,2 Prozent der Stimmen zwar stärkste Fraktion, landet aber nur knapp vor der – eigentlich schon abgeschriebenen – SPD von Gerhard Schröder. Wahlanalysen führen das schwache Unionsergebnis unter anderem auf den Eindruck sozialer Kälte zurück. Nach Schröders Rückzug ist der Weg für eine Große Koalition frei. Am 22. November 2005 wird Angela Merkel mit den Stimmen von Union und SPD zur Bundeskanzlerin gewählt. Obwohl sich beide Volksparteien im Wahlkampf eine harte Auseinandersetzung um die Wirtschafts- und Sozialpolitik geliefert haben, betont Merkel in ihrer Regierungserklärung vom 30. November 2005 im Deutschen Bundestag die Gemeinsamkeiten.

Wer hätte noch vor einigen Wochen und Monaten gedacht, dass heute eine Große Koalition antritt, um unser Land gemeinsam in die Zukunft zu führen? Wer hätte gedacht, dass SPD und Union so viel Verbindendes entdecken, dass sie ein dichtes Programm für vier Jahre vorlegen? (...) Wer hätte gedacht, dass das höchste Regierungsamt schon in diesem Jahr einer Frau übertragen wird? Wer hätte das alles gedacht?

Das alles ist für viele von uns eine Überraschung, und ich sage: manches davon auch für mich. Aber es ist nicht die größte Überraschung meines Lebens. Die größte Überraschung meines Lebens ist die Freiheit. Mit vielem habe ich gerechnet, aber nicht mit dem Geschenk der Freiheit vor meinem Rentenalter.

Alle Wege vor 1989 endeten an einer Mauer, die nur wenige Meter von diesem Platz entfernt unser Land für alle Zeit zu zerschneiden schien. Wenn Sie schon einmal in Ihrem Leben so positiv überrascht wurden, dann halten Sie vieles für möglich. Dabei möchte ich bleiben. Ich habe die neue Koalition eine „Koalition der neuen Möglichkeiten" genannt. Ich wünsche mir, dass sie unserem Land und allen Deutschen neue Möglichkeiten eröffnet, und ich wünsche mir, dass wir diese Chancen dann auch wirklich nutzen und wahrnehmen. Das heißt für mich konkret: Der Anspruch der neuen Bundesregierung an sich und an das Land ist nicht gering. Wir wollen die Voraussetzungen schaffen, dass Deutschland in zehn Jahren wieder zu den ersten drei in Europa gehört. Ich finde, das ist ein legitimer und wichtiger Anspruch.

Das Grundgesetz, die Soziale Markwirtschaft, die duale Berufsausbildung, all das waren Ideen, die die Menschen in der gesamten Welt inspirierten. In Deutschland wurde das erste Auto gebaut und der erste Computer, in Deutschland wurde das Aspirin entwickelt. Von diesen Innovationen zehren wir noch heute. Warum soll uns das, was uns früher und was uns zu Beginn dieser Bundesrepublik Deutschland, in den ersten Gründerjahren, gelungen ist, heute, in den – wie ich sage – zweiten Gründerjahren, nicht wieder gelingen?

Lassen Sie uns also alle damit überraschen, was wir in diesem Lande können. Eine Große Koalition zweier unterschiedlicher Volksparteien eröffnet die ganz unerwartete Möglichkeit, zu fragen, was wir gemeinsam besser machen können – ohne uns dabei dauernd mit Schuldigkeiten aufzuhalten, ohne dauernd mit dem Finger auf den anderen zu zeigen und zu fragen, welchen Missstand der andere – natürlich ganz allein – herbeigeführt hat. Denn eines ist klar: Wir alle, ob wir es zugeben oder nicht, tragen Verantwortung dafür, dass wir heute die Möglichkeiten unseres Landes noch nicht voll ausschöpfen: Unser Wachstum kommt seit Jahren nicht mehr richtig in Schwung, die Verschuldung ist in erschreckende Höhen gestiegen, der Aufholprozess der neuen Bundesländer ist seit Jahren gestoppt und ohne den Automobilsektor wäre Deutschland nicht mehr ein solches Hightechland, wie ich mir das wünsche. PISA zeigt, dass wir an vielen Stellen nicht mehr einfach sagen können: Wir sind eine Bildungsnation. Den rapiden Wandel der Arbeitswelt haben wir noch nicht bewältigt. Deutschland ist nicht hinreichend auf die demographischen Veränderungen vorbereitet. Auch auf die Bedrohungen neuer Art und die fließenden Grenzen zwischen innerer und äußerer Sicherheit haben wir noch keine umfassenden Antworten gefunden.

Wir alle kennen die Probleme, und ich kann sagen: Die Große Koalition hat die Lage unseres Landes ehrlich analysiert und wir haben auch gemeinsam die Chance erkannt, die Möglichkeiten unseres Landes besser zu nutzen. Warum sollten wir nicht alle damit überraschen, was in diesem Land gelingen kann?

Wir wissen, wir haben dicke Bretter zu bohren: Wir wollen den Föderalismus neu ordnen, wir wollen den Arbeitsmarkt fit machen, wir wollen unsere Schulen und Hochschulen wieder an die Spitze führen, wir wollen unsere Verschuldung bändigen und unsere Gesundheits- und Renten- und Pflegesysteme in Ordnung bringen. Niemand kann uns daran hindern – außer uns selbst. Deshalb lassen Sie uns verzichten auf die eingeübten Rituale, auf die reflexhaften Aufschreie, wenn jemand etwas verändern will. Es sollte wirklich einmal möglich sein, dass wir in dieser Großen Koalition dieses alles hinter uns lassen und neue Wege gehen.

Bei der Vorbereitung auf diese Regierungserklärung habe ich viel darüber nachgedacht, wie ich alle Gruppen erwähnen und würdigen kann, die für das Miteinander in unserem Land so wichtig sind. Ich habe darüber nachgedacht, ob ich Wirtschaftsverbände und Gewerkschaften, Kirchen und Religionsgemeinschaften alle einzeln benennen soll. Ich habe mich am Ende dafür entschieden, auf eine solche Auflistung zu verzichten. Denn es geht nicht um Gruppen – es geht um uns alle, es geht um unser Gemeinwesen, um unsere gemeinsame Zukunft.

Überraschen wir uns deshalb damit, dass wir die großen Fragen nicht immer aufgegliedert nach Einzelfragen und -interessen angehen, sondern einmal im Zusammenhang. Überraschen wir uns damit, dass wir sachlich, fair, ehrlich alles angehen und gemeinsam lösen. Bei allen Aufgaben, die wir vor uns haben, sollten wir nicht vergessen: Frühere Generationen, die, die vor uns Probleme zu lösen hatten, hatten ungleich größere Probleme; denken wir an den Aufbau nach dem Krieg in West und Ost, denken wir an die historische Leistung der Ostdeutschen, friedlich eine Diktatur zu überwinden. Dagegen ist unsere heutige Lage beneidenswert.

Sicher: Licht und Schatten liegen an vielen Stellen sehr eng beieinander; ich nenne den Aufbau Ost. Aber festzuhalten bleibt doch: 15 Jahre nach der deutschen Einheit ist Gigantisches geleistet worden. Mit Transferzahlungen von jährlich vier Prozent des Sozialprodukts ist es gelungen, die neuen Bundesländer wieder aufzubauen. Ich möchte von dieser Stelle aus allen in Deutschland danken, die zu diesem Prozess beigetragen haben. Die Umwelt erholt sich, die Infrastruktur ist ausgebaut, in wenigen Tagen wird – das sei mir als Bewohnerin von Mecklenburg-Vorpommern gestattet zu sagen – das letzte Stück der Ostseeautobahn dem Verkehr übergeben. Das sind nur einige Beispiele dafür, was wir in 15 Jahren alles geschafft haben.

Auch sonst bietet unser Land großartige Voraussetzungen, die wir nun endlich nutzen sollten: Deutschland ist Exportweltmeister. In keinem Land in Europa werden mehr Patente angemeldet. Gerade wurde wieder ein deutscher Wissenschaftler mit einem Nobelpreis geehrt. Unsere kulturelle Vielfalt ist einzigartig. Deutschland ist das Land der Ideen, wie der Bundespräsident sagt. Zu einem Land der Ideen gehört nach meiner Auffassung eine Regierung der Taten. Und diese unsere Bundesregierung hat sich viele Taten vorgenommen.

Ein Vizekanzler einer früheren Großen Koalition und späterer Bundeskanzler [gemeint ist Willy Brandt] hat einmal gesagt: „Mehr Demokratie wagen!“ Ich weiß, dass dieser Satz viele, zum Teil sehr heftige Diskussionen ausgelöst hat. Aber ganz offensichtlich hat er den Ton der damaligen Zeit getroffen. Ich sage persönlich: Gerade in den Ohren der Menschen jenseits der Mauer klang er wie Musik. Gestatten Sie mir, diesen Satz heute zu ergänzen und uns zuzurufen: Lassen Sie uns mehr Freiheit wagen!

Lassen Sie uns die Wachstumsbremsen lösen! Lassen Sie uns selbst befreien von Bürokratie und altbackenen Verordnungen! Viele unserer europäischen Nachbarn zeigen uns doch, was möglich ist. Deutschland kann das, was andere können, auch; davon bin ich zutiefst überzeugt.

Schon die vergangene Regierung hatte Schritte eingeleitet, wodurch die Möglichkeiten, die unser Land hat, besser genutzt werden sollten. Jenseits aller parteipolitischen Differenzen – diese waren in den vergangenen Jahren nicht zu übersehen – möchte ich deshalb an dieser Stelle ausdrücklich eines tun: Ich möchte Bundeskanzler Schröder ganz persönlich dafür danken, dass er mit seiner Agenda 2010 mutig und entschlossen eine Tür aufgestoßen hat, eine Tür zu Reformen, und dass er die Agenda gegen Widerstände durchgesetzt hat. Damit hat er sich um unser Land verdient gemacht. Nicht zuletzt dafür möchte ich ihm im Namen aller Deutschen danken.

Ich habe gesagt, dass ich nicht jede Gruppe einzeln benennen möchte, und zwar nur deshalb, damit mir niemand vorwerfen kann, ich hätte eine Gruppe vergessen. Aber eine Gruppe ist mir so wichtig, dass sie erwähnt werden muss – sie wird bei allen künftigen Fragen eine wichtige Rolle spielen –: Ich meine die Schwachen. Ich meine die Schwachen, die die Solidarität und die Hilfe von uns allen brauchen. Ich meine Kranke, Kinder und viele Ältere. Die Menschlichkeit unserer Gesellschaft entscheidet sich daran, wie wir mit ihnen umgehen.

Wir, die neue Bundesregierung von Union und Sozialdemokraten, wollen unser Land so ertüchtigen, dass sich die Schwachen auch in Zukunft darauf verlassen können, dass sie nicht alleingelassen werden, dass ihnen geholfen wird. Das ist unser Verständnis von sozialer Gerechtigkeit.

Das beginnt bei der Absicherung der großen Lebensrisiken. Wir wollen die solidarische Altersversorgung erhalten. Aber wie wir wissen, wird der dritte Lebensabschnitt immer länger. Deshalb haben wir uns entschlossen, die Antwort darauf zu geben und die gesetzliche Regelaltersgrenze der Rentenversicherung schrittweise auf 67 Jahre anzuheben. Das geschieht nicht sofort, sondern beginnt erst ab 2012 mit einer langen Übergangszeit. Wir haben daneben aber festgelegt, dass Menschen, die 45 Arbeitsjahre hinter sich haben, auch weiterhin abschlagsfrei mit 65 Jahren in Rente gehen können. Ich denke, damit haben wir uns eine ganz sinnvolle Regelung überlegt. (...)

Das Zusammenleben der Generationen hat sich in den letzten Jahren tiefgreifend verändert. Es gibt die traditionellen Familien; es gibt die so genannten Patchworkfamilien; es gibt allein erziehende Eltern. Ich sage es kurz und knapp:

Familie ist überall dort, wo Eltern für Kinder und Kinder für Eltern dauerhaft Verantwortung tragen.

Ich will nicht, dass der Staat lenkend eingreift oder gar Lebensentwürfe vorschreibt. Aber ich will schon – das ist unser gemeinsames Anliegen –, dass der Staat gute Rahmenbedingungen schafft. Das heißt, dass junge Menschen ermutigt werden, sich für ein Leben mit Kindern zu entscheiden, und dass sie dazu nicht nur ermutigt werden, sondern dass sie sich auch entscheiden können.

Das hat aus meiner Sicht zuvörderst damit zu tun, ob es in diesem Land ein Klima der Zuversicht, des Mutes und der Perspektiven für das eigene Leben gibt. Aber es hat außerdem etwas mit sehr praktischen Fragen zu tun, nämlich mit ausreichenden und bezahlbaren Betreuungsmöglichkeiten. Sicher: Nach außen ist der Streit über die Entscheidung zwischen Kindererziehung und beruflichem Fortkommen der vergangenen Jahrzehnte nach vielen Diskussionen und Reden überwunden. Aber ich betone: nach außen. Dennoch wissen wir, dass die Realität auch heute noch oft eine andere ist, dass die Widersprüche zwischen Arbeits- und Familienwelt nicht einfach verschwunden sind und es auch heute nicht selten noch immer eine Frage ist, ob sich eine Frau am Ende für die Vereinbarkeit von Familie und Beruf entscheiden kann oder ob sie sich zwischen Familie und Beruf entscheiden muss.

Die Politik will dabei helfen, dass diese Widersprüche nicht nur in Worten und Sonntagsreden überwunden werden, sondern zunehmend auch im täglichen Leben. Das werden wir tun, indem wir den Ausbau der Kinderbetreuungseinrichtungen vorantreiben. Bis 2010 sollen 230 000 zusätzliche Betreuungsplätze vor allem für Kleinkinder entstehen. (...)

Aber an einem Problem in unserem Land können wir nicht vorbeisehen: Je besser die Ausbildung der jungen Frauen und Männer ist, desto seltener entscheiden sie sich für Kinder. Das kennen wir alle und das wird uns auch immer wieder erzählt. Eine Frau hat ein Studium absolviert, eine hervorragende Ausbildung machen können, möchte im Beruf Karriere machen und steht dann vor der Frage, wie sie diesen Berufswunsch mit ihrem Wunsch, eine Familie zu gründen, vereinbart.

Ich sage unumwunden: Ich würde lügen, wenn ich behaupten würde, dass dieser Konflikt ganz einfach und locker überwunden werden kann. Das kann er nicht. Aber seitens der Politik können wir einen kleinen Beitrag dazu leisten, diesen Konflikt ein wenig zu mildern. Genau das haben wir getan, indem wir uns entschlossen haben, ein Elterngeld einzuführen. Es wird erstmals als Einkommensersatz ausgestaltet und zusätzlich mit einer Väterkomponente verbunden. Das ist ein neuartiger Ansatz in beide Richtungen. Ich ahne schon jetzt, welche Diskussionen er hervorrufen wird. Doch die Betriebe – das sage ich ganz ausdrücklich – sollen sich stärker als bisher in der Pflicht sehen, auch einmal die Väter zeitweise freizustellen, und zwar, wo immer dies möglich ist, ohne berufliche Nachteile. Dieser sanfte Druck ist unumgänglich. (...)

Wenn wir ein Land sein wollen, in dem wir ein Herz für Schwache haben, dann brauchen wir auch ein Herz für Leistung und auch ein Herz für mehr Leistung. Wir müssen stärker anerkennen, wenn sich Menschen engagieren, wenn sie etwas leisten und wenn sie etwas aufbauen. Diese Menschen verdienen nicht unseren Neid, sondern unsere Dankbarkeit. Denn mehr Freiheit möglich zu machen heißt: Wir können den Schwachen dann und nur dann etwas abgeben, wenn wir mehr Starke haben, die alle anderen mitziehen.

Die neue Regierung wird sich genau aus diesem Grund in ganz besonderer Weise für den Mittelstand einsetzen; denn dort lassen sich die meisten Quellen der Innovation finden. Dort ist der Jobmotor am wirkungsvollsten und werden die meisten Ausbildungsplätze bereitgestellt.

Wir werden die Wachstumskräfte des Mittelstandes sehr gezielt stärken. Wir wollen zum 1. Januar 2008 eine rechtsformneutrale Unternehmensteuerreform in Kraft setzen, das heißt endlich eine Lösung – das ist in Zeiten der Globalisierung in Deutschland von extremer Bedeutung –, bei der die Personengesellschaften, die Familienbetriebe, die gleichen steuerlichen Möglichkeiten haben wie die Körperschaften, wie die ganz Großen. Die Lösung dieser Aufgabe haben wir uns – das sage ich ganz unumwunden – seit zehn Jahren vorgenommen, wo immer wir gemeinsam oder nicht gemeinsam politisch tätig waren. Aber wir haben diese Aufgabe nie gelöst. Deshalb sage ich ausdrücklich: Diese Regierung will diese Aufgabe lösen. Genau dies kann eine Möglichkeit der Großen Koalition sein, sich auf die Sache zu konzentrieren, damit wir nicht im parteipolitischen Hickhack aneinander geraten. (...)

Integration [ist] eine Schlüsselaufgabe unserer Zeit. Mit der Ansiedelung der Beauftragten für Migration, Flüchtlinge und Integration im Kanzleramt habe ich sehr bewusst ein Signal gesetzt, dass dies eine gesamtpolitische Aufgabe ist, der wir große Beachtung schenken wollen.

Ich bin der Überzeugung, dass Integration nur gelingen kann, wenn ausländische Kinder konsequent dazu gebracht werden und auch die Möglichkeit haben, Deutsch zu lernen. Wir werden deshalb gerade in den Schulen das Erlernen der deutschen Sprache fördern. Besser gesagt, wir werden die Länder in ihrem Bemühen unterstützen, dass Kinder nur dann in die Schule kommen dürfen, wenn sie der deutschen Sprache mächtig sind. Ansonsten haben sie vom ersten Schultag an nicht die Chancen, die wir ihnen geben müssen, um auch ihnen ein gutes Leben in unserem Land zu ermöglichen.

Wir brauchen einen Dialog mit dem Islam. Wir müssen einander verstehen lernen; das gehört dazu. Wir müssen im Übrigen darauf achten, dass wir unsere eigene Religion, das

Christentum, ausreichend verstehen, soweit wir Christen sind – das gilt auch für andere, die anderen Religionen anhängen –; denn einen Dialog der Kulturen kann man nur führen, wenn man sich seiner eigenen Kultur auch wirklich bewusst ist.

Wir werden das offen und ehrlich tun. Wir werden vor allen Dingen Differenzen eindeutig benennen, wo immer sie auftreten. Deshalb sage ich an dieser Stelle ganz ausdrücklich – ich sage dies auch als Frau -: Zwangsverheiratungen oder Ehrenmorde – beides schreckliche Begriffe – haben nichts, aber auch gar nichts mit Ehre zu tun und sie haben auch gar nichts in unserer Gesellschaft zu suchen. Wir können sie nicht dulden, wir wollen sie nicht dulden. Wir werden das deutlich machen.

Sicher kann jeder von uns selbst etwas für unsere Gemeinschaft tun. Vieles kann von dem Einzelnen besser als vom Staat erreicht werden. Aber der Einzelne hat ein Anrecht darauf, dass der Staat ihn auch in die Lage versetzt, seine eigenen Kräfte zu entfalten. Viele Menschen werden heute – das müssen wir ganz klar sehen – an ihrem Einsatz, am Einbringen ihrer Möglichkeiten gehindert, weil das größte Problem, mit dem unser Land zu kämpfen hat – die Arbeitslosigkeit –, nicht ausreichend gelöst ist. Wir haben die höchste Zahl an Langzeitarbeitslosen, die die Bundesrepublik Deutschland je erlebt hat, und das muss sich wieder ändern.

Im Übrigen werden wir von den Menschen als Regierung und als die diese Regierung tragenden Fraktionen zum Schluss an genau dieser Frage gemessen werden: Haben wir hier etwas erreicht oder haben wir nichts erreicht? Diesem Anspruch wollen wir uns auch stellen. Ich sage ganz ausdrücklich: Das muss unser Ziel sein.

Wir wissen, dass die Politik keine Arbeitsplätze schaffen kann; aber sie kann Rahmenbedingungen stellen. Wir haben sehr viel über diese Rahmenbedingungen gesprochen. Wir wissen, dass damit zusammenhängt, dass Menschen in

Würde leben können. Deshalb haben wir uns einiges vorgenommen.

Erstens: Seit über drei Jahrzehnten steigen die gesetzlichen Lohnzusatzkosten bzw. verharren auf einem internationalen Höchstniveau. Wir wollen das ändern; deshalb wollen wir die Beiträge zur Arbeitslosenversicherung um zwei Prozentpunkte senken. Einen Prozentpunkt sollen Strukturmaßnahmen innerhalb der Bundesagentur für Arbeit erbringen. Ein weiterer Prozentpunkt soll durch den Einsatz eines Punktes Mehrwertsteuer finanziert werden. Es ist im Übrigen erfreulich, dass die Länder an dieser Stelle auf ihren Anteil an der Mehrwertsteuer verzichten werden. Wir wollen die Lohnzusatzkosten in dieser Legislaturperiode dauerhaft unter 40 Prozent halten.

Zweitens: Deutschland muss den Wandel zu einer modernen Dienstleistungsgesellschaft schaffen. Wir werden deshalb die privaten Haushalte im Grundsatz als Arbeitgeber anerkennen. Jeder, der den politischen Streit der vergangenen Jahrzehnte verfolgt hat, weiß, dass hier eine lange ideologische Auseinandersetzung zu Ende geht. Wir werden sowohl für die Abrechnung von Handwerkerleistungen als auch für die Frage der Kinderbetreuung als auch für andere haushaltsnahe Dienstleistungen den Haushalt als Arbeitgeber installieren. Das wird ein Umdenken in Richtung einer Dienstleistungsgesellschaft in Deutschland bedeuten. Ich finde das richtig, ich finde das erfreulich. Lassen Sie uns das Ganze mit Freude angehen. (...)

Wir werden moderate Reformen im Bereich des Arbeitsrechts durchführen. Wir müssen immer wieder schauen: Wo sind Hürden, die Menschen den Weg in die Arbeitswelt versperren? Wir müssen lernen, dies möglichst vorurteilsfrei zu betrachten. Deshalb bin ich sehr dankbar dafür, dass es uns gelungen ist, beim Kündigungsschutz die Wartezeit von bis zu 24 Monaten einzuführen, das heißt, Kündigungsschutz gilt dann erst nach 24 Monaten. Ich glaube, dass das für kleine Betriebe bessere Möglichkeiten bietet, Menschen einzustellen und ein Wagnis einzugehen, sodass nicht die Menschen an dieser Stelle sozusagen draußen gelassen werden.

Ich höre schon das Gegrummel. – Wir können natürlich so weitermachen. Wir können so tun, als ob bestehende Sicherheiten wirklich Sicherheit bieten. Wir können aber auch einfach einmal fragen, ob wir das, was andere Länder mit guten Erfahrungen machen, nicht auch tun sollten. Wir können doch das, was wir hören, wenn wir bei unserer Abgeordnetentätigkeit im Wahlkreis den Handwerksmeister fragen: „Warum lassen Sie Ihre Leute Überstunden machen? Warum stellen Sie nicht einen zusätzlich ein?“, einfach einmal bedenken und neue Wege gehen. Nach ein paar Jahren können wir schauen, ob es sich bewährt hat oder nicht und ob wir daraus Erfolge machen können. Wir sind das den Menschen in diesem Lande schuldig. Bei über vier Millionen Arbeitslosen muss man auch einmal neue Wege gehen. Ich zumindest bin davon völlig überzeugt. (...)

Wir brauchen (...) einen Kurswechsel in der Haushaltspolitik. Ich sage ganz ausdrücklich: Die Ursachen, die Anfänge dieser Fehlentwicklung liegen weit zurück. Die lassen sich im Übrigen ganz gut bei der ersten Großen Koalition verorten. Deshalb wäre es schön, wenn die zweite Große Koalition diesen Kurswechsel schafft. Wir haben die Weichen dafür sehr gut und entschlossen gestellt.

Wir brauchen eine langfristige Konsolidierungsstrategie. Dabei hat für uns das Reformieren und Investieren zeitlichen Vorrang. Wir haben die Abfolge der Schritte unseres politischen Handelns sehr gut vereinbart. Am Ende wird aus diesem politischen Konzept ein Dreiklang: sanieren, reformieren, investieren. Wir werden durch einen Zukunftsfonds in Höhe von 25 Milliarden Euro Investitionen in Schwerpunktbereiche über die Legislaturperiode möglich machen. Ich habe den Bereich Mittelstand genannt. Ich nenne weiterhin die Verkehrsinfrastruktur, Forschung und Technologie, die Förderung des Haushalts als Arbeitgeber und die Förderung von Familien. Dies sind fünf Projektbereiche, bei denen die Menschen sehen: Wir können Schwerpunkte setzen; wir sind entschlossen, etwas zu investieren. (...)

Die für uns alle schwierigste Entscheidung war die Erhöhung des Mehrwertsteuersatzes um drei Prozentpunkte ab 2007. Umso wichtiger ist es, dass zum einen ein Prozentpunkt für die Senkung der Lohnzusatzkosten eingesetzt wird, um Arbeitsplätze wettbewerbsfähiger zu machen, und dass zum anderen der niedrige Mehrwertsteuersatz von sieben Prozent für Lebensmittel, den öffentlichen Personennahverkehr und Kulturgüter erhalten bleibt. Auch darüber haben wir uns viele Gedanken gemacht und dann diesen Entschluss gefasst. (...) Ich und wir alle wissen, dass für viele Menschen die Entscheidung, die Mehrwertsteuer zu erhöhen, und die weiteren Konsolidierungspläne in Bezug auf unseren Haushalt tief greifende Einschnitte bedeuten. Wir wissen, dass wir den Menschen an dieser Stelle viel abverlangen. Wir wissen auch, dass die Bürgerinnen und Bürger deshalb eine Gegenleistung erwarten können.

Diese Gegenleistung liegt für mich auf der Hand: Wenn wir solide Staatsfinanzen schaffen, dann beenden wir das Leben von der Substanz. Zur Generationengerechtigkeit gehört auch, dass wir die Augen nicht davor verschließen dürfen, dass wir mit allen Schulden, die wir neu machen, zukünftigen Generationen Spielräume rauben. Wer ernsthaft von Nachhaltigkeit spricht, muss sich diesem Problem widmen. Das hat nichts damit zu tun, dass wir in Europa einen Stabilitäts- und Wachstumspakt haben, den wir natürlich auch erfüllen wollen. Das hat etwas mit dem moralischen Anspruch unserer Politik, generationengerecht zu sein, und der Ernsthaftigkeit zu tun. (...)

Die Menschen in Europa erwarten von uns natürlich, dass sie auf die bestehenden Herausforderungen eine Antwort bekommen; das sind Terrorismus, Massenvernichtungswaffen, Bürgerkriege und internationale Kriminalität. Deshalb kann ich mit Blick auf unser politisches Programm sagen, dass die Große Koalition an dieser Stelle mehr Gemeinsamkeiten gefunden hat als jede andere denkbare politische Konstellation.

Das ist nicht in jedem Bereich so. Aber für den Bereich der inneren Sicherheit sage ich das aus voller Überzeugung. Hier haben wir einige Dinge hinbekommen, die ich ausgesprochen wichtig finde: Das Bundeskriminalamt wird zur Abwehr von Terrorgefahren Präventivbefugnisse erhalten. Mit der Kronzeugenregelung verbessern wir den Kampf gegen die organisierte Kriminalität. Opferschutz geht vor Täterschutz.

Es ist ja klar, dass da welche mit den Köpfen schütteln. Trotzdem geht Opferschutz vor Täterschutz. Wir werden das ganz konsequent umsetzen. Deshalb werden wir auch die nachträgliche Sicherungsverwahrung gegen solche Jugendliche einführen, die wegen schwerster Gewalttaten verurteilt worden sind. Man kann da nicht den Kopf in den Sand stecken, sondern muss sich dem Problem widmen. Das erwarten die Menschen von uns, und das zu Recht. (...)

Aus all dem, was ich gesagt habe, wird deutlich: Wir haben uns viel vorgenommen – weil wir sicher sind, dass vieles möglich ist und weil wir auch wissen, dass viele Menschen vieles erwarten. Diese Koalition will Rituale überwinden und neue Wege aufzeigen. Viele werden sagen: Diese Koalition, die geht ja viele kleine Schritte und nicht den einen großen. Ich erwidere ihnen: Ja, genau so machen wir das. Denn wir glauben, dass auch das ein moderner Ansatz sein kann. Es hat sich herausgestellt, dass die Vernetzung von vielen kleinen Computern, an vielen Stellen, effektiver ist als der eine Großrechner – der Erfolg des Internets beruht auf genau dieser Philosophie. Deshalb werden wir eine Regierung sein, die diese vielen kleinen Schritte ganz bewusst in Angriff nimmt. Wir werden uns nicht drücken vor dem Handeln, wir werden eine Regierung der Taten sein. Wir wissen, dass wir auch Rückschläge werden hinnehmen müssen. Aber wir werden eines zeigen: Wir haben große Möglichkeiten in diesem Land. Deutschland ist voller Chancen, nach innen wie nach außen.

Fragen wir deshalb nicht zuerst, was nicht geht oder was schon immer so war; fragen wir zuerst, was geht, und suchen wir nach dem, was noch nie so gemacht wurde. Haben wir den Mut, das dann aber auch wirklich durchzusetzen! Überraschen wir uns also damit, was möglich ist, überraschen wir uns damit, was wir können! Stellen wir unter Beweis, dass wir unser Land gemeinsam nach vorn bringen, mit Mut und Menschlichkeit! Denn Deutschland kann mehr, und ich bin überzeugt: Deutschland kann es schaffen.

„Freiheit in Verantwortung"

Bei der Bundestagswahl am 27. September 2009 kommt die CDU/CSU auf 33,8 Prozent, die SPD stürzt auf 23 Prozent ab. Das gute FDP-Ergebnis von 14,6 Prozent führt zum Ende der Großen Koalition und zur Bildung eines christlich-liberalen Bündnisses. Am 28. Oktober 2009 wird Kanzlerin Merkel im Bundestag wiedergewählt. Mit der Regierungserklärung am 10. November 2009 im Deutschen Bundestag weist Merkel auf den Ernst der Wirtschaftslage hin, legt sich aber dennoch auf weitere Steuerentlastungen fest.

Ohne Zweifel: Deutschland ist ein starkes, ein weltweit angesehenes, ein lebenswertes Land. Doch genauso steht außer Zweifel: Zu Beginn der Amtszeit der neuen Regierung muss und wird eine schonungslose Analyse der Lage unseres Landes stehen. Anschließend ziehen wir die richtigen Konsequenzen.

Außerordentlich viel hängt von dieser Analyse ab. Machen wir hierbei Fehler, dann sind sie kaum wieder gutzumachen. Machen wir es hierbei richtig, dann werden wir Deutschland zu neuer Stärke führen. Ich sage sehr deutlich: Wir dürfen die Augen nicht vor der Realität verschließen. Wir dürfen uns keinen Sand in die Augen streuen. Wir müssen mutig und entschlossen die vor uns liegenden Aufgaben beim Namen nennen.

Genau das, nicht mehr und nicht weniger, will ich heute hier tun, und zwar ohne Umschweife; denn die neue Regierung von Union und FDP, diese christlich-liberale Koalition der Mitte, hat den Anspruch, Deutschland zu stärken und dabei den Zusammenhalt unseres Landes zu festigen.

Sie hat den Anspruch, dies mit einer Politik für Freiheit in Verantwortung zu tun. Fünf Aufgaben müssen wir dabei anpacken:

Erstens: Wir müssen die Folgen der internationalen Finanz- und Wirtschaftskrise überwinden.

Zweitens: Wir müssen das Verhältnis der Bürgerinnen und Bürger zu ihrem Staat verbessern.

Drittens: Wir müssen Antworten auf die Veränderungen des Altersaufbaus finden.

Viertens: Wir müssen einen zukunftsfesten Umgang mit den weltweiten natürlichen Ressourcen finden und dazu einen globalen Ordnungsrahmen aufbauen.

Fünftens. Wir müssen das Verhältnis von Freiheit und Sicherheit in der Innen- und Außenpolitik angesichts neuer Bedrohungen weiter festigen.

Das sind die fünf Aufgaben, die die Koalition der Mitte angehen muss. Ganz ohne Zweifel steht dabei alles, was wir tun, zunächst und für unabsehbare Zeit im Zeichen der ersten Herausforderung. Ich wiederhole sie noch einmal: Wir müssen die Folgen der internationalen Finanz- und Wirtschaftskrise überwinden.

Das ist die Lage: Deutschland befindet sich infolge dieser Krise in der schwersten Rezession seiner Geschichte. Der Wachstumseinbruch ist fünfmal stärker als der bisher größte Rückgang Anfang der 70er-Jahre. Der Absturz bei Auftragseingängen, Produktionen und Absatz ist zwar gestoppt, und es gibt erste, leichte Aufwärtsbewegungen, aber große Teile der Industrieproduktion liegen noch immer weit unter dem Niveau vor Beginn der Krise. Wichtige Banken sind nach wie vor vom staatlichen Rettungsschirm abhängig. Der Finanzmarkt ist noch keineswegs wieder so leistungsfähig, wie er es für die Weltmarktstellung der deutschen Wirtschaft und insbesondere für einen neuen Aufschwung sein müsste. Die Arbeitslosigkeit ist gestiegen, und sie wird weiter steigen. Es ist nur der Kurzarbeit zu verdanken, dass nicht noch mehr Arbeitsplätze verloren gegangen sind. Deshalb werden wir die Regelung zur Kurzarbeit verlängern.

Die volle Wucht der Auswirkungen der Krise wird uns im nächsten Jahr erreichen, auch und gerade in den öffentlichen Haushalten der Kommunen, der Länder und des Bundes. Waren die gesamtstaatlichen Haushalte vor Ausbruch der Krise schon ungefähr ausgeglichen, so wird das Budgetdefizit in diesem Jahr 3,5 Prozent und im kommenden Jahr circa fünf Prozent unserer Wirtschaftsleistung betragen. Das ist die EU-Herbstprognose. Die Wahrheit lautet, in einem einzigen Satz zusammengefasst: Die Probleme werden erst noch größer, bevor es wieder besser werden kann. Das ist die Lage. Ich kann und ich will sie uns nicht ersparen.

Mehr noch: Wir alle müssen verstehen, dass es um weit mehr geht als nur um die Bewältigung der Folgen der Krise in unserer eigenen Volkswirtschaft. Nein, die Karten werden weltweit neu gemischt. Das und nichts anderes ist die Dimension der Krise. Weltweit werden die Karten neu gemischt. Da gibt es eben keine angestammten Marktanteile und Positionen. Wer wird sich den Zugriff auf Rohstoffe und Energiequellen sichern? Wer lockt Investitionen aus anderen Teilen der Welt an? Welches Land wird zum Anziehungspunkt für die klügsten und kreativsten Köpfe?

Wir spüren es: Deutschland steht vor einer Bewährungsprobe, wie es seit der deutschen Einheit nicht mehr der Fall war. Die zentrale Frage lautet: Wird Deutschland es schaffen, rechtzeitig aus der Krise zu kommen, noch dazu stärker als wir waren, als wir in sie hineingeraten sind, oder werden andere unseren Platz einnehmen, weil wir es versäumen, die Quellen des Wohlstands von morgen zu finden und zu nutzen? Die Antwort liegt in unserer Hand. Wir können scheitern, oder wir können es schaffen. Beides ist möglich. Ich will und wir wollen, dass wir es schaffen. (...)

Es geht darum, welche Möglichkeiten wir haben, die weltweite Krise als Ganzes zu überwinden. Dazu raten die einen uns nun, vorneweg die durch die Krise schier ins Uferlose geratenen Schulden vor allem durch Streichen und Kürzungen auszugleichen. Es ist wahr: Das wäre theoretisch ein Weg. Machen wir uns dazu aber kurz die Größenordnung klar: Um 86 Milliarden Euro auszugleichen – das ist der von der alten Bundesregierung geschätzte Defizitbetrag für 2010 –, müssten wir die größte Kürzungs- und Streichungsaktion in der Geschichte der Bundesrepublik Deutschland starten. Ich glaube, jede weitere Diskussion über diesen Weg erübrigt sich. Ein solcher Weg ist in der Krise offensichtlich keine Lösung.

Andere raten uns, die höheren Ausgaben und geringeren Einnahmen der Sozialversicherungen durch steigende Beiträge der Sozialversicherungen auszugleichen. Es ist wahr: Theoretisch ist auch dies ein Weg. Doch was wäre die Folge? Die verfügbaren Einkommen der Bürger würden sinken, die Arbeitsplätze würden für die Betriebe teurer werden. Es ist also ganz offensichtlich, dass sich auch jede weitere Diskussion über diesen Weg erübrigt. Auch er wäre keine Lösung.

Wir haben uns für einen anderen Weg entschieden, nach reiflicher Überlegung und Abwägen allen Für und Widers. Er lautet in einem Satz: Ich will, dass wir alles versuchen, jetzt schnell und entschlossen die Voraussetzungen für neues und stärkeres Wachstum zu schaffen.

Wachstum zu schaffen, das ist das Ziel unserer Regierung. Ich sage es ganz offen: Auch dieser Weg ist keine Garantie, dass wir es schaffen, die Folgen der weltweiten Finanz- und Wirtschaftskrise schnell und gestärkt zu überwinden. Aber die Chance dazu bietet dieser Weg. Deshalb müssen wir diese Chance ergreifen und genau diesen Weg einschlagen.

Ohne Wachstum keine Investitionen, ohne Wachstum keine Arbeitsplätze, ohne Wachstum keine Gelder für die Bildung, ohne Wachstum keine Hilfe für die Schwachen. Und umgekehrt: Mit Wachstum Investitionen, Arbeitsplätze, Gelder für die Bildung, Hilfe für die Schwachen und – am wichtigsten – Vertrauen bei den Menschen. Das ist meine Überzeugung, eine Überzeugung, die auf meiner Grundauffassung von Politik gründet. Zu ihr gehören elementar entscheidende Faktoren: Vertrauen, Zuversicht, Motivation. Sie lassen sich nicht in Prozenten fassen. Ihre Wirkung ist aber immer weit größer, als die Statistiker sie jemals messen können.

Genau vor diesem Hintergrund beginnt die neue Bundesregierung ihre Arbeit mit einem Wachstumsbeschleunigungsgesetz. Der Entwurf wurde gestern im Kabinett beschlossen. Ich weiß, dass die Beratungszeit knapp ist. Aber ich bitte um Ihre Unterstützung für unseren Zeitplan; denn Entschlossenheit ist jetzt gefragt. Die krisenbedingten Auswirkungen der Unternehmen- und Erbschaftsteuerreform müssen beseitigt werden; das wissen alle in diesem Hause. Die Familien wollen wir zusätzlich zu den schon beschlossenen Entlastungen noch einmal stärken. Insgesamt, zusammen mit den schon beschlossenen Maßnahmen und dem, was wir jetzt auf den Weg bringen, entlasten wir die Bürgerinnen und Bürger zum 1. Januar 2010 um 22 Milliarden Euro. (...)

Die Bundesregierung setzt auf Wachstum, um Deutschland zu neuer Stärke zu führen. Deshalb werden wir im Jahre 2011 einen weiteren Wachstumsimpuls setzen, und zwar in Form von Einkommensteuersenkungen. Diesen Impuls werden wir auch dazu nutzen, um langfristig strukturelle Veränderungen im Steuersystem vorzunehmen.

Damit berühren wir die zweite Aufgabe, vor der die neue Regierung ganz unabhängig von der Krise steht: Wir wollen das Verhältnis der Bürger zu ihrem Staat verbessern. Das ist dringender denn je; denn die Steuerzahler sind unzufrieden, weil die Leistungen des Staates auf den Gebieten Bildung, Infrastruktur und Service aus ihrer Sicht oft mangelhaft sind. Damit können wir uns nicht abfinden.

Diejenigen, die Transferleistungen erhalten, fühlen sich ausgegrenzt und sehen oft wenig Chancen, wieder auf den Weg des Aufstiegs zurückzukehren; doch genau das muss gelingen. Die Mitte der Gesellschaft kann nur stärker werden, wenn mehr Menschen Arbeit bekommen, wenn gute Bildung Aufstiegschancen eröffnet, wenn unnötige Bürokratie abgebaut wird, mit einem Wort: wenn sich Leistung wieder lohnt in diesem Lande.

Das ist der Grund, warum wir unser Steuersystem spürbar vereinfachen wollen. Den Einkommensteuertarif wollen wir zu einem Stufentarif umbauen. Einfach, niedrig und gerecht, das muss die Maßgabe sein. Dafür stehen wir ein. Leistungsfeindliche Elemente wie der sogenannte Mittelstandsbauch müssen schrittweise abgebaut werden. Kinder müssen im Steuerrecht mittelfristig wie Erwachsene behandelt werden. Steuerpolitik – das ist unsere Überzeugung – ist nicht einfach der Umgang mit Zahlen, sondern Steuerpolitik ist Gesellschaftspolitik. (...)

Jedem Bürger die Chance auf ein selbstbestimmtes Leben eröffnen: Das will die christlich-liberale Regierung. Dazu brauchen wir nicht zuletzt ein verantwortliches Miteinander von Arbeitnehmern und Arbeitgebern. Die Tarifautonomie hat sich gerade auch in der Krise, bei der Anpassung an oft schwierigste Auftragslagen, bewährt. Wir werden sie achten und schützen. Sie gehört zu den wichtigsten sozialen Errungenschaften in Deutschland. Viele Länder blicken geradezu bewundernd auf unsere Kultur der Zusammenarbeit zwischen Arbeitgebern und Arbeitnehmern.

Ich sage deshalb auch hier ganz klipp und klar: Wir werden die Mitbestimmung und die Betriebsverfassung nicht ändern. Wir werden auch die Schutzwirkung des Kündigungsschutzes nicht mindern. Das schafft Vertrauen und hat auch etwas damit zu tun, das Verhältnis der Bürger zu ihrem Staat zu verbessern.

In diesem Geist können wir auch die dritte große Aufgabe unserer Zeit in den Blick nehmen: Wir müssen eine Antwort auf die Veränderung des Altersaufbaus unserer Gesellschaft finden. Auch hier ist ein schonungsloser Blick auf die Lage Voraussetzung, um die richtigen Schlussfolgerungen zu ziehen.

In diesem Jahr leben in Deutschland erstmals mehr über 65-Jährige als unter 20-Jährige. Der Schwerpunkt der Gesellschaft hinsichtlich des Lebensalters wird sich immer weiter jenseits der 50 Jahre verschieben. Im Jahre 2020 werden 3,5 Millionen Menschen unter 25 Jahren weniger als 2007 in unserem Land leben – in 13 Jahren 3,5 Millionen Menschen unter 25 Jahren weniger. Das bedeutet in der Altersgruppe der unter 25-Jährigen einen Rückgang von 15 Prozent. Im gleichen Zeitraum geht die Gesamtbevölkerung nur um zwei Prozent zurück. Daran ersehen Sie die Dimension der Herausforderung, vor der wir stehen.

Ich sage ganz ausdrücklich: Erste Schritte sind gemacht, zum Beispiel mit der Einführung der Rente mit 67 Jahren. Aber diese Veränderungen, von der Bildungs-, Forschungs-, Familien- und Integrationspolitik bis hin zur Umgestaltung der sozialen Sicherungssysteme und einer nachhaltigen Haushaltspolitik, müssen noch weiterentwickelt werden. Teilweise ist das überfällig. Die Koalition der Mitte ist deshalb entschlossen, diese Veränderungen in die Wege zu leiten. Davor die Augen zu verschließen oder den Kopf in den Sand zu stecken, das wäre die ungerechteste aller Möglichkeiten im Umgang mit den Menschen in unserem Lande. Genau deshalb werden wir das nicht tun. (...)

Bald werden uns Millionen junger Menschen fehlen. Dabei sind genau sie die Fachkräfte der Zukunft. Trotz Konjunktureinbruch klagt das Handwerk schon jetzt über einen Mangel an Lehrlingen. Doch mancher Befund ist ernüchternd. Mehr als jeder Zehnte der unter 34-Jährigen hat heute keinen Schulabschluss oder muss ohne abgeschlossene Berufsausbildung ins Berufsleben starten. Bei denjenigen mit Migrationshintergrund ist es sogar jeder Dritte.

Mit diesem Befund dürfen und werden wir uns nicht abfinden. Es ist ein Gebot der Gerechtigkeit, dass jeder die Chance erhält, im Berufsleben Erfolg zu haben. Schaffen werden wir dies aber nur, wenn die Politikbereiche zusammenwirken: für die Unterstützung von Familien, die Bildung, die Integration, die Arbeitsmarktpolitik und die sozialen Sicherungssysteme. Dabei kommt zweifelsohne den Familien die größte Aufgabe zu. Familien müssen deshalb besonders unterstützt werden.

Das Schlüsselwort unserer Politik für Familien heißt Wahlfreiheit. Zu lange war das ein leeres Wort, und zwar in jeder Hinsicht. Wahlfreiheit setzt Wahlmöglichkeit voraus. Deshalb führen wir weiter, was begonnen wurde, nämlich den Ausbau der Kinderbetreuung auch für die unter Dreijährigen, eine Verbesserung sowohl im Umfang als auch in der Qualität. Zur Wahlfreiheit im umfassenden Sinne gehört auch, dass wir für Eltern, die ihre Kinder zu Hause erziehen, ab 2013 ein Betreuungsgeld, gegebenenfalls auch als Gutschein, einführen wollen. Ich sage Ihnen: Es muss und es wird so ausgestaltet sein, dass die Freiheit der Eltern gestärkt wird, ohne dass dabei die Bildungschancen für Kinder verloren gehen. Das ist unser Anspruch; das werden wir auch tun.

Wir können gar nicht genug tun, um in Bildung für alle zu investieren. Deutschland zur Bildungsrepublik zu machen, darf kein leeres Wort bleiben. Deshalb wollen wir faire Startchancen und Aufstiegsmöglichkeiten für alle. Die Ausgaben des Bundes für Bildung und Forschung werden bis 2013 um insgesamt zwölf Milliarden Euro erhöht. Das ist der Anteil des Bundes, damit wir insgesamt das Ziel, drei Prozent des Bruttoinlandsprodukts für Forschung und Entwicklung und sieben Prozent für Bildung bereitzustellen, bis 2015 erreichen können. Die Länder müssen ihren Anteil mit gleicher Kraft leisten. (...)

Wenn wir angemessene Antworten auf den Altersaufbau unserer Gesellschaft finden wollen, dann führt kein Weg daran vorbei, unsere sozialen Sicherungssysteme generationengerecht auszugestalten. Langfristige Stabilität und Verlässlichkeit wird es nicht geben, wenn der zugrunde liegende Generationenvertrag nicht von allen Seiten – von Jüngeren und Älteren gleichermaßen – akzeptiert wird.

In kaum einem Bereich wird das deutlicher als bei der Pflegeversicherung. Unser Ziel ist klar: mehr Qualität in der Pflege, mehr Selbstbestimmung und vor allen Dingen auch mehr Menschlichkeit. Wir werden unter anderem die Pflegebedürftigkeit neu definieren, und wir werden ein heißes Eisen anpacken, ganz egal, welche Widerstände das erzeugen wird: die Ergänzung der Umlagefinanzierung durch eine Kapitaldeckung. Damit kein Missverständnis entsteht: Ich sage Ergänzung, nicht Ersatz. Wir stehen zum Grundsatz der solidarischen Sozialversicherung. Aber diese Ergänzung zu schaffen, das ist zwingend, wenn die Pflegeversicherung überhaupt noch etwas von ihrer Akzeptanz und ihrem Wert behalten soll, und ich will, dass sie diesen Wert behält.

Denn die Wahrheit liegt doch auf der Hand, und daran kann sich keiner hier vorbeidrücken: Die Pflege wird teurer werden, ob mit oder ohne Kapitaldeckung. Wir werden den

Zusammenhalt unserer Gesellschaft, den Zusammenhalt von Jung und Alt, nur bewahren können, wenn wir die gesamten steigenden Kosten nicht immer wieder nur der jeweils jüngeren Generation und der arbeitenden Generation aufdrücken.

Das ist die Wahrheit, und dazu müssen wir stehen. Deshalb wird die neue Regierung genau diesen Kreislauf durchbrechen. Wir werden am Ende nicht weniger Solidarität, sondern mehr Solidarität haben. Wir werden am Ende nicht weniger Zusammenhalt, sondern mehr Zusammenhalt haben. Das ist unser Ziel.

Das gilt auch für die Gesundheitspolitik. Wir haben einen klaren Anspruch: Jeder Mensch soll die medizinische Versorgung bekommen, die er braucht, und zwar unabhängig von seinem Alter und seiner materiellen Situation. Dies zu schaffen, das muss der Anspruch verantwortungsvoller Politik sein. Auch das ist eine zutiefst moralische Aufgabe. Das ist aber – das wissen wir alle nur zu gut – leichter gesagt als getan.

Das führt uns zu einer Erkenntnis: Um Menschen am medizinischen Fortschritt teilhaben zu lassen, aber gleichzeitig Arbeitsplätze dennoch nicht zu gefährden, brauchen wir eine stärkere Entkopplung von Arbeitskosten und Ausgaben für die Gesundheit, als das heute der Fall ist. Es ist so. Es führt daran kein Weg vorbei.

Ich will auch gar nicht verschweigen: Erste Schritte in diese Richtung ist die alte Regierung mit dem Gesundheitsfonds und der Erhebung von Zusatzbeiträgen schon gegangen. Ich füge hinzu: Ich halte das nach wie vor für richtige und gute Schritte. Aber es müssen eben weitere Schritte folgen, und sie werden folgen, um dieses System in ein langfristig tragfähiges solidarisches System zu überführen, das genau den Ansprüchen gerecht wird, die die Menschen mit Recht an uns haben. Genau darum geht es: ein langfristig tragfähiges, solidarisches System. Deshalb versteht es sich von selbst, dass die finanziellen Lasten weiter so verteilt werden, dass Gesunde für Kranke, Junge für Alte, Stärkere für Schwächere einstehen. Nur so verdient ein solches System das Prädikat „solidarisch“. Darauf können sich alle Versicherten verlassen. Das darf aber nicht dazu führen, dass wir über Wettbewerb, Transparenz und viele andere Dinge überhaupt nicht mehr sprechen dürfen. (...)

Generationengerechtigkeit und Nachhaltigkeit, das gilt in der Tat mehr denn je auch in der Haushaltspolitik. Wie kein zweites Instrument steht die Schuldenbremse genau für diese Politik. Ich darf vielleicht daran erinnern, dass es doch eher wir in diesem Haus waren, die sich für eine Schuldenbremse – im Übrigen: für eine sehr detaillierte Schuldenbremse – im Grundgesetz eingesetzt haben. Deshalb werden wir dazu auch stehen.

Wir wissen, dass es diese Regierung ist, die genau in dieser Legislaturperiode beginnen muss, das alles zu erfüllen. Hier schließt sich gleichsam der Kreis unserer wirtschaftspolitischen Philosophie.

Denn auch hier gilt: Nur mit einem strikten Wachstumskurs können wir die Vorgaben der Schuldenbremse einhalten. Nur mit einem strikten Wachstumskurs schaffen wir in Zeiten wie diesen überhaupt die Voraussetzungen, unsere Ziele insgesamt zu erreichen. Es geht nicht um Wachstum um des Wachstums willen, sondern um nachhaltiges Wachstum, ein Wachstum, mit dem man an das Morgen und die nächste Generation denkt sowie unsere Lebensumwelt im Blick hat.

Viertens gilt: Wir wollen einen zukunftsfesten Umgang mit den weltweit vorhandenen natürlichen Ressourcen weiterentwickeln. Niemals dürfen wir zulassen, dass die weltweite Finanz- und Wirtschaftskrise eine billige Ausrede für mangelnden Schutz unserer Umwelt wird. Das wäre einer der größten Fehler, die wir machen könnten. Ich sage das nicht ohne Grund; denn ich kenne die Realität. Sie ist schon ohne die Krise ziemlich schwierig. Noch immer sind wir zu weit von einem zukunftsfesten Umgang mit unseren globalen Ressourcen entfernt. Bislang haben wir weder in der Energiepolitik noch in der Umweltpolitik dauerhaft tragfähige, globale Antworten gefunden. Globale Abkommen – sei es in der G-20-Gruppe zur Regulierung der Finanzmärkte, sei es in der Politik zum Schutz unserer Artenvielfalt oder in der Klimapolitik – lassen viel zu lange auf sich warten. Eine Aufgabe der neuen Regierung wird sein, hier zu drängen und auf Erfolge zu pochen. (...)

Auch hier in unserem Land müssen wir unsere Hausaufgaben machen. Wir brauchen dringend ein Gesamtkonzept für eine schlüssige Energiepolitik, mit dem wir Umweltfreundlichkeit, Versorgungssicherheit und Wirtschaftlichkeit unserer Energieversorgung sicherstellen. Die Bundesregierung wird genau ein solches Energiekonzept erarbeiten. Dazu setzen wir auf einen Energiemix, der die konventionellen Energieträger schrittweise durch erneuerbare Energien ersetzt. Oder in einem Satz gesagt: Wir wollen den Weg in das regenerative Energiezeitalter gemeinsam gehen.

Das schließt allerdings die Erkenntnis ein, dass die Kernenergie für eine Übergangszeit als Brückentechnologie ein unverzichtbarer Teil unseres Energiemixes bleibt, und zwar so lange, bis sie durch erneuerbare Energien verlässlich ersetzt werden kann, damit wir nicht Strom aus Kernenergie aus Frankreich und Tschechien importieren müssen. Wir sind deswegen bereit, die Laufzeiten deutscher Kernkraftwerke – damit das noch einmal klar wird – unter Einhaltung der strengen deutschen und internationalen Sicherheitsstandards zu verlängern, und wir werden den wesentlichen Teil der zusätzlichen Gewinne der Kraftwerksbetreiber nutzen, um den Weg in das regenerative Energiezeitalter zu beschleunigen, zum Beispiel durch verstärkte Forschung zur Energieeffizienz und zu den Speichertechnologien.

Fünftens: Die Koalition der Mitte will das Verhältnis von Freiheit und Sicherheit angesichts neuer Bedrohungen festigen. Sie stellen uns in der Heimat, auch außerhalb der Grenzen unseres Landes, vor große Herausforderungen. Wir können sie nur meistern, wenn wir unsere Sicherheitsarchitektur weiterentwickeln. Die neue Regierung ist dazu entschlossen und in der Lage. Denn uns leitet ein Kompass: Freiheit und Sicherheit sind für die neue Bundesregierung keine Gegensätze; sie gehören untrennbar zusammen. Beides hat der Staat bestmöglich zu gewährleisten, sei es beim Schutz persönlicher Daten in den neuen Kommunikationstechnologien, sei es beim Beitrag Deutschlands zur internationalen Sicherheit. (...)

Die von mir genannten fünf Punkte kennzeichnen die Größe der Aufgabe, die die neue Regierung zu meistern hat. Kaum eine Regierung vor uns hat seit 1990 vor derartigen Herausforderungen gestanden. Ich will ehrlich sein: Was vor uns liegt, das ist kein leichter Weg. Es wird immer wieder harter Entscheidungen bedürfen, und ich kann nicht versprechen, dass alles schnell leichter und besser wird. Aber was ich sagen kann, ist dieses: Wir haben bei allen Schwierigkeiten viel Anlass zur Zuversicht. Wir haben in der 60-jährigen Geschichte unseres Landes schon ganz andere Aufgaben gemeistert: den Wiederaufbau nach dem Krieg, die Überwindung der Teilung, den Sieg der Freiheit, den Aufbau der neuen Bundesländer.

Es ist wahr, jede große Herausforderung hat ihre spezifischen Umstände. Aber wahr ist auch: Gemeistert haben wir sie alle, weil wir uns auf die Werte besonnen haben, die am Anfang unseres Landes standen: Frieden in Freiheit, Einheit und Zusammenhalt, solidarisches Miteinander, Vertrauen in die Kraft der Menschen – mit einem Wort: auf Freiheit in Verantwortung. Das ist das Leitbild der christlich-liberalen Koalition. Damit werden wir Deutschland zu neuer Stärke führen.

Die Parteien, die diese neue Regierung bilden, Union und FDP, sind die Parteien, die die soziale Marktwirtschaft in Deutschland eingeführt und verankert haben. Union und FDP sind die Parteien, die nie an der Kraft unseres freiheitlichen Wirtschafts- und Sozialsystems gezweifelt haben. Wir, Union und FDP, haben jetzt den Auftrag erhalten, Deutschland stärker aus der Krise zu führen, als es in sie hineingegangen ist, und so unserem Land und seinen Menschen eine gute Zukunft zu sichern. Darum geht es, ganz schlicht: um eine gute Zukunft. Ich bitte alle Bürgerinnen und Bürger, auf diesem Weg mitzumachen. Jeder ist Teil des Ganzen. Jeder kann Deutschland besser machen. Das schließt auch die Opposition unseres Landes ein.

Meine Regierung bietet dem ganzen Deutschen Bundestag eine faire und vertrauensvolle Zusammenarbeit an. Wir bieten allen Gruppen unserer Gesellschaft – Wirtschaft, Gewerkschaften, Kirchen, Religionsgemeinschaften, Wissenschaft, Kultur – eine faire und vertrauensvolle Zusammenarbeit an, weil wir überzeugt sind: Es lohnt sich, gemeinsam für Deutschland zu arbeiten. Es lohnt sich, weil hier unsere Heimat und unsere Zukunft sind.

2. Finanzkrise

„Der Staat ist Hüter der Ordnung“

Für Angela Merkel ist die Finanzkrise die große Bewährungsprobe ihrer ersten Amtszeit. Am 5. Oktober 2008 kommen die weltweiten Verwerfungen endgültig in Deutschland an. Die Kanzlerin und Finanzminister Peer Steinbrück (SPD) müssen das Rettungspaket für die angeschlagene Hypo Real Estate auf 50 Milliarden Euro aufstocken und sprechen eine Garantie für alle privaten Spargut-haben aus. In ihrer Regierungserklärung am 15. Oktober 2008 rechtfertigt Merkel vor den Abgeordneten das 480-Milliarden-Euro-Rettungspaket für die Finanzbranche, das nur zwei Tage später von Bundestag und Bundesrat verabschiedet wird.

Die Weltwirtschaft erlebt in diesen Wochen ihre schwerste Bewährungsprobe seit den 20er-Jahren des letzten Jahrhunderts. Letzte Woche waren Schlüsselmärkte unseres Wirtschaftssystems, die Geldmärkte, praktisch funktionsunfähig. Immer weitere Märkte drohten infiziert zu werden. Der Kurssturz an den weltweiten Aktienmärkten hätte eine verhängnisvolle Spirale in Gang setzen können.

Letzte Woche habe ich an dieser Stelle bereits darauf hingewiesen[14], dass niemand von uns die weitere Entwicklung absehen kann. Es hat sich dann gezeigt, dass das vor allem dringend notwendige Vertrauen zwischen den Finanzmarktteilnehmern, das die Geschäftsbasis der Finanzmärkte ist, noch weiter erodierte. Kaum ein Institut war noch bereit, einem anderen Geld zu verleihen. Die Folge war, dass selbst solide Banken in Gefahr gerieten, ihre Zahlungsverpflichtungen nicht mehr erfüllen zu können. Das gegenseitige Misstrauen hat die Akteure auf den Finanzmärkten fast vollständig gelähmt, mit unabsehbaren Folgen für Wachstum und Arbeitsplätze.

In dieser Situation musste die internationale Gemeinschaft unverzüglich und entschlossen handeln. Und sie hat gehandelt – entschlossen und, was ganz wichtig war, in weiten Teilen auch zeitgleich. (...) Auch Deutschland hat gehandelt. Wir haben es uns mit den notwendigen Entscheidungen wahrlich nicht leicht gemacht; denn wir alle wissen um die Tragweite dieser Entscheidungen. Aber es war unsere Pflicht, innerhalb kürzester Zeit ein Maßnahmenpaket in bisher nicht dagewesener Größenordnung auf den Weg zu bringen, und das, wie gesagt, binnen weniger Tage.

Es hat sich etwas gezeigt, was selten vorkommt: Der Staat war und ist die einzige Instanz, um das Vertrauen zwischen den Banken wiederherzustellen, und zwar zum Schutz der Bürger und nicht zum Schutz von Bankinteressen.

Wir kommen damit unserer Pflicht nach, Schaden vom deutschen Volk abzuwenden und seinen Nutzen zu mehren. Ich weiß: Noch nie wurde ein so umfangreiches Gesetzesvorhaben mit einem so ehrgeizigen gesetzgeberischen Zeitplan auf den Weg gebracht. Ich bin mir bewusst, dass dies allen Beteiligten sehr viel abverlangt. In diesem Bewusstsein danke ich Ihnen allen: den Mitgliedern der Bundesregierung, insbesondere dem Bundesfinanzminister, den Fraktionen und dem Bundesrat. Ich danke für die Bereitschaft, sich im Interesse unseres Landes auf diesen Zeitplan einzustellen. Wir zeigen damit, dass die Politik ihrer Verantwortung gegenüber den Bürgerinnen und Bürgern unseres Landes gerecht wird.

Ihnen liegt der Entwurf eines Gesetzes zur Umsetzung eines Maßnahmenpakets zur Stabilisierung des Finanzmarktes vor. Sagen wir es den Bürgern in einfacheren Worten: Ihnen liegt der erste Baustein für eine neue Finanzmarktverfassung vor. Damit wollen wir erreichen, dass neues Vertrauen entsteht: Vertrauen zwischen den Banken, Vertrauen in der Wirtschaft, Vertrauen der Bürger. (...)

Unser Gesetzentwurf sieht vor, den Finanzinstituten gegen eine Gebühr Garantien bis zur Höhe von 400 Milliarden Euro zur Verfügung zu stellen. Die Bereitstellung von Garantien des Bundes ist eine vertrauensbildende Maßnahme, die die Finanzierungskreisläufe und damit auch die Kreditvergabe an Unternehmen stabilisieren soll. Letztlich heißt das nichts anderes, als dass der Bund wie eine Versicherung gegen eine Gebühr für bestimmte Zahlungsverpflichtungen der Finanzinstitute eintritt. Damit soll erreicht werden, dass wieder gehandelt werden kann und Refinanzierungen erfolgen können. Der Garantierahmen führt – dies will ich hier noch einmal ausdrücklich sagen – natürlich nicht automatisch zu entsprechenden Ausgaben des Bundes. Für die Absicherung der Risiken dieses Garantierahmens sollen 20 Milliarden Euro, also fünf Prozent der Garantiesumme, vorsorglich als Kreditermächtigung in den Haushalt eingestellt werden.

Der zweite Schwerpunkt unseres Maßnahmenpakets betrifft die Beschaffung von Kapital für die Finanzinstitute. Sie sollen die Möglichkeit erhalten, vorübergehend Kapitalhilfen in Anspruch zu nehmen. Diese Hilfen wird es allerdings nur geben, wenn die Banken zu ihrer Verantwortung stehen und sich an bestimmte Regeln halten. Das heißt ganz konkret: Auflagen zur Begrenzung der Managergehälter und der Bonuszahlungen, Auflagen hinsichtlich der geschäftspolitischen Ausrichtung des Instituts, Auflagen hinsichtlich der Kreditvergabe, insbesondere an kleine und mittlere Unternehmen, und natürlich Teilhabe des Bundes an den Erträgen der Finanzinstitute. Das heißt also mit einem Wort: Keine Leistung ohne Gegenleistung.

Als weiteren Punkt sieht der Gesetzentwurf vor, dass der Staat erforderlichenfalls den Finanzunternehmen risikoreiche Vermögenswerte abkaufen kann. Die Erlöse aus einem späteren Verkauf kommen natürlich dem Steuerzahler zugute. Von diesem Instrument wollen wir allerdings möglichst sparsam Gebrauch machen, weil es sicherlich zu den am schwersten durchsetzbaren gehört.

Für den genannten staatlichen Kapitalhilferahmen und für den Ankauf von Problemaktiva sollen insgesamt maximal 80 Milliarden Euro zur Verfügung stehen. Das heißt, einschließlich der genannten 20 Milliarden Euro zur Risikoabsicherung des Garantierahmens kommen wir auf 100 Milliarden Euro als Kreditermächtigung im Haushalt.

Für uns alle sind diese Zahlen unglaubliche Beträge. Deshalb will ich wiederholen: Uns fallen diese Entscheidungen nicht leicht. Wir machen das alles nicht einfach, um einzelnen Finanzinstituten zu helfen. Wir machen das zum Schutz unserer Wirtschaft und zum Schutz der Bürgerinnen und Bürger unseres Landes.

Das Finanzsystem hat eine unabdingbare Scharnierfunktion für das Funktionieren der gesamten Volkswirtschaft und damit für Wachstum und Beschäftigung. Die Bürger und Unternehmen unseres Landes verlassen sich auf ein intaktes Finanzsystem, das den Zugang zu Krediten gewährleistet und es den Bürgern ermöglicht, sicher und mit Gewinn zu sparen. Dem Schutz dieses Systems dient unser Gesetzentwurf. Mehr noch: Er dient der Allgemeinheit, er dient dem Gemeinwohl. (...)

Wir haben es mit Exzessen der Märkte zu tun. Aufgabe des Staates in einer sozialen Marktwirtschaft ist Kontrolle. Der Staat ist Hüter der Ordnung.

Wir beschließen umfassende, weitreichende und einschneidende Maßnahmen. Wir greifen hart durch, damit sich das, was wir jetzt erlebt haben, nicht wiederholt. Damit schaffen wir Strukturen für eine menschliche Marktwirtschaft im 21. Jahrhundert. In diesem Sinne bitte ich Sie um konstruktive Beratungen in den Ausschüssen und um die Zustimmung zu diesem Gesetzentwurf, weil er Deutschland dient.

„Den Ratschlag der schwäbischen Hausfrau beherzigen“

Auf dem CDU-Parteitag am 1. Dezember 2008 in Stuttgart bemüht sich die Vorsitzende, die Krise mit möglichst eingängigen Worten zu erklären. Aus ihrer Rede spricht die Dynamik der Situation, in der unterschiedliche, zum Teil unvereinbare Gegenrezepte auf dem offenen Markt gehandelt werden. In dieser Phase sträubt sich die Kanzlerin noch gegen groß angelegte Konjunkturprogramme.

Wir haben es mit einer dramatischen Krise der internationalen Finanzmärkte zu tun, gefolgt von einer weltweiten Wirtschaftskrise. Als Exportweltmeister haben wir ein überragendes Interesse daran, dass die Weltwirtschaft wieder in Ordnung kommt. Dabei sollten wir uns keine Illusionen machen: Die Politik ist vor Herausforderungen gestellt, die so noch nicht da waren. Niemand auf der Welt kann wirklich auf vergleichbare Erfahrungswerte zurückgreifen. Warum? Das ist deshalb so, weil wir noch nie so unmittelbar erfahren haben, wie sehr die Wirtschaft auf nationaler, europäischer und internationaler Ebene vernetzt ist.

Wir können heute erleben, dass die Welt ein globales Dorf ist. Erst wenn wir diese Erkenntnis miteinander teilen, erst dann werden wir die Krise überwinden können. Indem wir die Ursachen dieser Krise bekämpfen, schaffen wir auch die Voraussetzungen dafür, dass sie sich nicht wiederholt. Wir müssen endlich einmal zeigen, dass wir aus den Erfahrungen früherer Krisen auch etwas lernen; denn die letzte Krise liegt noch kein Jahrzehnt zurück.

Auf einmal liest man überall, warum die Finanzmärkte vor dem Kollaps standen, auch von denen, die vorher noch Anlagen empfohlen haben, die sie selbst nicht begriffen haben. Dabei ist es eigentlich ganz einfach. Man hätte hier in Stuttgart, in Baden-Württemberg, einfach nur eine schwäbische Hausfrau fragen sollen. Sie hätte uns eine ebenso kurze wie richtige Lebensweisheit gesagt, die da lautet: Man kann nicht auf Dauer über seine Verhältnisse leben. Das ist der Kern der Krise.

Genau das ist es, so einfach ist das. Über die eigenen Verhältnisse zu leben – das rächt sich. Das ist im Kern das Problem unserer internationalen Krise, die im Übrigen nicht irgendwo auf der Welt entstanden ist, sondern mitten im Herzen der Industrieländer. Auch mit dieser Wahrheit müssen wir uns auseinandersetzen.

Wenn wir den Ratschlag der schwäbischen Hausfrau beherzigen und gleichzeitig wissen, dass wir in einem globalen Dorf leben, dann heißt das nichts anderes, als dass es einer qualitativ neuen Antwort bedarf, einer Antwort, die wir so bisher nicht kannten, einer Antwort des 21. Jahrhunderts, um diese Krise schnell zu bekämpfen und um zu verhindern, dass sie sich wiederholt.

Eine solche Antwort ist ein gemeinsames, ein geordnetes Vorgehen auf drei Ebenen: erstens bei uns, auf der nationalen Ebene; zweitens in Europa, auf der europäischen Ebene; drittens auf der globalen Ebene. Auf allen drei Ebenen müssen wir handeln, jeweils spezifisch, aber immer auch gemeinsam. Das verlangt höchste Anstrengung, aber es ist der Schlüssel zur Lösung. Ich will, dass die CDU Deutschlands die Partei ist, die diese historische Aufgabe übernimmt. Dazu brauchen wir im Übrigen auch Mut, den Mut, auch einmal gegen den Strom zu schwimmen.

Denn warum ist die Welt in dieser schwierigen Lage? Doch auch, weil wir viel zu oft Experten geglaubt haben, die keine Experten waren. Vielleicht wussten wir damals nicht, dass sie keine Experten waren, aber wir wissen es heute. Wenn wir heute gemeinsam darüber nachdenken, wie man diese neue globale Frage beantwortet, dann sollten wir weniger selbsternannten Experten glauben, sondern einem Prinzip folgen: dem Prinzip der praktischen Vernunft!

Wovon gehen wir aus? Erstens auf der nationalen Ebene: Weil wir wissen, dass 2009 ein Jahr schlechter Nachrichten wird, bauen wir mit unseren Maßnahmen eine Brücke für Investitionen und Beschäftigung, eine Brücke für die Unternehmen, damit es spätestens 2010 wieder aufwärts geht, und zwar mit schnellen, mit zielgerichteten und am besten auch mit zeitlich befristeten Maßnahmen.

Vorschläge für das nationale Vorgehen bei der Bewältigung der Krise gibt es beinahe unendlich viele: Infrastrukturprogramme oder Steuersenkungen, Mehrwertsteuer als Ganzes oder nur in Ausnahmefällen senken, Konsumgutscheine oder Senkungen der Einkommensteuer, als Umfang der Hilfen ein, zwei oder drei Prozent des Bruttoinlandsprodukts, Aufgabe des europäischen Stabilitäts- und Wachstumspakts: ja oder nein. Viele Vorschläge widersprechen einander, manche widersprechen sogar sich selbst. Spätestens da sollten wir widersprechen. Denn wichtig ist: Die nationalen Maßnahmen müssen zur Situation in unserem Land passen. Sie müssen unsere Stärken ausbauen und unsere Schwächen abbauen. (...)

Wir verlieren auch in der Krise die Zukunft nicht aus dem Blick. Das Ziel eines ausgeglichenen Haushalts wird später erreicht werden, aber es bleibt unser Ziel für die nächste Legislaturperiode, weil wir uns sonst langfristig unserer Zukunft berauben. Ich muss darauf hinweisen: Spätestens Mitte des nächsten Jahrzehnts wird Deutschland nicht nur in den neuen Bundesländern, sondern insgesamt vom demografischen Wandel erfasst, und es ist unsere Pflicht, auch den künftigen Generationen Spielräume für ein erfolgreiches Leben zu ermöglichen. (...)

Aber ich füge hinzu: Weil diese Krise so außergewöhnlich ist, werden wir die Lage immer wieder neu analysieren. Deutschland wird sich alle Optionen offenhalten, um die Folgen dieser Krise weiter wirkungsvoll zu bekämpfen. Ich sage ausdrücklich: alle Optionen. (...) Die Deutschen können sich auf eine Regierung verlassen, die verantwortungsbewusst und umsichtig handelt, wenn nötig – und das haben wir bereits bewiesen – auch blitzschnell. Aber ich sage auch: An einem Überbietungswettbewerb von immer neuen Vorschlägen, an einem sinnlosen Wettbewerb um Milliarden, daran beteiligen wir uns nicht. Der ist mit uns, der ist mit mir nicht zu machen, denn wir haben auch in solchen Zeiten Verantwortung vor dem Steuerzahler von heute und vor dem Steuerzahler in der Zukunft.

„Wir nehmen sehr viel Geld in die Hand"

Mit einer Reihe von Impulsen versucht die Große Koalition, den schärfsten Wachstumseinbruch in Deutschland seit 1949 zu dämpfen. Mit dem Pakt für Beschäftigung und Stabilität, den Merkel in ihrer Regierungserklärung vom 14. Januar 2009 im Bundestag ankündigt, ist das 50 Milliarden Euro schwere Konjunkturpaket II gemeint. Die umstrittene Abwrackprämie, von der Kanzlerin Umweltprämie genannt, soll den Absturz der Automobilindustrie auffangen. Merkels Tribut an die Haushaltskonsolidierung bleibt die Schuldenbremse, die tatsächlich im Sommer 2009 mit Zwei-Drittel-Mehrheiten von Bundestag und Bundesrat in das Grundgesetz aufgenommen wird.

Vor uns liegt ein schwieriges Jahr. Gerade deswegen ist heute ein entscheidender Tag. Ich sage: Es ist ein guter Tag; denn mit dem Pakt für Beschäftigung und Stabilität in Deutschland gibt die Bundesregierung eine umfassende Antwort auf die weltweite Wirtschafts- und Finanzkrise, die uns alle Handlungsoptionen eröffnet. Und genau das ist gut für unser Land in einer solchen Situation.

Bund, Länder und Kommunen werden ein Maßnahmenpaket auf den Weg bringen, das es in der Geschichte der Bundesrepublik Deutschland so noch nicht gegeben hat. Zusammen mit den schon im Herbst beschlossenen Maßnahmen werden wir über 80 Milliarden Euro einsetzen. Das ist ein Impuls von mehr als drei Prozent des Bruttoinlandsprodukts, auf zwei Jahre gerechnet. Die Bundesregierung verfolgt dabei ein großes, ja ein überragendes Ziel. Wir wollen die Krise nicht einfach überstehen. Deutschland soll aus dieser Krise stärker und zukunftsfester herauskommen, als es hineingeht. Wir wollen diese Krise als Chance nutzen. (...)

Was zuerst Möglichkeit war und dann Wahrscheinlichkeit wurde, das ist jetzt Gewissheit. Auch Deutschland befindet sich infolge der weltweiten Krise in der schwierigsten wirtschaftlichen Phase seit vielen Jahrzehnten. Glücklicherweise spüren das noch nicht alle in unserem Land – ich hoffe, das bleibt auch so –, aber manche Branchen, manche Bereiche trifft es dramatisch. Gerade heute haben wir wieder gehört: Auftragseinbrüche im Maschinenbau um 30 Prozent allein im November 2008. Das sind Signale, die nicht übersehen werden dürfen und zum Handeln auffordern. Weil das so ist, ist Nichtstun keine Alternative. Weil das so ist, reichen die herkömmlichen Instrumente nicht aus. (...)

Die Menschen in Deutschland können sicher sein: Wir handeln gut überlegt, und wir sind entschlossen, Deutschland mit aller Kraft gut durch die Krise zu bringen und unser Land, wo immer es möglich ist, stärker zu machen. Dieses Ziel zu erreichen, das kann nur gelingen, wenn wir gleichzeitig an den wichtigsten Schlüsselstellen unserer Wirtschaft ansetzen. Die wichtigsten Schlüsselstellen, das sind die Innovationskraft der Unternehmen, die Kreativität und Ausbildung der Menschen und die Leistungsfähigkeit der öffentlichen Infrastruktur. An genau diesen Schlüsselstellen setzt unser Maßnahmenpaket an.

Erstens: Wir starten eine Investitionsoffensive von Bund, Ländern und Kommunen im Bildungsbereich und bei der Modernisierung der Infrastruktur. Der Bund wird zusammen mit den Ländern in den nächsten zwei Jahren knapp 20 Milliarden Euro zusätzlich einsetzen. Das wird ein richtiger und wichtiger Impuls für unsere Infrastruktur sein. Dass wir dies auf den Weg gebracht haben – zusammen mit den Ländern, zusammen mit den Kommunen –, das zeigt, dass unser Land handlungsfähig ist, nicht nur in der Bankenkrise, sondern auch, wenn es darum geht, unser Land stärker zu machen. Dafür allen Beteiligten herzlichen Dank.

Wir wissen, dass die Kreativität der Menschen unsere wichtigste Produktivkraft ist. Deshalb steht der Bildungsbereich im Mittelpunkt der Investitionen; dafür werden zwei Drittel der Investitionen, die von Bund und Ländern gemeinsam getätigt werden, bereitgestellt. Dabei geht es auch um die Verbesserung der Situation in Kindergärten, in Schulen, in Fachhochschulen und Hochschulen. (...)

Seit gestern höre ich: „Es ist ja schön, wenn man die Schulen renoviert. Aber was hilft das, wenn nicht ausreichend Personal da ist?" Deshalb füge ich gleich an dieser Stelle hinzu: Der Bundesarbeitsminister hat dafür Sorge getragen, dass im Bereich der Kleinkinderbetreuung – hier erhöhen wir gerade die Zahl der Betreuungsplätze, und hier entstehen neue Rahmenbedingungen – vorrangig Qualifizierung betrieben wird, genauso wie auch im Pflegebereich. Wir werden diese Dinge kombinieren. Aber es kann doch wohl nicht sein, dass wir die Schulen nicht renovieren, weil vielleicht irgendwo noch ein Lehrer fehlt. Vielleicht kann dies dazu beitragen, dass mehr Lehrer und Betreuer eingestellt werden. (...)

Zweitens handeln wir für eine gesicherte Kreditversorgung der Wirtschaft, damit Investitionen und Innovationen der Unternehmen trotz der Verwerfungen auf den Finanzmärkten möglich bleiben. Dazu wird die Bundesregierung als Schwerpunkt ein besonderes Kredit- und Bürgschaftsprogramm einrichten. Über das schon heute laufende KfW [Kreditanstalt für Wiederaufbau] -Sonderprogramm hinaus werden wir mit einem Bürgschaftsvolumen von 100 Milliarden Euro sicherstellen, dass die Kreditversorgung durch die Banken auch funktioniert. Wir brauchen heute zusätzliche Absicherungen, damit die Banken ihrer Tätigkeit nachkommen können.

Mithilfe der staatlichen Bürgschaften werden wir ein Vielfaches an privaten Investitionen auslösen. Ziel dieses Bürgschaftsprogramms ist, dass keine gesunden, wettbewerbsfähigen Betriebe, die häufig mit ausgezeichneten Weltmarktpotenzialen ausgestattet sind, aufgrund der Verwerfung im Bankensektor verloren gehen. Das ist ein vernünftiger Ansatz. Es geht nicht um Betriebe, die Schwächen haben. Es geht um Betriebe mit herausragendem Potenzial, die zu jeder normalen Zeit sofort Kredite bekommen würden und die wir jetzt besonders schützen.

Zur Stärkung der Innovationskraft der Wirtschaft gehören auch eine Umweltprämie für die Automobilwirtschaft, die Umstellung der Kfz-Steuer zum 1. Juli 2009 auf CO_2-Basis und eine besondere Forschungsförderung für innovative Antriebstechnologien.

Ich weiß sehr wohl, dass gerade das Thema Umweltprämie erhebliche Diskussionen auslöst, da man sich fragt: Ist es eigentlich gerechtfertigt, eine Branche in besonderer Weise zu stützen? Dies hat – das muss man der Automobilindustrie sagen – zum Teil auch damit zu tun, dass die Automobilindustrie mit ihren Zulieferern in den vergangenen Jahren nicht immer langfristig und nachhaltig umgegangen ist – um das ganz freundlich zu sagen. Wir haben uns für die Umweltprämie entschieden, weil die Automobilbranche gerade in Deutschland nicht irgendeine Branche ist. Die großen Automobilunternehmen bilden mit ihrem Netz von Zulieferern einen weltweit einmaligen Technologie- und Innovationscluster. Sie gehören zur Kernsubstanz unseres Industrielandes Deutschland. (...)

An dieser Stelle möchte ich sagen: Unsere Hilfen für Unternehmen sind nicht an deren Größe orientiert.[15] Es geht nicht darum, ob ein kleines Unternehmen einen Arbeitsplatz, ein Mittelständler mehrere Hundert Arbeitsplätze oder ein DAX-Unternehmen Zehntausende Arbeitsplätze hat. Jeder Arbeitsplatz steht in unserem Bemühen an gleicher Stelle. Wir unterscheiden nicht; denn für uns sind alle wichtig.

Drittens: Wir ergreifen Maßnahmen zur direkten Sicherung von möglichst vielen Arbeitsplätzen, verbunden mit einer umfassenden Qualifizierungsoffensive. Bei allem Einsatz – wir wissen das –: Die Bundesregierung kann nicht versprechen, dass die Krise den Arbeitsmarkt weitgehend unberührt lässt. Das wäre vollkommen unredlich. Ich kann Ihnen aber versprechen, dass die Politik den Betrieben hilft, bis zum nächsten Aufschwung eine Brücke für die Arbeitnehmer zu bauen. Eine solche Brücke hat in unserem Programm eine ganz zentrale Bedeutung.

Deshalb haben wir die Bezugsdauer von Kurzarbeitergeld bereits im Herbst verlängert und werden jetzt die Bedingungen dafür schaffen, dass die Betriebe dieses Instrument der Kurzarbeit auch nutzen können, indem wir 50 Prozent der Sozialversicherungskosten übernehmen und das Angebot machen, wenn Qualifizierung angefordert wird, dann auf Antrag bis zu 100 Prozent der Sozialversicherungskosten zu übernehmen. Das ist wieder die Kombination: Nicht einfach nur warten, nicht einfach nur nichts tun, sondern Anreize setzen, um sich auf die Zukunft vorzubereiten. Das kann ein Beitrag sein, um zukünftigen Fachkräftemangel zu überwinden, und so entsteht wieder eine Chance, aus der Krise herauszukommen. (...)

Viertens: Die Privathaushalte und auch die Personengesellschaften des Mittelstandes werden bei Steuern und Abgaben spürbar und dauerhaft entlastet. Insgesamt entlasten wir (...) die Bürger bei Steuern und Abgaben in den nächsten zwei Jahren um rund 18 Milliarden Euro. Bei der Einkommensteuer wird der Grundfreibetrag angehoben, der Eingangssteuersatz auf 14 Prozent gesenkt und eine Rechtsverschiebung der Kurve vorgenommen. Damit wird der „kalten Progression“ ein Stück weit Einhalt geboten.

Ich möchte darauf hinweisen, dass eine solche Steuersenkung die Nachfrage insbesondere bei den arbeitenden, gut ausgebildeten Arbeitnehmerinnen und Arbeitnehmern mit niedrigen und mittleren Einkommen stärken wird. Genau diese sind durch die Wirkung der „kalten Progression“ in besonderer Weise belastet. Künftig wird ihnen mehr von jedem mehr verdienten Euro bleiben als bisher.

Diese Steuersenkung – auch das will ich noch erwähnen – entlastet auch viele Personengesellschaften gerade im Mittelstand. Mit dieser Steuersenkung geht es um mehr als nur um einen finanziellen Konjunkturimpuls. Im Kern geht es mit dieser Maßnahme darum, die Leistungsgerechtigkeit und den Optimismus der Menschen zu stärken. Deshalb ist sie eine wichtige Maßnahme in unserem Paket. (...)

Ja, es ist richtig: Wir nehmen viel Geld in die Hand. Wir nehmen sogar sehr viel Geld in die Hand. Aber wir haben auch darauf geachtet, dass wir den richtigen Zeitpunkt wählen. Wir sind bewusst nicht in einen Überbietungswettbewerb auf europäischer Ebene eingestiegen. Wir sind der Überzeugung: Jetzt ist der richtige Zeitpunkt. Wir brauchen mit unserer Antwort allerdings den Vergleich mit den Initiativen anderer Länder wahrlich nicht zu scheuen. Ich erinnere daran: Die Europäische Union hat – so haben wir es im Rat beschlossen – ein gemeinsames europäisches Programm mit einem Volumen von 200 Milliarden Euro gefordert. Deutschland ist jetzt mit 80 Milliarden Euro dabei. Wir leisten als größte Volkswirtschaft unseren Beitrag. Ich finde das richtig. Aber ich finde, wir alle können das auch selbstbewusst sagen. (...)

Ich rede nicht darum herum: Der Weg, den wir eingeschlagen haben, um unser Land durch die Krise zu bringen, bringt eine deutliche Neuverschuldung mit sich, in diesem Jahr und auch im nächsten. Das muss klar gesagt werden. Darum brauchen wir nicht herumzureden. Wir haben uns diese Entscheidung nicht leicht gemacht. Auch ich habe sie mir nicht leicht gemacht. Ich will deutlich sagen: Es ist bisher die schwerste innenpolitische Entscheidung, die ich als Bundeskanzlerin zu treffen hatte. Aber ich glaube, wir haben sie so getroffen, dass wir der außergewöhnlichen Dimension dieser Krise gerecht werden.

Eine solche Antwort ist nicht nur notwendig, sondern definitiv geboten, weil Nichtstun – daran möchte ich noch einmal erinnern – schwerstwiegende Folgen hätte, nicht nur wegen des Rückgangs bei Aufträgen und Arbeitsplätzen in der Krise, die an sich schon erhebliche Mindereinnahmen für die staatlichen Kassen bedeuten würde, sondern vor allem auch, weil zu viele Quellen unseres Wohlstands in Gefahr geraten würden und versiegen könnten, weil im nächsten Aufschwung dann wichtige Firmen, wichtiges Know-how, wichtige Facharbeiter einfach nicht mehr da gewesen wären, um wieder neues Wachstum in Deutschland zu schaffen. Ich denke, wir alle sollten vermeiden, dass wir in eine Situation kommen, in der wir sagen müssen: Hätten wir doch damals etwas getan, hätten wir das, was uns stark macht, gerettet. In diese Situation möchten wir nicht kommen, möchte ich nicht kommen. Deshalb handeln wir so, wie wir handeln. (...)

Wir werden darüber hinaus – auch angesichts dieser Krise – nach Beratungen in der Föderalismuskommission eine Schuldenbremse einführen, also für die zukünftigen, die normalen Zeiten verabreden, dass wir kein Defizit oberhalb von 0,5 Prozent des Bruttoinlandsprodukts erlauben dürfen. Es ist interessant: Dinge, die fast unerreichbar schienen, scheinen jetzt wieder in Reichweite. Ich jedenfalls werde mit aller Intensität dafür eintreten – ich weiß, dass die Mitglieder der Föderalismuskommission das auch tun –, dass wir das jetzt schaffen und die Schuldenbremse ins Grundgesetz bringen, um für zukünftige Generationen ein klares Zeichen zu setzen.

In diesem Jahr wird die Bundesrepublik Deutschland 60 Jahre alt. Ein Drittel dieser Zeit, nämlich fast 20 Jahre, gehen Ost und West einen gemeinsamen Weg. Vor 20 Jahren, am 9. November, war der Fall der Berliner Mauer. Die beiden Daten, finde ich, zeigen uns, dass Deutschland schon ganz andere Herausforderungen gemeistert hat. Das ist Grund zur Zuversicht; das ist Grund, auf Deutschlands Kraft und Stärke zu vertrauen. Das Allerwichtigste, so heftig der Wachstumseinbruch auch ausfallen kann, ist: Dies ist keine Krise – das, finde ich, ist die wichtige Botschaft – der ökonomischen, sozialen oder finanziellen Grundstrukturen unserer Bundesrepublik Deutschland. (...)

Der Pakt für Beschäftigung und Stabilität bietet für jeden einen Ansatzpunkt, seinen Teil der Verantwortung wahrzunehmen. Er ist ein Pakt für alle, und deshalb ist er ein Pakt für Deutschland, so haben wir ihn konzipiert: für die Unternehmen, indem sie jetzt ihre Beschäftigten halten, für die Arbeitnehmer, indem sie sich weiterqualifizieren, für die Ingenieure und Forscher, indem sie neue Ideen entwickeln und Innovationen vorantreiben, für die ehrenamtlich Tätigen, indem sie mithelfen, unsere soziale Infrastruktur stabil zu erhalten, für die Verbraucher, indem sie sich umweltbewusster verhalten. Vertrauen wir auf das, was wir gut können, was wir vielleicht sogar besser können als andere! Das ist gerade jetzt wichtig.

„Wir müssen einen klaren Kompass haben“

Beim Weltwirtschaftsforum am 30. Januar 2009 in Davos konzentriert sich Merkel auf die internationale Dimension der Finanzkrise. Vor den versammelten Reichen und Mächtigen fordert sie eine Stärkung der G20 und der UNO, schlägt eine Charta des nachhaltigen Wirtschaftens vor und bewirbt die soziale Marktwirtschaft in Deutschland als Exportartikel. Dabei bringt sie gar einen „dritten Weg" neben Kapitalismus und Sozialismus ins Gespräch.

Die schwierigen Vorzeichen, unter denen dieses Forum stattfindet, sind mit der Erkenntnis gepaart, dass wir die globale Krise nur gemeinsam meistern können. (...) Wir befinden uns in einem Wachstumseinbruch, der als Kennzeichen hat, dass er global erfolgt. Die Europäische Kommission erwartet für die Europäische Union einen Rückgang der Wirtschaftsleistung um 1,8 Prozent in diesem Jahr. Es gibt viele Bereiche der Welt – ob es Asien ist, ob es die Vereinigten Staaten von Amerika sind –, in denen es ebenfalls dramatische Wachstumseinbrüche gibt. Es hat also alle erfasst. Das ist ein Kennzeichen dieser Krise.

Auslöser dieser Krise – darüber gibt es, wie ich glaube, auch Einigkeit – waren unverantwortliche Spekulationen insbesondere auf dem amerikanischen Immobilienmarkt und Exzesse auf Märkten – sicherlich war auch zu viel Geld im Umlauf –, gepaart mit neuen technologischen Möglichkeiten, wodurch so genannte derivative Finanzmarktprodukte anonymisiert um die Welt verteilt wurden, ohne dass hinreichend Transparenz vorhanden war. Daraus ist nach einem Verlangsamen des Weltwirtschaftswachstums in Kombination mit dieser internationalen Finanzmarktkrise nun eine Wirtschaftskrise globaler Art erwachsen.

Es geht jetzt vor allen Dingen darum, dass wir wieder Vertrauen herstellen, weil einer der wesentlichen Punkte der Verlust von Vertrauen durch das Versagen der Marktkräfte war. Vertrauen ist ein unerlässlicher Grundpfeiler der Wirtschaft. Ohne Vertrauen in die Stabilität unserer Volkswirtschaften werden Unternehmen nicht investieren. Ohne Vertrauen werden Banken keine Kredite vergeben und Verbraucher nicht wieder konsumieren. Das heißt also, ohne Vertrauen wird es keine Rückkehr auf den Wachstumspfad geben. Insofern ist die zentrale Aufgabe, zu der Politik einen

Beitrag leisten muss: Es gilt, die Funktionsfähigkeit der Märkte wiederherzustellen und mit der Herstellung der Funktionsfähigkeit das Vertrauen wieder auf eine solide Basis zu stellen. (...)

Es stellt sich die Frage: Wie sieht eigentlich die zukünftige Architektur der Zusammenarbeit aus? Klar ist, dass die G8-Staaten allein die Probleme in Zukunft nicht lösen werden. Deshalb halte ich das G20-Format, das es bislang nur auf der Finanzministerebene gab, auch auf der Ebene der Staats- und Regierungschefs für ein sehr gutes Format. Ich glaube, dass dadurch in der internationalen Zusammenarbeit neues Vertrauen geschaffen werden kann und auch Akteure gefunden werden, die gemeinsam Verantwortung für die Zukunft übernehmen.

Was müssen wir schaffen? Welche Prinzipien müssen wir finden, um uns international und auch langfristig auf ein gemeinsames Agieren zu verständigen? Ich glaube, dass wir fünf Elemente ins Auge fassen müssen:

Erstens: Das Bekenntnis zu den Kräften der Märkte, zu einer Marktwirtschaft, die zweierlei leistet. Einerseits muss sie den Marktkräften den Spielraum lassen, sich frei und kraftvoll entfalten zu können. Das ist die Triebkraft des Wachstums. Das war sie vor der Krise. Das wird sie auch nach der Krise sein. Andererseits muss sie Marktexzesse, die ohne Verantwortungsbewusstsein dieses Mal insbesondere in der Finanzbranche stattgefunden haben, verhindern.

Ich glaube, in Deutschland ist die Soziale Marktwirtschaft eine gute Richtschnur, wie man genau beides schaffen kann. Die Prinzipien der Sozialen Marktwirtschaft sind sehr einfach, aber auch sehr eindeutig. Der Staat ist der Hüter der wirtschaftlichen und sozialen Ordnung. Er hat eine klare Funktion. Der Wettbewerb ist notwendig. Er braucht aber Augenmaß und soziale Verantwortung. Ich denke, dies sind auch die Prinzipien, auf die wir uns weltweit einigen sollten. Freiheit ist die notwendige Voraussetzung, damit sich Marktkräfte entfalten können. Aber die Freiheit des Einzelnen muss begrenzt sein, wenn sie dem Anderen Freiheiten nimmt. Diese Ordnungsfunktion können die Märkte ohne staatliche Ordnung, so zumindest meine Überzeugung, nicht erfüllen. Das ist auch das, was man vielleicht als den „dritten Weg“ bezeichnen kann, den wir nach meiner Auffassung weltweit brauchen, und zwar im Unterschied zu einem ungezügelten Kapitalismus mit großen finanziellen und anderen Risiken, aber eben auch in einer klaren Abgrenzung zu sozialistischen Staatswirtschaftsexperimenten.

Zweitens: Wir brauchen ein intaktes, stabiles und international vernetztes Finanzsystem mit den entsprechenden Institutionen, die auch globale Verantwortung übernehmen. Wir werden in Zukunft immer wieder an den gleichen Punkt kommen: Sind Nationalstaaten dazu bereit, Verantwortung ein Stück weit an internationale Organisationen abzugeben, um damit globales Agieren möglich zu machen? Wir haben keine globale Architektur, die ausreichend funktioniert. Daran müssen wir arbeiten.

Wir als Mitgliedstaaten der Europäischen Union haben hier schon manches gelernt, weil wir viel Verantwortung nach Brüssel an die Europäische Union abgegeben haben. Es ist nicht immer einfach, wenn man aus Brüssel Rügen bekommt oder Verfahren am Europäischen Gerichtshof angestrengt werden. Aber es hat sich unter dem Strich für die 27 Mitgliedstaaten der Europäischen Union bewährt. Diesen Lernprozess werden alle Nationen, auch die größten, nach meiner festen Überzeugung machen müssen.

Drittens: Wir brauchen eine offene Weltwirtschaft. Ich glaube, wir müssen in dieser Phase absolut aufpassen – deshalb brauchen wir auch internationale Koordinierung –, dass wir die Marktkräfte nicht völlig verzerren, weil jeder sozusagen um sein eigenes Überleben kämpft. Ich sage ganz freimütig: Ich sehe in unserem Land, das zum Beispiel die Automobilindustrie als einen wichtigen Wirtschaftspfeiler hat, natürlich mit einem gewissen Misstrauen, dass im Augenblick die Vereinigten Staaten von Amerika ihrer Automobilindustrie umfangreiche Subventionen gewähren. Solche Phasen dürfen nicht lange andauern, weil sie ansonsten eine Wettbewerbsverzerrung und auch eine gewisse Form des Protektionismus mit sich ziehen. Meiner Meinung nach gibt es aber zu einer offenen Weltwirtschaft keine Alternative. Deshalb sollten wir daran arbeiten und vor allen Dingen die Doha-Runde [die Verhandlungen über die Liberalisierung des Welthandels] möglichst schnell zu Ende bringen.

Viertens: Der Grundsatz einer nachhaltigen Ressourcennutzung. Nur so können wir unsere natürlichen Lebensgrundlagen auch für künftige Generationen erhalten. (...) Fünftens: Wir dürfen die weltweite Armutsbekämpfung nicht aus dem Blick verlieren. (...)

All diese Prinzipien, die ich hier natürlich nur grob anreißen kann, müssen nach meiner festen Auffassung verbindlich festgelegt werden, so zum Beispiel in einer Charta des nachhaltigen Wirtschaftens. So etwas kann man aus den Prinzipien aufbauen, auf die wir uns vielleicht unter den G20-Ländern einigen könnten. Ich werde mich dafür einsetzen. So etwas kann in einen Weltwirtschaftsrat bei den Vereinten Nationen münden, ähnlich wie wir nach dem Zweiten Weltkrieg auch einen UN-Sicherheitsrat geschaffen haben.

Wenn man sich einmal überlegt, was damals nach den entsetzlichen Folgen des Zweiten Weltkriegs, nach dem, was durch den Nationalsozialismus, durch mein Land angerichtet worden ist, für eine Kraftanstrengung mit dem Beschluss der Menschenrechtskonvention und mit der Einrichtung des UN-Sicherheitsrates gelungen ist, kann ich nur sagen: Auch wir sind am Beginn des 21. Jahrhunderts dazu aufgefordert, nach dieser Krise institutionelle Schlussfolgerungen zu ziehen, um kraftvoll international zusammenzuarbeiten. Ich bin der Meinung, dieses sollte, wo immer möglich, in eine Kooperation bei den Vereinten Nationen münden, weil ich kein anderes Gremium kenne, das diese große internationale Legitimität hat – trotz aller Schwächen und Langsamkeiten. (...)

Ich glaube, es ist eine Zeit, in der wir neben den aktuellen Notwendigkeiten der Krisenbekämpfung unglaubliche Chancen haben, Globalisierung, die wir jetzt als krisenhafte Entwicklung erleben, die wir im Übrigen in den letzten 20 Jahren als Wachstumsmotor erlebt haben, international so zu gestalten, dass daraus ein besseres Zusammenleben der Nationen wird. (...)

Das ist aus meiner Sicht die Chance, Freiheit mit sozialem Ausgleich und Wachstum mit Nachhaltigkeit zu verbinden. Angesichts der täglichen aktuellen Schwierigkeiten weiß ich, dass das manch einem vielleicht ein bisschen zu visionär klingt. Ich glaube aber, wir müssen in dieser Krise einen klaren Kompass haben, damit wir nicht wieder in einigen Jahren, wie wir es früher gemacht haben, mit den gleichen Mitteln vor einer gleichen Krise oder einer noch schlimmeren stehen.

„Wir brauchen ein Stück Anstand"

Dem bodenständigen Publikum bei der Meisterfeier und Besten-Ehrung der Handwerkskammer Dortmund versichert Merkel am 28. März 2009, dass die Banken-Hilfspakete nicht der Finanzbranche, sondern der Erhaltung ganz normaler Arbeitsplätze dienen sollen. Die Kanzlerin nutzt die Gelegenheit zu einem Seitenhieb auf Banker und die – immer noch reichlich fließenden – Bonus-Zahlungen.

Die derzeitige wirtschaftliche Lage ist schwierig. Als Exportnation kann und wird sich Deutschland nicht von den internationalen Trends abkoppeln können. Natürlich weiß ich, dass sich manche von Ihnen in der Familie und im Bekanntenkreis fragen: Was wird aus meinem Arbeitsplatz? Was bedeutet diese schwierige wirtschaftliche Lage für mich?

Deshalb ist es klar, dass Wirtschaft und Politik in einer solchen Zeit in einem besonders großen Ausmaß eng und vertrauensvoll zusammenarbeiten müssen. Ich möchte mich dafür beim deutschen Handwerk bedanken. Da gibt es keine Panikmacherei. Da gibt es einen guten und ruhigen Blick auf die Realität und immer die Frage: Was können wir tun und was können wir gemeinsam mit der Politik tun, um über diese schwierigen Zeiten hinwegzukommen?

Wenn ich vielleicht noch einmal daran erinnern darf, was passiert ist: Der Ausgangspunkt war eine internationale Krise der Finanzmärkte, die immer noch nicht wieder in Ordnung sind. Wir haben rund um die Welt mit Summen, die für uns alle noch vor einem guten halben Jahr völlig unvorstellbar waren, Hilfspakete geschnürt. Ich finde, wir sollten uns dieses ungeheuerliche Gefühl, was wir da für Summen bewegen, durchaus bewahren, damit wir den Maßstab für die Normalität nicht völlig verlieren.

Wir haben diese Hilfspakete nicht für die Banken oder die Banker geschnürt. Ich muss sagen, dass wir immer wieder entsetzt sind – auch ich bin es –, mit welcher Nonchalance manche meinen, sich jetzt auch noch für schlechte Leistungen Boni genehmigen zu können. Früher haben wir alle gedacht, dass es einen Bonus für etwas Gutes gibt. Jetzt stellen wir fest, dass es ihn auch gibt, wenn man versagt hat. Ich glaube, dass wir auch ein Stück von dem, was im Handwerk sehr viel selbstverständlicher gelebt wird, brauchen, nämlich ein Stück Anstand. Man kann nicht immer sagen, dass es hierzu noch kein Gesetz gibt, sondern manchmal muss man auch einen inneren moralischen Maßstab haben. Das finde ich jedenfalls.

Wir haben also nicht den Banken und den Bankern an sich geholfen, sondern wir haben etwas getan, was für das Leben unserer Volkswirtschaft existenziell ist. Wir haben nämlich die Finanzkreisläufe unserer Wirtschaft so intakt gehalten, dass unsere Wirtschaft dabei nicht zugrunde geht und dass die Einlagen der Sparerinnen und Sparer sicher sind. Das war der Anlass. Das dürfen wir auch nie vergessen.

3. Klimaschutz

„Nie war die Faktenlage so eindeutig"

Nach ihrer Wahl zur Regierungschefin macht sich Angela Merkel bald als „Klimakanzlerin" einen Namen. Das Thema begleitet sie seit ihrer Zeit als Umweltministerin. Bei den internationalen Verhandlungen über das „Berliner Mandat" von 1995, das auf die Reduzierung von Treibhausgasen abzielte, spielte sie eine wichtige Rolle.[16] *Im Juni 2007 rückt Merkel das drängender gewordene Thema in den Mittelpunkt des G8-Gipfels von Heiligendamm, zwei Monate später reist sie öffentlichkeitswirksam zu den gefährdeten Gletschern Grönlands. Auch in ihrer Rede vor den Vereinten Nationen (VN) in New York am 25. September 2007 widmet sie dem Klimaschutz eine ausführliche Passage.*

Wir leben in einer Zeit mit gewaltigen Umbrüchen. Großartige Perspektiven stehen dicht neben erheblichen Risiken. Das Gefüge der Welt verändert sich. Die Vernetzung von Staaten, Wirtschaft und Gesellschaften erreicht ein bisher unbekanntes Maß. Das nennen wir Globalisierung.

Das Gute an dieser Entwicklung ist: Der Wohlstand nimmt zu. Immer mehr Menschen befreien sich aus Armut. Das Herausfordernde an dieser Entwicklung ist: Nicht alle haben ihren fairen Anteil am Wohlstand. Es gibt große Ungleichgewichte. Deshalb brauchen wir über die nationalen Grenzen hinweg ein globales Bewusstsein für unsere gemeinsame Verantwortung, um die zentralen Herausforderungen unserer Welt lösen zu können.

Eine solche zentrale Herausforderung für die Menschheit heute ist ohne Zweifel der Wandel unseres Klimas. (...) Nie zuvor war das Einverständnis unter Wissenschaftlern so groß, die Faktenlage so eindeutig, der Handlungsbedarf so unbestritten. Jedes Land ist von den Auswirkungen des Klimawandels betroffen. Keines kann ihn alleine bewältigen. Nicht zu handeln, das würde immense Kosten und weltweit neue Konflikte verursachen.

Für unser Vorgehen bedeutet das ganz konkret: Jeder Beitrag einzelner oder von Gruppen von Staaten ist willkommen. Aber ich füge ausdrücklich hinzu: Derartige Beiträge können nur Ergänzungen, sie können niemals Ersatz für ein Post-Kyoto-Abkommen unter dem Dach der Vereinten Nationen sein. Von dieser VN-Generalversammlung muss deshalb das Signal für den dazu notwendigen nächsten Schritt ausgehen, und der ist die Klima-Konferenz auf Bali. Dort müssen die Umweltminister einen klaren Fahrplan vereinbaren, damit die Verhandlungen bis 2009 erfolgreich abgeschlossen werden können.

Drei Elemente sind zentral: Eine gemeinsame Verständigung über den Umfang der Emissionsminderung, eine gemeinsame Verständigung auf faire nationale Beiträge und eine gemeinsame Verständigung über die Instrumente, die wir anwenden, um Klimaschutz und wirtschaftliches Wachstum gleichermaßen zu erreichen.

Die Größenordnung des Handlungsbedarfs zeichnet sich immer klarer ab. Wir brauchen bis zur Mitte des Jahrhunderts mindestens eine Halbierung der globalen Emissionen. Dafür gibt es eine klare Leitlinie: Sie ist das Prinzip der gemeinsamen, aber unterschiedlichen Verantwortlichkeit.

Für die Industrieländer bedeutet dies ambitionierte absolute Reduktionsziele. Die Europäische Union hat unter deutschem Vorsitz weitreichende Zielmarken bis 2020 beschlossen. Alle Industrieländer müssen ihre Emissionen pro Kopf drastisch verringern. Für die Schwellenländer geht es zunächst darum, ihr Wirtschaftswachstum von den Emissionen zu entkoppeln. Langfristig müssen sich die Pro-Kopf-Werte der Industrie- und der Schwellenländer auf dem Niveau des weltweiten Klimaschutzziels angleichen. Ein derartiger Prozess der langfristigen Konvergenz bietet Entwicklungsspielräume für alle. Er überfordert keinen. Und für mich steht außer Zweifel: Die dazu nötige Verlässlichkeit kann nur der Rahmen eines VN-Abkommens bieten.

So wird sich beim Schutz des Klimas beispielhaft erweisen, wie es um die Handlungsfähigkeit der Staatengemeinschaft im 21. Jahrhundert bestellt ist. Denn wir Europäer, wir erleben es tagtäglich auf dem eigenen Kontinent: Für sich genommen ist jedes Land zu klein, zusammen gelingt uns vieles.

„Ich will die Verlängerung der Laufzeit der Kernkraftwerke"

„50 Jahre Atomforum – das bedeutet ein halbes Jahrhundert Lug und Trug", so kommentiert Umweltminister Sigmar Gabriel (SPD) das Jubiläum des Lobbyverbandes für die Nutzung der Kernkraft.[17] Merkel jedoch hält zum Jubiläum des Deutschen Atomforums am 1. Juli 2009 die Festrede. Die Kanzlerin bewertet die Kernenergie als Beitrag zum Klimaschutz. Im September 2009 vereinbart Merkels schwarz-gelbe Regierung im Koalitionsvertrag, den von der rot-grünen Regierung im Juni 2000 mit den Energieversorgungsunternehmen vereinbarten Atomausstieg aufzuschieben.

Die Quellen der Energieversorgung werden sich im Laufe der Zeit verändern. Aber ich glaube, besonders wenn ich sie mir weltweit anschaue, dass die Kernenergie für eine überschaubare Zeit lang eine Perspektive hat. Deutschland steht es gut an, bei dieser technisch außerordentlich anspruchsvollen Energieerzeugung einen Beitrag zu dieser Entwicklung auch für die absehbare Zukunft zu leisten. Was die Sicherheit der Kernkraftwerke anbelangt, so wird die Energieversorgung von Deutschland sehr gut gemeistert. Doch wenn wir eines Tages ganz andere Möglichkeiten haben, Energie zu erzeugen, müssen wir wiederum nicht aus ideologischen Gründen an der Kernenergie festhalten. Aber wir leben alle in unserer Zeit. In unserer Zeit halte ich sie für einen wichtigen Beitrag zur Energieversorgung. (...)

Nun sind wir in der Situation, in der wir damit zu tun haben, dass die rot-grüne Bundesregierung 1998 den Ausstieg aus der Kernenergie beschlossen hat. Zwei Jahre später wurde auf dieser Grundlage die allseits bekannte Vereinbarung mit der Energiewirtschaft getroffen, über die man vieles sagen könnte – etwa wie freiwillig oder unfreiwillig, wie notwendig oder nicht notwendig sie war. Ich will das aber nicht weiter bewerten. Ich war selber Umweltministerin, habe mich mit Castor-Transporten befasst[18] und gesehen, in welcher Art und Weise sich an jedem Castor-Transport die gesellschaftliche Debatte entzündet hat. Das haben wir durch den Ausstiegsbeschluss überwunden. Der Castor-Transport ist anscheinend nicht mehr so gefährlich, wenn feststeht, dass man in zehn oder dreizehn Jahren aussteigt. Auch das ist eine interessante Sache. Demonstrationen gibt es zwar immer noch, wenn etwas transportiert wird, allerdings sehr viel kleinere.

Da setzen wir an einem Punkt an, den die Gegner der Kernenergie natürlich gesetzt haben und auf den wir bis heute keine abschließende Antwort haben, die aber erfolgen muss: Das ist die Frage der Endlagerung. Das Bild des gestarteten Flugzeugs, das keinen Landeplatz hat, ist natürlich immer dadurch am Leben erhalten worden, dass man alles, was uns beim Landeplatzbau hätte voranbringen können, unterminiert hat. Ein großer Fortschritt der Großen Koalition ist, dass wir jetzt wenigstens für die schwach- und mittelradioaktiven Stoffe ein Endlager haben. Es war vorher ja nicht einmal möglich, Röntgenaufnahmen und ähnliches irgendeiner Endlagerung zuzuführen. Dass das nun möglich ist, stimmt mich hoffnungsfroh, dass wir vielleicht auch noch an anderen Stellen Fortschritte erreichen. Man muss allerdings sagen, dass das Problem der Endlagerung auch weltweit nicht geregelt ist und dass das durchaus eine Hypothek für das weltweite Interesse daran ist, mehr Kernkraftwerke zu bauen. (...)

Uns sollte bewusst sein, dass wir heute in einer Zeit der Verknappung leben. Angesichts des Bevölkerungswachstums und des Wirtschaftswachstums in den nächsten Jahrzehnten werden wir uns eher mit Energieerzeugungsverknappung als mit zu vielen Rohstoffen befassen. In vielen Ländern findet daher ein Umdenken in Bezug auf die Kernenergie statt; ob das zum Beispiel in Schweden ist, wo man die Sache sehr interessant gelöst hat – man ist öffentlich ausgestiegen, hat anschließend die Kernkraftwerke nachgerüstet und modernisiert und hat dann einfach weitergemacht – oder ob es sich um Länder wie Italien und andere handelt. Wir sehen ein Umdenken, wir sehen in der Energieplanung und den Energieszenarien vieler Länder auch die Nutzung der Kernenergie.

Ich persönlich mache mir große Sorgen, was passiert, wenn Deutschland eines Tages aus diesem Bereich ausgestiegen sein sollte, was ich nicht will; ich will die Verlängerung der Laufzeit der Kernkraftwerke, und zwar auf dem besten technischen Niveau. Ich mache mir allergrößte Sorgen, dass dann eine wichtige Stimme für mehr Sicherheit bei der Produktion von Kernenergie in der Welt entfallen würde.

Wir haben durch unser Eintreten für den Klimaschutz vieles erreicht. Ich weiß, dass Deutschland nicht alles bewegen kann. Deutschland kann aber zum Beispiel zusammen mit Frankreich vieles bewegen und so auch einen wesentlichen Beitrag für eine Sicherheitskultur leisten. Aber wir haben in Deutschland Technologien, an denen wir selber immer weniger partizipieren wollen. Wenn die Antwort auf den Klimaschutz jetzt heißt, dass wir weder Kohlekraftwerke noch Kernkraftwerke haben dürfen, dann wird es so sein, dass wir uns bei der Energieversorgung auch auf unseren guten Nachbarn Frankreich verlassen müssen. Dadurch würde unsere Sicherheit allerdings auch nicht besser garantiert. Denn was einen eventuellen Unfall anbelangt, würde es keinen Unterschied machen, ob die Kernkraftwerke in Deutschland stehen oder ob sie in Frankreich stehen. Wir können uns als Deutsche – davon bin ich zutiefst überzeugt – von der Gentechnologie über die Kohlekraftwerke bis zu den Kernkraftwerken nicht nur Ausnahmewege erlauben. Das würde unsere industrielle Basis schwächen. (...)

Nun hat sich ja gezeigt – und das sehe auch ich so –, dass man nicht nur für die Kernenergie und deshalb gegen die erneuerbaren Energien sein muss, sondern ich halte bei uns ohnehin Energiesparen und Energieeffizienz für den spannendsten Pfad. Wir haben hierbei im Wärmebereich noch erhebliche Möglichkeiten. Aber im Strombereich können und sollten wir auf kurze Frist nicht auf Kernenergie verzichten. Sie macht heute etwa 25 Prozent unserer Stromerzeugung aus. Sie ist grundlastfähig im besten Sinne des Wortes.

Wir werden eine erhebliche Entwicklung bei den erneuerbaren Energien haben. Ich konnte mir 1994, als ich Umweltministerin wurde, noch nicht vorstellen, welche Fortschritte im Bereich der Windenergie erreicht werden, was zum Beispiel die Laufzeiten der Windanlagen und die technischen Möglichkeiten anbelangt. Falls irgendwo auf der Welt noch ein tolles Speichermedium gefunden wird, dann könnten wir natürlich auch die Grundlastfähigkeiten von einigen erneuerbaren Energien erheblich verbessern.

Aber wir sollten bei jeder Energieform wissen: Es gibt nichts umsonst. Auf Englisch heißt es so schön: „There is no free lunch in this world.“ Jede Art der Energieerzeugung hat ihre Nachteile. Deswegen haben wir uns in Deutschland auch immer für einen Energiemix eingesetzt. Wir haben ja nie nur auf eine Art der Energieerzeugung gesetzt. Und so sollte sich die Stromerzeugung langsam auf einen hohen

Teil der erneuerbaren Energien hin verschieben, nämlich bis 30 Prozent im Jahr 2020. Aber dann bleiben immer noch 70 Prozent. (...)

Ich weiß, dass heute viele von denen, die im Bereich der Kernenergie ausgebildet sind – Ingenieure, Betreiber usw. –, aufgrund ihres Know-how Angebote aus anderen Ländern bekommen, dort zu arbeiten. Das ist Teil eines Problems, das mich persönlich sehr umtreibt, nämlich dass wir zum Schluss zu viele exzellente Ingenieure, Wissenschaftler, gut ausgebildete Facharbeiter und Meister haben, die ihren Lebensmittelpunkt woanders setzen, weil sie mit dem, was sie gelernt haben, dort bessere Arbeitsmöglichkeiten haben. Da wir diejenigen brauchen, die auch in unserem Land Steuern zahlen, die hier motiviert arbeiten, die für Innovationen eintreten, ist es so wichtig, dass wir uns nicht zu vieler Bereiche berauben, in denen man weltweit Geld verdienen kann.

Ich will, dass Deutschland ein zukunftsfähiges Land bleibt. Dazu gehört für mich auf absehbare Zeit auch Kernenergie – sowohl im Hinblick auf den Export als auch als Brückenenergieträger in die Zukunft.

„Das wird ein schreckliches Signal für alle sein"

Nur drei Minuten Zeit sind bei der VN-Klimakonferenz am 17. Dezember 2009 in Kopenhagen für Angela Merkels Rede reserviert. Ihr eindringlicher Appell verhallt. Vor allem wegen des anhaltenden Widerstands Chinas nimmt das Plenum der Klimakonferenz zwar einen ausgehandelten Kompromiss „zur Kenntnis", wonach Erderwärmung auf zwei Grad Celsius begrenzt werden muss. Verbindliche Reduktionsziele werden nicht vereinbart.

In Kopenhagen haben sich mehr als 100 Staats- und Regierungschefs versammelt, mehr als 100 Umweltminister, Tausende von Vertretern von Nichtregierungsorganisationen, viele junge Menschen, die mit uns fiebern und die sich fragen, ob wir in der Lage sind, eine Lösung für das Zukunftsthema, für die Frage der Erhaltung unserer Umwelt und für die Frage der Bewältigung des Klimawandels zu finden. Schaffen wir das, und zwar nicht irgendwann, sondern in den nächsten 24 Stunden? Genau das ist die Zeit, die wir bis zum Ende dieser Konferenz haben.

Ich weiß, dass es überall auf der Welt sehr guten Willen gibt. Aber ich weiß auch, dass viele voneinander enttäuscht sind. Deshalb muss es uns gelingen, in diesen verbleibenden Stunden wirklich konsequent an einer Lösung zu arbeiten. Denn wenn wir nach Hause fahren und erklären wollen, warum wir hier nichts geschafft haben, dann wird das gut sein für die, die nichts gegen den Klimawandel tun wollen, die nichts gegen die Armut tun wollen, die ihr Leben nicht verändern wollen. Aber das wird ein schreckliches Signal für alle sein, die unserer Welt im 21. Jahrhundert eine gute Zukunft geben wollen.

Deshalb sage ich: Es gibt hier ein breites Einvernehmen darüber, dass wir den Wissenschaftlern folgen und sagen, dass wir die Erderwärmung nicht mehr als um zwei Grad steigen lassen wollen, bezogen auf die Zeit vor der Industrialisierung. Das bedeutet, wir müssen die Treibhausgasemissionen bis zum Jahr 2050 halbieren, bezogen auf das Niveau von 1990. Darüber sind sich alle einig. Ich sage hier als Bundeskanzlerin der Bundesrepublik Deutschland, als Vertreterin eines klassischen Industrielandes, dass wir natürlich unseren Beitrag, den Beitrag der Industrieländer, allen voran erbringen müssen. Wir haben diesen Beitrag innerhalb der Europäischen Union definiert. Wir haben gesagt: Wir sind bereit, mindestens 80 Prozent der CO_2-Emissionen bis 2050 zu reduzieren, und wir sind bereit für ein mittelfristiges Ziel im Jahre 2020, nämlich die Reduktion um 20 Prozent, bezogen auf 1990, und, wenn andere Länder ebenfalls vergleichbare Anstrengungen vornehmen, um 30 Prozent.

Das ist das Angebot, dem sich auch viele andere Industrieländer angeschlossen haben. Ich hoffe, dass einige zu ihren jetzigen Angeboten noch etwas hinzufügen, damit wir dort hinkommen, wo uns die Wissenschaft haben will, nämlich zu dem Punkt, dass wir 2020 schon den richtigen Pfad eingeschlagen haben und eine Reduktion in Höhe von mindestens 25 Prozent geschafft haben. Wir haben die Chance, das zu erreichen, wenn wir miteinander arbeiten. Denn wir wissen auch: Die Industrieländer allein können diese Aufgabe nicht schultern. Aber sie müssen ihrer Verantwortung gerecht werden.

Der zweite Teil der Verantwortung heißt für mich, dass die Länder, die unter dem Klimawandel besonders leiden, die ärmsten Länder dieser Erde – die kleinen Inselstaaten, die afrikanischen Länder, Bangladesch, um nur ein Beispiel zu nennen, und viele, viele andere, die nicht von der Industrialisierung profitieren und ihren Lebensstandard erhöhen konnten –, zu Recht von uns erwarten, dass wir ihnen beim Transfer von Technologien helfen und dass wir ihnen finanzielle Unterstützung geben. Damit müssen wir schnell anfangen – mit zehn Milliarden Dollar weltweit in den Jahren 2010, 2011 und 2012 und mit 100 Milliarden Dollar bis zum Jahr 2020, verstetigt über viele Jahre –, damit die ärmsten Länder ihren Beitrag leisten können.

Deutschland ist bereit, seinen fairen Anteil daran zu tragen. Dazu ist die Europäische Union bereit. Ich habe heute mit Freude gehört, dass auch die Vereinigten Staaten von Amerika einen wichtigen Schritt zu einer solchen langfristigen Zusage machen, damit sich die ärmsten Länder auch darauf verlassen können.

Wenn wir unsere Reduktionsverpflichtungen verbindlich machen, wenn wir verbindlich sagen, dass wir bei der Finanzierung unseren Beitrag leisten, dann muss es uns auch gelingen, dass insbesondere die Schwellenländer Stück für Stück Verpflichtungen übernehmen und sie vor allen Dingen auch dazu bereit sind, ihre Verpflichtungen in ein bindendes rechtliches Rahmenwerk einzufügen. Wir müssen das ja miteinander vergleichen können.

Natürlich haben wir eine gemeinsame Verantwortung mit unterschiedlicher Ausprägung. Auch Länder wie China, Indien und andere Schwellenländer haben jetzt angezeigt, dass sie ihren Beitrag leisten wollen. Aber es ist auch wichtig, dass wir dies mit einem gemeinsamen Regelwerk tun und uns gemeinsam verpflichten.

Deshalb ist es so, dass Finanzierung, Reduktion und die Frage der Verpflichtungen auch der Schwellenländer in einer anderen Form – noch keine Reduktion, aber eine deutliche Verbesserung der Energieeffizienz – zusammen ein Paket bilden werden, das wir schnüren können und mit dem wir morgen vor die Weltöffentlichkeit treten können. Wir werden das hier nicht juristisch ausformen können. Aber wir werden sagen können: Wir haben die Weichen dafür gestellt, dass ein neues Rahmenabkommen geschaffen werden kann.

Ich glaube, dass wir die Kraft dazu haben. Ich glaube, dass es gut für uns alle sein kann, wenn jeder noch einen Schritt geht. Deutschland und die Europäische Union sind bereit, einen weiteren Schritt zu gehen – vorausgesetzt, wir schaffen das, was uns die Wissenschaft sagt, nämlich eine Reduktion von 25 Prozent bezogen auf 1990 durch die Industrieländer, und vorausgesetzt, wir schaffen es, alle zusammenzustehen.

Denn es ist keine Frage: Dieses Klimarahmenabkommen ist ein globales Abkommen, weil der Klimawandel nur global bewältigt werden kann. Dabei müssen wir einander helfen. Aber wir müssen genauso auch dazu bereit sein, unseren Lebensstil zu ändern. Deshalb ist Technologie wichtig. Deshalb sind erneuerbare Energien wichtig. Und deshalb ist das gemeinsame Verständnis wichtig, dass wir auf einem Planeten leben, dass nach einer bestimmten Zeit die Armut des einen auch die Armut des anderen sein wird, dass wir zusammengehören und zusammen agieren können.

Deshalb meine herzliche Bitte: Deutschland und die Europäische Union sind dazu bereit, mit offenen Armen diesen Verhandlungsprozess voranzutreiben. Wir wissen, dass wir in der Vergangenheit viel dazu beigetragen haben, dass es zu diesem Klimawandel kommt. Aber wir wissen auch: Wir allein können ihn nicht mehr eindämmen. Und so, wie wir gezeigt haben, dass wir eine internationale Wirtschaftskrise in den Griff bekommen konnten, so ist es hier für uns alle die Aufgabe, zu zeigen: Die Welt arbeitet zusammen.

Deshalb meine herzliche Bitte: Lassen Sie uns alle in diesem Geist die nächsten 24 Stunden arbeiten. Dann können wir morgen um diese Zeit hier zusammensitzen und sagen: Wir haben gezeigt, dass wir verstanden haben, dass das Leben so nicht weitergehen kann, sondern die Welt sich verändern muss. In diesem Sinne: Auf gute nächste 24 Stunden!

4. Gesellschaft

„Bildung für alle“

Einen gesellschaftspolitischen Akzent mit ungewissen Erfolgsaussichten setzt Angela Merkels in der Bildungspolitik. Wohl wissend, dass im Föderalismus die Bundesländer für dieses Thema zuständig sind, ruft sie die „Bildungsrepublik Deutschland“ aus. Mehrere Studien weisen aus, dass der Schul- und Studienerfolg hierzulande entscheidend von der sozialen Herkunft abhängt. Das gefährdet aus Merkels Sicht die Akzeptanz der Sozialen Marktwirtschaft, zu deren 60-jährigem Bestehen sie am 12. Juni 2008 in den Räumen des Berliner Wirtschaftsministeriums spricht.

Ich bin zutiefst davon überzeugt: Wettbewerb als zentrales Element der Sozialen Marktwirtschaft kann nur überzeugen, wenn unsere Gesellschaft Einstieg und Aufstieg möglich macht, wenn sie also – mit einem Wort – durchlässig ist.

Unsere Gesellschaft lebt von Durchlässigkeit. Geht das verloren, wenden sich die Menschen von der Sozialen Marktwirtschaft ab. Wird das erfahrbar, fassen sie neues Vertrauen in die Werte und die Prinzipien der Sozialen Marktwirtschaft. Die Menschen wollen keine Theoriediskussion, sondern sie wollen konkret in ihrem Leben erfahren, dass sich die Soziale Marktwirtschaft für sie persönlich lohnt und ihnen neue Freiräume gibt. Dazu müssen wir die Talente von allen Menschen bei uns fördern. Wir müssen allen einen Einstieg ermöglichen und einen Aufstieg erleichtern. Das zu schaffen, das hat unser Land nach 1948 stark gemacht. Das brauchen wir genauso für die Zukunft. Das belebt unser Land. Das ist gerecht. Und das klappt vielleicht schon öfter als wir denken.

Ich lese Ihnen mal ein paar Namen von sehr erfolgreichen Mitbürgern vor: Mario Gomez, Oliver Neuville, Miroslav Klose, Kevin Kuranyi, Lukas Podolski. Das ist der deutsche Sturm bei der Fußball-Europameisterschaft. Diese Landsleute zeigen, welche Leistungsbereitschaft in uns und auch in den Menschen steckt, deren Wurzeln über Deutschland hinausreichen. Es ist mir übrigens aufgefallen, dass es in der Abwehr kaum oder gar keine Migranten gibt. Das soll in diesen Tagen einmal entschuldigt sein. Unsere Abwehr ist auch der einzige Teil der Gesellschaft, den wir uns ohne Durchlässigkeit vorstellen können.

Unser Bildungssystem, unsere Schulen und unsere Hochschulen, die Unternehmen, unsere ganze Gesellschaft – wir alle können noch viel mehr von Einsteigern und Aufsteigern profitieren. Das bezieht sich auf Einheimische genauso wie auf Zugezogene. Wie das geht? Auch hier weist [Ludwig] Erhard den Weg. Erhard sagt: Lasst uns nicht über die Verteilung der Kuchenstücke streiten, sondern den Kuchen größer machen, dann bekommt jeder mehr und wir ersparen uns den Streit der Verteilung. Deshalb ist es auch heute unabdingbar, das Wachstum unserer Volkswirtschaft voranzutreiben. (...)

Aber Wachstum allein reicht nicht. Denn immer mehr Volkswirtschaften haben von Erhard gelernt – sei es Estland, Slowenien, Vietnam oder auch China und Indien. Unsere Arbeitskraft steht heute in einem harten Wettbewerb mit Milliarden tüchtiger Menschen, die essen wollen, die sich kleiden wollen und die sich dafür enorm ins Zeug legen. Das ist Globalisierung. (...)

Und so führen uns diese Überlegungen zu dem für Einstieg und Aufstieg aus meiner Sicht entscheidenden, dem zentralen Stichwort unserer Zeit: Bildung. Ich sage es in einem Satz: Wir müssen die Bildungsrepublik Deutschland werden. Das ist es, was unsere Zukunft für die nächsten Jahrzehnte sichert.

Jedes Kind braucht die beste Förderung. Lehrer ist einer der wichtigsten Berufe in der Gesellschaft. Wir müssen die Leistung der Lehrer ganz anders anerkennen. Eltern müssen die Zeit haben und auch dazu befähigt sein, ihre Kinder zu erziehen. Die Älteren haben viel weiterzugeben und die Jüngeren können davon reichlich profitieren. Unsere Hochschulen müssen Weltklasse sein und sie sind es zum Teil auch. Wir sind das Land der Ideen. Wir wollen das Land der Ideen bleiben und wir wollen, dass immer mehr Menschen mit exzellenten Ideen dazu beitragen können.

Ludwig Erhards große Verheißung in schwierigsten Zeiten hieß: „Wohlstand für alle!" Dabei wusste er, dass Wohlstand umfassend zu verstehen ist, also nicht nur als materieller Zustand. Denn unsere Zufriedenheit hängt von vielen anderen Dingen ab, die sich nicht in Euro und Cent beziffern lassen. Unseren so umfassend verstandenen Wohlstand weiter sichern zu wollen – den materiellen wie den immateriellen –, das heißt heute: Bildung für alle. Oder noch klarer: Wohlstand für alle heißt heute Bildung für alle.

Bildung für alle – das schafft die Voraussetzungen dafür, dass jeder seine Chancen unabhängig von der sozialen Lebenssituation seiner Eltern nutzen kann. Dass Migranten in unsere Gesellschaft integriert werden, damit sie am Aufstieg teilhaben und der Gemeinschaft ihr Talent zur Verfügung stellen. Dass heute 40 bis 50 Prozent der Kinder, die in deutschen Großstädten eingeschult werden, einen Migrationshintergrund haben, zeigt die Größe dieser Aufgabe, vor der wir stehen.

Bildung für alle – das schafft die Voraussetzungen dafür, dass wir genügend Facharbeiter, Ingenieure und Wissenschaftler haben, um die besten Produkte der Welt entwickeln und verkaufen zu können. Bildung für alle – das schafft die Voraussetzungen dafür, dass mehr Menschen Arbeit haben und Spielräume gewinnen, sodass wir ohne neue Schulden eine soziale Absicherung für Alter und Krankheit für jeden ermöglichen können. Dass Lernen und Bildung nicht nur eine Sache der Jugend ist, sondern lebenslanges Lernen zur Normalität wird und Ältere länger jung bleiben. Dass auch in der heute möglichen Lebenszeit nach dem Ausscheiden aus dem Beruf die Älteren in unserem Gemeinwesen eine tragende Rolle haben – durch ehrenamtliche Tätigkeit für andere, für Jüngere, für Migranten und auch für andere Ältere. Dass der einzelne Arbeitnehmer seine Mitverantwortung im Betrieb besser wahrnehmen kann. Und – zum Schluss etwas für mich ganz Wesentliches – dass mehr Menschen die komplizierten Zusammenhänge unserer einen Welt verstehen – eine Aufgabe, der sich noch keine Generation vor uns in diesem Ausmaß stellen musste –, um auch an der Gestaltung mitwirken zu können und nicht in Angst und Sorge zu verharren.

Wohlstand für alle heißt heute und morgen: Bildung für alle. Unser Land muss sich darauf in allen Bereichen vorbereiten. Ich selbst werde mich auch ganz persönlich dieser Sache annehmen, unter anderem mit einer Bildungsreise durch die Bildungsrepublik Deutschland – vom Kindergarten bis zur Seniorenfakultät, von der Berufsschule bis zu privaten Elterninitiativen, in Gesprächen mit Experten und Bürgern. Dies wird münden in einen nationalen Bildungsgipfel, den wir zusammen mit den Bundesländern im Oktober dieses Jahres durchführen wollen.

Bund und Länder haben unterschiedliche Zuständigkeiten im Bildungsbereich. Das hat gute Gründe und das hat sich bewährt. Aber Bund und Länder haben auch eine gemeinsame politische Verantwortung für unser gesamtes Bildungssystem. Die Bürgerinnen und Bürger interessieren sich nämlich nicht für Zuständigkeitsfragen. Sie erwarten, dass die Verantwortlichen gemeinsam dazu beitragen, dass unser Bildungssystem jedem die Chance auf Einstieg und Aufstieg ermöglicht. Genau diese Erwartung will ich erfüllen.

Bildung für alle – wenn wir dies als zentrale Aufgabe des nächsten Jahrzehnts angehen, dann kann unser Land zum 100. Geburtstag der Sozialen Marktwirtschaft feststellen: Die Soziale Marktwirtschaft hat sich auch in einer zusammengewachsenen Welt als *das* wirtschaftliche und soziale Erfolgsmodell unseres Landes bewährt. Sie löst auch heute ihr zentrales Versprechen ein, jedem Einzelnen entsprechend seinen Fähigkeiten und Neigungen Einstieg und Aufstieg zu ermöglichen.

„Frauen sind eben auch Menschen"

„Das ist ein starkes Signal für viele Frauen – und für manche Männer sicherlich auch", so kommentiert Bundestagspräsident Norbert Lammert 2005 die Wahl Angela Merkels zur Kanzlerin. Mit Gleichstellungspolitik wird ihr Name dennoch nur selten verbunden. In ihre Amtszeit als Bundesministerin für Frauen und Jugend von 1991 bis 1994 fielen aber immerhin das Gleichberechtigungsgesetz und der Rechtsanspruch auf einen Kindergartenplatz.[19] In dieser Rede anlässlich der Veranstaltung „90 Jahre Frauenwahlrecht" am 26. Januar 2009 geizt Merkel nicht mit Seitenhieben auf Männer, die unter den etwa 200 Gästen im Kanzleramt klar in der Unterzahl sind. Und selten dürfte die Frauenrechtlerin Alice Schwarzer ein dickeres Lob aus den Reihen der CDU vernommen haben.

Gerade in Gesprächen mit ausländischen Gesprächspartnern kommt mir eines immer wieder in den Sinn: Wenn wir belehrend und in der Überzeugung durch die Welt gehen, dass wir eigentlich das Allermeiste geschafft haben, kommt plötzlich einer und fragt, wie lange bei uns eigentlich schon die Frauen wählen? Darauf antwortet man: 90 Jahre – das ist immerhin eine stattliche Zahl. Aber die Dampfmaschine wurde weit vorher erfunden, der elektrische Strom wurde weit vorher nutzbar gemacht. Es gab Autos, aber immer noch durften Frauen nicht wählen. Bei diesem Gedanken fällt einem dann aber auch auf: Die Männer durften wählen, aber nur einige.

Das allgemeine und freie Wahlrecht ist dann aber auch glücklicherweise in Deutschland – und darauf können wir stolz sein – für Männer und Frauen gleichermaßen eingeführt worden. Das war 1919. Heute vor einer Woche war genau der Tag, an dem das zum ersten Mal mit einer Wahlbeteiligung der Frauen von immerhin 82 Prozent praktiziert wurde. Das war, wie ich finde, eine super Sache. Ich bitte die Schülersprecherinnen von heute als Vertreterinnen der jungen Generation, dass das bitteschön auch unter der jungen Generation einmal so sein soll. Das wäre sehr wichtig.

Beim Thema Wahlrecht reden wir gar nicht über Frauenrechte, sondern wir reden über Menschenrechte. (...) Frauen sind eben auch Menschen. Dazu gehört, dass sie auch unterschiedlich sind. Eine feine Art der Frauendiskriminierung ist nämlich, dass man glaubt, alle Frauen würden eigentlich zu jeder Zeit fast das Gleiche denken. Man ist dann aber erstaunt, wenn Frauen sich auch einmal so wie viele Männer verhalten: Jeder habe eine ganz tolle Meinung und meistens auch noch die allerrichtigste.

Sicherlich haben Frauen auf dem Weg zur Gleichberechtigung, auf dem wir immer noch sind, es sich selbst nicht immer nur einfach gemacht. Frau Roth [Petra Roth (CDU), Oberbürgermeisterin von Frankfurt/Main] hat darüber gesprochen, wie gerade Frauen manchmal an Frauen zweifeln und hinterfragen, ob sie es denn können und ob es sich lohnt, sich in die Öffentlichkeit zu stellen, nur um dann vielleicht doch zu scheitern. Ich glaube, dass ein Stück dessen, was wir heute in großer Vielfalt geschafft haben, ist, dass Frauen dazu den Mut aufbringen, dass sie auch damit leben müssen, nicht immer gleich im ersten Anlauf alles zu bekommen. Aber das ist Teil des gleichen Anspruchs in einer Gesellschaft.

Wenn man zum Beispiel den Vorwahlkampf von Hillary Clinton verfolgt hat – ein sicherlich hartes Rennen –, muss ich sagen, dass ich es ganz wunderbar finde, dass sie heute Außenministerin ist und sich nicht der Verantwortung verweigert hat, sondern gesagt hat: Ich mache das, weil ich einen politischen Anspruch habe, obwohl ich nicht jedes Ziel erreicht habe. Das zum Beispiel hat mich sehr beeindruckt.

Wir in Deutschland können mit der Tatsache, dass wir seit 1919 ein Frauenwahlrecht haben, ganz zufrieden sein. Obwohl es in den Idealen der französischen Revolution schon enthalten war, mussten unsere französischen Nachbarinnen bis 1945 darauf warten, ein Schweizer Kanton sogar bis 1990. Das ist doch auch beachtlich.

Im Meyer'schen Konversations-Lexikon von 1894 war zu lesen: „Dem Manne der Staat, der Frau die Familie." Diese Weltsicht ist überwunden. Nach meiner festen Auffassung ist auch die Gleichberechtigungsfrage, die Frage der Emanzipation der Frauen sicherlich eine Frage, die erst einmal durch Frauen nach vorne gebracht wurde. Nicht umsonst sitzt Alice Schwarzer hier. Es war auch nicht zu jeder Zeit in der Bundesrepublik Deutschland ganz selbstverständlich, inmitten einer Großen Koalition zu weilen und allgemein akzeptiert zu sein.

Ihre Generation, liebe Frau Schwarzer, hat vieles hart erkämpfen müssen. Dafür will ich einfach Danke schön sagen. Dinge, die für uns heute selbstverständlich sind, mussten erst einmal thematisiert werden. Wenn man mich zum Beispiel fragt, was sich eigentlich verändert hat, seitdem ich in der Politik bin, also seit 1990, dann kann man in dieser Zeit, die durchaus noch nicht so lang ist, schon einiges erkennen.

Gab es früher klassische Ministerien, zu denen Frauen Zugang hatten, so hat sich das heute (...) zum Teil verkehrt. Als ich von 1990 bis 1994 Frauenministerin war, hatte es – das muss ich auch sagen – mein Parlamentarischer Staatssekretär Peter Hintze oft sehr schwer, wenn er als Mann zu

Frauenveranstaltungen gegangen ist, weil das für die Frauen gar nicht zählte. Wenn zu Frauenthemen nicht eine Frau erschien, war das schon sehr umkämpft. Aber es hat sich vor allen Dingen im Kabinett – das ist jetzt einmal unbeschadet der Frage, ob dem ein Mann oder eine Frau vorsitzt – die Unbefangenheit des Umgangs völlig verändert. Wenn ich mir überlege, dass 1991 ein Vortrag über Kinderpornografie oder Prostitution im Kabinett stattgefunden hätte, dann wären wohl allgemein die Blicke gesenkt worden, es hätte den Hintergedanken gegeben: Kann sie es nicht kürzer machen? Dann eine schnelle Zwischenfrage des Kanzlers und dann wieder weg zum wichtigen Thema. Heute ist es so, dass darüber von Männern und Frauen im Kabinett genauso lange und genauso unbefangen gesprochen werden kann. Das ist etwas, was ich als wirklichen Fortschritt verstehe und was, wie ich glaube, damit gesellschaftlicher Alltag im umfassenden Sinne wird – vom Stadtparlament in Herford bis hin zu allen politischen Ebenen. (...)

Wir haben dennoch noch vieles zu tun. Für mich ist bei der Umsetzung einer ganz selbstverständlichen Gleichberechtigung von Männern und Frauen die spannendste Frage die Einbeziehung der Männer in diese Diskussion. Es ist nach meinem Empfinden lange Zeit so vorgegangen worden, dass man sagt: Frauen müssen Mut haben, Frauen müssen sich ändern, Frauen müssen ihren Platz bekommen, Frauen müssen mal durchgelassen werden. Das ist alles prima. Das war wichtig und hat auch zu vielem geführt. Dennoch besteht immer die Gefahr, dass die Frau eine Art Supermensch werden muss, der von der Intellektualität bis zum Aussehen, beim Kümmern um die Familie, dabei, möglichst alles im Kopf zu haben, sowie bei der Organisiertheit ein gewisses Maß an Perfektion aufbringt. Nach meiner Auffassung wird zu wenig darüber gesprochen, wie sich in der Gesellschaft das Verhalten und die Akzeptanz von Männern ändern müssen.

Wir haben mit der Einführung des Elterngeldes tiefe Einblicke bekommen. Es gab eine leicht ironische Betrachtung des so genannten „Wickelvolontariats“[20], wobei sich in dem Freistaat, in dem das ausgesprochen wurde, die meisten Männer befinden, die das „Wickelvolontariat“ in Anspruch nehmen. Das Volk ist dazu durchaus bereiter, als mancher glauben mag. Da spiegelt sich natürlich auch ein Stück eigener Biografie und Erfahrung wider: Kümmere ich mich erst um die Enkelkinder oder habe ich als männlicher Politiker eigentlich genug Zeit gehabt, mich um meine Kinder zu kümmern?

Als es in der Diskussion war, dass ich Parteivorsitzende werden sollte, sagte ein Kollege zu mir: Du musst das machen. Dann guckte ich ihn an und sagte: Ich weiß nicht, ob ich konservativ genug bin. Daraufhin sagte er: Pass auf, darum geht es nicht – wir sagen dir schon, wenn du konservativ sein musst; es geht darum, dass unsere Töchter sich noch einmal für die CDU interessieren. Damit war klar, was sich in der Gesellschaft verändert hat, und dass überall das Gefühl vorhanden ist, dass darauf reagiert werden muss.

Wir haben nach der ersten Befangenheit in Sachen Elterngeld gemerkt, dass Männer es gerne in Anspruch nehmen. Dennoch glaube ich, dass mancher Mann ein Stück Mut braucht, um zu seinem Vorgesetzten zu gehen und zu sagen: Passen Sie auf, ich habe mich entschieden, ein paar Monate das Elterngeld in Anspruch zu nehmen. Dann stellt sich wahrscheinlich eine der geläufigeren Fragen: Verdienen Sie so viel weniger als Ihre Frau? Wenn dann die Antwort „Nein“ heißt, muss man sich noch einmal rechtfertigen. Deshalb glaube ich, diesen Weg müssen wir viel selbstverständlicher miteinander gehen, damit ein wirklich partnerschaftliches Verhältnis zwischen Männern und Frauen und nicht eine dauernde Überforderung von Frauen entsteht.

Nun haben wir nicht nur diesen Weg zu gehen, sondern wir müssen natürlich insgesamt weiter vorankommen.

Denn es ist Tatsache, dass Frauen heute eigentlich alle Positionen besetzen können – von der Landrätin bis zur Wirtschaftsministerin. Finanzministerposten sind bei Frauen sehr beliebt. Ich habe allerdings manchmal den Eindruck, dass man froh ist, wenn das eine Frau übernimmt, weil es schwierig ist. Aber wir sehen natürlich (...), dass gerade im kommunalen Bereich erheblicher Nachholbedarf besteht. (...)

Wir sind zwar insgesamt auf einem guten Weg. Wenn man insbesondere in die Wirtschaft schaut, muss man allerdings sagen, dass uns das überhaupt noch nicht zufriedenstellen kann. Wir müssen weitaus mehr Frauen Mut machen, Verantwortung zu übernehmen. Wir müssen weitaus mehr Frauen Mut machen, sich dabei auch ein Stück weit nach außen zu begeben, sich der gesellschaftlichen Kritik zu stellen, diese auch auszuhalten und nicht zu verzagen. All das gehört dazu, wenn Frauen mitgestalten wollen. (...)

Den jungen Schülersprecherinnen wünsche ich den Mut, die Dinge auch beim Namen zu nennen, wenn ihnen etwas auffällt. Lassen Sie sich nicht irre machen, wenn die Männer – das ist nämlich auch eine ganz besondere Form von Herrschaft – kommen und sagen: Ach, wir haben jetzt in dieser Welt gar nichts mehr zu sagen; es ist überhaupt nur noch eine Welt von Frauen. Man muss jetzt aufpassen. Weihnachten wird in der Kirche schon vermehrt über Josef gepredigt. Da sieht man einmal, wie wir darum kämpfen müssen. Dies ist eine der vielen Varianten der Umgehung von Gleichberechtigung.

„Familien sind Keimzellen der Gesellschaft"

Die Große Koalition setzt neue Akzente in der Familienpolitik.[21] *Sie führt das einkommensabhängige Elterngeld ein und forciert den Krippenausbau für Kinder unter drei Jahren. Familienministerin Ursula von der Leyen (CDU) gelingt es mit Rücken-*

deckung Merkels, der SPD die Meinungsführerschaft in der Familienpolitik streitig zu machen. Umstritten bleibt der neue Kurs allerdings in der Klientel der Unionsparteien, wo mancher die besondere Förderung von Frauen als Verstoß gegen die Wahlfreiheit ansieht. Zu Merkels konservativen Kritikern zählt auch der Familienbund der Katholiken, auf dessen Berliner Tagung Merkel am 24. April 2009 ihre Rede hält.

[...D]ie Familien sind das Fundament unserer Gesellschaft. Sie sind die kleinsten sozialen Einheiten, aus denen sich das große Ganze zusammensetzt. Sie sind so etwas wie Keimzellen der gesamten Gesellschaft oder, um es etwas technischer zu sagen, Moleküle, die die Festigkeit des gesamten gesellschaftlichen Konstrukts ausmachen.

Jeder Mensch wird dadurch geprägt, welche familiären Erfahrungen er in seinem Leben macht. Die Familie ist die erste und wichtigste Gemeinschaft. Hier werden die Grundlagen dafür gelegt, ob man später selbst Vertrauen geben, ob man seine Fähigkeiten und Fertigkeiten entwickeln kann, ob man dadurch, dass man Liebe empfängt und erfährt, später auch Liebe weitergeben kann.

Das, was Familie auszeichnet, besteht darin, dass Familien die Gemeinschaften sind, in denen Eltern für Kinder und Kinder für Eltern dauerhaft Verantwortung übernehmen – ob es einem gefällt oder nicht, ob es super läuft oder auch einmal ärgerlich ist. In der Familie nimmt man sich vor, dauerhaft für ein Leben Verantwortung zu übernehmen. Diese Definition ist sehr oft von den Eltern auf die Kinder hin ausgerichtet. Ich möchte sie auch in die entgegengesetzte Richtung ausweiten, nämlich von den Kindern auf die Eltern.

Damit ist Familie natürlich sehr viel mehr als ein Ort, an dem Kinder sind. Sie ist eine Verantwortungsgemeinschaft. Verantwortung kann nicht erzwungen werden. Sie muss gelebt werden. Dafür müssen Bedingungen geschaffen werden. Weil das, was in der Familie gelebt und weiterentwickelt werden kann, so einzigartig ist, ist es das ganz natürliche Interesse von vernünftiger und menschlicher Politik, dass Familien gestärkt werden. Deshalb ist für mich das Familienbild einer dauerhaften Verantwortungsgemeinschaft – für mich auch aus dem christlichen Verständnis des Menschen heraus – natürlich auch ein Auftrag an die Politik, den Menschen, der zur Freiheit berufen ist, den Menschen, der seine Freiheit in Verantwortung leben soll, zu unterstützen, zu stützen und dafür die richtigen Bedingungen zu schaffen.

Wir werden Menschen, die in der Familie nicht gelernt haben, Verantwortung füreinander zu übernehmen, mit Sicherheit schwerlich vermitteln können, über die eigene Familie hinaus Verantwortung zu leben. Insofern sind wir alle daran interessiert, dass diejenigen, die im Grunde die Garanten für eine verlässliche Gemeinschaft, für das Zusammenleben einer Gesellschaft sind, eben die Familien, auch ein familienfreundliches Klima vorfinden. Da gibt es viel zu tun. (...)

Wenn man sich anschaut, wie die Bedingungen und die Situationen der Familien sind, darf man die Augen vor der Realität nicht verschließen. Die Zahl der Eheschließungen sinkt. Das hat zum Teil demografische Ursachen. Das hat aber auch die Ursache, dass oft lange gewartet wird, bis man sich zu einer Ehe entschließt. Die Zahl der Alleinerziehenden in unserer Gesellschaft steigt. Die Geburtenrate in Deutschland gehört leider zu den niedrigsten in Europa. Wir werden im nächsten Jahrzehnt eine Situation spüren, die wir derzeit schon in den neuen Bundesländern haben: Der Altersaufbau unserer Gesellschaft verändert sich dramatisch, und der Anteil der über 60-Jährigen steigt durch eine längere Lebenserwartung, worüber wir uns ja freuen, aber der Anteil der Jüngeren sinkt. (...)

Da gab es zwei Entscheidungen in dieser Legislaturperiode, die ziemlich viele Diskussionen hervorgerufen haben. Deshalb will ich sie auch ansprechen. Das Erste ist die Entscheidung für die Einführung des Elterngeldes. Das Zweite ist die Entscheidung für den Ausbau der Betreuung für die unter Dreijährigen.

Es gibt Menschen, die zum Elterngeld sagen: Ganz klar, das ist sozusagen die Ökonomisierung der Familienpolitik. Damit wird nun sozusagen alles darangesetzt, dass über das Elterngeld die Erwerbstätigkeit in besonderer Weise wieder präferiert wird, und zwar von beiden Elternteilen. Ich sage, dass das Elterngeld eine sehr interessante Entscheidung in der Familienpolitik ist, die – deshalb kann ich auch gut verstehen, wenn es Kontroversen gibt – weit über die Sozialpolitik hinausgeht. Denn wenn es nur um Sozialpolitik ginge, dürfte man eigentlich kein einkommensabhängiges Elterngeld zahlen. Man hat sich ja ganz bewusst entschieden, ansetzend am Einkommen des zu Hause bleibenden Elternteils zu fördern, also entsprechend des vorher gehabten Lebensstandards. Diese Entscheidung wurde bewusst gefällt, weil wir nicht nur die Entscheidung für Kinder derjenigen fördern wollten, die wenig haben, auch wenn wir sie in besonderer Weise unterstützen müssen, sondern weil wir gesagt haben: Auch unter denen, die Mittel- und Besserverdienende sind, ist die Entscheidung für ein Kind heute keineswegs mehr eine banale Entscheidung, denn in dem Moment, in dem ich mich für ein Kind entscheide, habe ich alle Mühe, das, was ich vorher ohne Kind hatte – von Miete bis zu anderen Dingen –, noch aufrechtzuerhalten. (...)

Mit der Wahlfreiheit ist es heute so, dass es einen hohen Prozentsatz von Kindern im ersten Lebensjahr gibt, die zu Hause sind, dass aber schon im zweiten und dritten Lebensjahr des Kindes – das wird wohl niemand bestreiten – die Nachfrage nach Betreuungsmöglichkeiten deutlich größer ist als das Angebot. Das heißt, faktisch gibt es keine Wahlfreiheit. Wir haben mit der Entscheidung, die Möglichkeiten der Betreuung der unter Dreijährigen auszubauen, nicht etwa eine Entscheidung für die Präferenz eines bestimmten

Lebensmodells getroffen, sondern wir haben gesagt: Wenn wir jetzt von Wahlfreiheit reden, müssen wir auch etwas dafür tun, dass Wahlfreiheit gelebt werden kann. Es kann nicht sein, dass die Reicheren, die sich eine persönliche Betreuung zu Hause erlauben können, eine Wahlfreiheit haben, und jeder, der das nicht kann, kein Angebot dafür findet.

Weil wir aber wissen, dass sich viele, die sich entscheiden, längere Zeit zu Hause zu bleiben, vielleicht benachteiligt fühlen könnten, haben wir gesagt: Wenn wir den Ausbau der Kinderbetreuung geschafft haben – im Übrigen bis zur Höhe eines Drittels der Kinder unter drei Jahren; man kann hier also nicht von einem flächendeckenden, hundertprozentigen staatlichen Angebot sprechen; wir werden aber noch einmal darüber reden, ob das Angebot für ein Drittel der Kinder reicht –, dann wollen wir auch ein so genanntes Betreuungsgeld einführen. (...) Das Betreuungsgeld wurde oft als „Herdprämie“ diffamiert. Ich habe damals immer gesagt: Man freut sich, wenn heute einer zu Hause noch etwas kochen kann. Wenn es auch dazu noch einen Beitrag leisten würde, wäre mir das recht. (...)

Man darf sich keinen Illusionen hingeben: Ab Mitte des nächsten Jahrzehnts werden händeringend Fachkräfte gesucht werden. Auch nach individueller Überzeugung vieler junger Frauen ist es doch heute so, dass Ausbildung, Beruf und Familie zusammengebracht werden wollen. Deshalb habe ich über Väter gesprochen, deshalb habe ich darüber gesprochen, dass sich die Wirtschaftswelt mehr der Lebenswelt der Familien anpassen muss. Das wird die Wirtschaftswelt im Übrigen verstärkt tun, je mehr sie gut ausgebildete Frauen braucht. Wenn die Väter auch noch vermehrt Elternmonate in Anspruch nehmen – was meinen Sie wohl, wie sehr sich die Wirtschaft dann sputet, weil der Fachkräftemangel sonst noch dramatischer wird. (...)

Nun kommen wir zu der Frage: Wie ist es mit der materiellen Förderung der Familien? Ich habe mich immer dafür eingesetzt, dass das Ehegattensplitting erhalten bleibt. Das ist wichtig, weil es sonst gar keine Förderung der Ehe mehr gibt. (...) Nun haben wir in meiner Partei gesagt: Wir wollen ein Familiensplitting. Dabei wird immer vermutet, wir wollten der Ehe etwas wegnehmen. Es geht aber um etwas Zusätzliches. Das ist letztlich eine Frage dessen, dass auch Kinder beim Splitting ihre Rolle haben und ein gleicher Freibetrag für Erwachsene und Kinder einen ersten Schritt darstellen würde.

Bei der Frage, wie wir denn nun mit den Kinderfreibeträgen und dem Kindergeld umgehen, bin ich wieder im Sinne der Wahlfreiheit der Meinung: Die Eltern wissen in ihrer großen Mehrzahl durchaus, was sie mit dem Geld machen wollen. Das heißt, der Staat sollte nicht alles in die staatlichen Institutionen geben und ansonsten sagen: Die Familien müssen gucken, wie sie klarkommen. (...)

Nun haben wir die Aufgabe, insgesamt für eine familienfreundliche Gesellschaft einzutreten. Da gibt es viel zu tun. Das kann die Politik nicht allein. Deshalb brauchen wir Verbände und Helfer. In diesem Zusammenhang nenne ich die unsäglichen Gerichtsfälle wegen Kinderlärms. Ich war einmal Bundesumweltministerin. Ich habe mich ja noch mit der Sportstättenverordnung anfreunden können, nach der man nur zu bestimmten Zeiten mit einer Geräuschentfaltung bis zu bestimmten Dezibel in einer Großstadt Handball spielen darf. Aber dass Kinderlärm jetzt Gegenstand von Gerichtsverfahren ist, ist kein gutes Zeichen für unsere Gesellschaft, weil es um einen immanenten Bestandteil des gesellschaftlichen Lebens geht. Natürlich wird es immer wieder Fragen geben, ob Nachbars Kinder so oder so laut schreien dürfen und ob die Eltern ihre Kinder überhaupt noch ordentlich erziehen und ob sie am Samstagnachmittag nicht mal aufpassen können, dass die Kinder keinen Lärm verursachen oder selbst Mittagsschlaf halten. Ich glaube, das gab es immer und zu allen Lebenszeiten. Aber zu glauben, dass man derartige Probleme durch Gerichtsverfahren und Verordnungen abschließend lösen kann, ist ein absoluter Irrglaube in unserer Gesellschaft.

Der für mich schwierigere Bereich ist allerdings die Tatsache, dass das, was wir fördern und wofür wir unsere Grundsätze in der Familienpolitik einsetzen, leider aus Gründen, die individuell nicht zu bewerten sind, nicht von allen gelebt wird. Wir haben eine Zeitlang immer wieder zu sagen versucht, dass sich die Eltern kümmern müssen. Ich bin auch der Meinung, dass dies immer der erste Zugang sein muss: Elternkraft und Erziehungsfähigkeit zu stärken ist die Hauptaufgabe. Wir haben aber auch erleben müssen, dass das allein nicht ausreicht. Wir haben auch erleben müssen – jeder wird solche Fälle kennen –, dass Eltern, die sich gut um ihre Kinder kümmern wollen, auch damit konfrontiert sind, dass sie große Probleme haben, weshalb man das Scheitern von Erziehung nicht damit gleichsetzen kann, dass Eltern es nicht ernsthaft versucht haben. Deshalb ist der Bereich der Familienhilfe ein so wichtiger Bereich. (...)

Wir sind uns aber, glaube ich, einig: Ohne staatliche Ansprechpartner wird es nicht gehen. Wenn es zum Beispiel um das Thema Gewalt gegen Kinder geht, dann hat der Staat hier eine ganz klare Fürsorgepflicht. Wir wissen, dass wir helfen müssen. (...)

Wir haben auch einen Schwerpunkt bei der Integration gesetzt, weil wir der festen Überzeugung sind, dass sich der Staat um die Familien kümmern muss, in denen die Kinder die deutsche Sprache nicht ausreichend lernen, oft gar keine Sprache lernen, wodurch es dann zu Desintegrationserscheinungen in der Gesellschaft kommt. (...) Es ist natürlich einfach gesagt: Natürlich sollen die deutschen Kinder mit den Kindern mit Migrationshintergrund zusammenleben. Aber spätestens bei der Einschulung fragen sich die Eltern, ob sie denn den Bildungsansprüchen ihres eigenen Kindes noch gerecht werden können, wenn das Kind in einer Klasse ist, in der zwei Drittel der Kinder die deutsche Sprache nicht vernünftig beherrschen.

Mir haben Pädagogen (...) gesagt: Es ist natürlich schön, wenn die Kinder mit drei Jahren in den Kindergarten kommen. Dann können die Kinder mit deutschem Hintergrund fließend Deutsch sprechen. Wenn dann Kinder mit Migrationshintergrund kommen, die nahezu kein deutsches Wort kennen, dann ist das karitative Potenzial der kleinen Kinder noch nicht so stark ausgebildet, dass sie es als ihre herausragende Aufgabe ansehen, dem Kind mit Migrationshintergrund die deutsche Sprache beizubringen. Das dreijährige Kind guckt erst einmal, dass es selbst vorankommt. Das heißt, gerade hier, im Bereich der Migration, ist es wichtig, dass die Eltern, die wollen, wenigstens die Möglichkeit bekommen, ihre Kinder auch in frühkindlichen Betreuungseinrichtungen betreuen zu lassen. Denn wenn die Mutter die deutsche Sprache schlecht beherrscht, wird es nicht möglich sein, dass sie dem Kind die deutsche Sprache zu Hause beibringt. Wenn ein Elternteil die deutsche Sprache beherrscht, ist es zumeist der erwerbstätige Vater, der aber vielleicht zu wenig Zeit hat, abends sein Kind die deutsche Sprache zu lehren. Das heißt also, in der Mischung aus Grundsätzen, die wir beibehalten und nicht infrage stellen wollen: Damit die Mehrheit nicht zum Sonderfall wird und die Minderheit zum täglichen Gesprächsgegenstand – das ist ganz wichtig –, müssen wir uns trotzdem auch um die kümmern, die ein Problem haben.

Ich glaube, ein Teil der Rebellion entsteht aus diesem Gefühl: Hier kümmert man sich nur noch um die Problemfälle, und wer unauffällig seine tägliche Familienarbeit erledigt, wer alles hinbekommt, ist eigentlich nicht mehr Gegenstand der politischen Diskussion. Das darf nicht sein.

5. Moral

„Die Diskussion über § 218 hat mich beschwert"

Kurz nach der Wiedervereinigung muss der Bundestag sich auf eine bundesweit einheitliche Abtreibungsregelung verständigen. In der DDR galt eine Fristenregelung, wonach in den ersten zwölf Schwangerschaftswochen ein Abbruch ohne weitere Voraussetzungen vorgenommen werden konnte. In der Bundesrepublik setzte die Abtreibung eine medizinische, kriminologische, eugenische oder soziale Indikation voraus. In diesem Konflikt sitzt die aus der DDR kommende Frauenministerin und Christin Merkel zwischen allen Stühlen. In ihrer Rede vor dem Bundestag am 25. Juni 1992 zeigt sie sich vor allem von der ideologischen Verhärtung der Debatte überrascht.[22] *In der anschließenden Abstimmung setzt sich der – später vom Bundesverfassungsgericht verworfene – Gruppenantrag aus den Reihen von SPD, Grünen und FDP gegen den strikteren Entwurf aus der CDU/CSU-Fraktion durch. Angela Merkel enthält sich der Stimme.*

Ich glaube, wir alle sind uns in dem einen Ziel einig, dass wir die Zahl der Schwangerschaftsabbrüche verringern wollen. Doch wie kann uns dies gelingen? Heute schauen Millionen von Bürgern – vor allem Frauen – auf uns, die Abgeordneten des Deutschen Bundestages, und erwarten, dass wir ein Gesetz verabschieden, das heißt für mich: ein Gesetz, das dem Schutz des ungeborenen Lebens ebenso gerecht wird wie den vielfach vorhandenen und sehr unterschiedlichen Konfliktlagen von Frauen. Dass es diese Konfliktlagen gibt, dass sie nicht etwa nur ein Hirngespinst oder eine Ausrede Betroffener sind, weiß ich aus vielen Gesprächen mit Frauen, mit Beraterinnen und mit Ärzten.

Das sind Konflikte, vor denen wir nur allzu oft gern die Augen verschließen: sexueller Missbrauch von Kindern, Frauen in Frauenhäusern, Partnerschaftskonflikte und vieles andere mehr. Nicht zuletzt deshalb haben wir in der Debatte auch immer wieder betont, dass es uns in erster Linie um Hilfe und nicht um Strafe geht. Dies haben wir aus der Erkenntnis heraus getan, dass Strafrecht – in welcher Ausformung auch immer – noch zu keiner Zeit die Abtreibung ungewollter Schwangerschaften verhindern konnte.

Als neue Bundesbürgerin möchte ich heute sagen, dass die Diskussion über § 218 für mich zu Beginn ungewohnt war, dass ich viel über unsere grundgesetzliche Ordnung gelernt habe, dass sie mich über weite Strecken aber auch beschwert hat. Sie hat mich deshalb beschwert, weil wir oft über den strafrechtlichen Schutz des ungeborenen Lebens gesprochen haben, zugleich aber weniger darüber, dass dieses Leben nur mit der Frau und nicht gegen sie zu schützen ist.

Die Frau kam in der Argumentation streckenweise überhaupt nicht mehr vor. Ich habe den Zusammenhang damit vermisst, dass unabhängig von einer unbefriedigenden gesetzlichen Regelung in der ehemaligen DDR auch dort Frauen und Ärzte individuell verantwortliche Entscheidungen getroffen haben.

Ich habe andererseits oft den Eindruck gewonnen, dass die Diskussion über den § 218 auch eine Stellvertreterfunktion hat, dass diese Diskussion durch erhebliche Defizite bei der gleichberechtigten Teilhabe der Frau in vielen Bereichen des gesellschaftlichen Lebens belastet ist. Rechte und Pflichten sind zwischen Männern und Frauen heute noch nicht gleich verteilt. Hier muss noch vieles in unserer Gesellschaft verändert werden, und ich glaube, wir haben da auch Fortschritte gemacht. Aber ich denke, der § 218 ist nicht geeignet, stellvertretend für andere Probleme dem Selbstbestimmungsrecht der Frau unbegrenzten Raum einzuräumen.

Es geht hier nämlich nicht allein um die Frau, sondern auch um das ungeborene Kind. Deshalb kann für mich – ich habe das immer wieder gesagt – nur eine Abwägung zwischen der Notlage der Frau und dem schützenswerten ungeborenen Leben einen Schwangerschaftsabbruch rechtfertigen. Deshalb halte ich auch eine Verkürzung der Diskussion auf die Worte „Fristen- und Indikationslösung“ – das sind zwei Begriffe, zwischen denen unüberwindliche Hürden zu liegen scheinen – für unzulässig. (...)

Für mich wie für viele andere ist die Beratung der eigentliche und letzte Punkt, wo man der Frau helfen kann. Deshalb stehe ich auch zu einer solchen verpflichtenden Beratung. (...)

Leider hat das Strafrecht die Diskussion aus meiner Sicht viel zu lange beherrscht. Die sozialen Hilfen, über die wir heute auch entscheiden, sind neben der Beratung die wesentliche Voraussetzung für einen wirksamen Schutz des ungeborenen Lebens.

„Gute Wissenschaft kann von Ethik nicht getrennt werden“

In der Debatte über den Import embryonaler Stammzellen zu Forschungszwecken ergreift Merkel in dieser Bundestagsrede am 30. Januar 2002 Partei für die vermittelnde – und schließlich mehrheitsfähige – Position, die Einführung eines Stichtags.[23] *Mit der Einschätzung, dies werde nicht die letzte Debatte zum Thema sein, behält sie recht. Am 11. April 2008 verabschiedet der Bundestag eine weitere Gesetzesänderung, die den Stichtag nach hinten verschiebt. Diese Initiative, die von Forschungsministerin Annette Schavan ausgeht und Merkels Unterstützung findet*[24]*, wird vom Ratspräsidenten der Evangelischen Kirche in Deutschland (EKD), Bischof Wolfgang Huber, gutgeheißen, stößt aber auf heftigen Protest der Katholischen Kirche.*

Nach einer langen und aus meiner Sicht außerordentlich verantwortungsvoll geführten breiten gesellschaftlichen Debatte, die sich gerade die Mitglieder meiner Partei nicht leicht gemacht haben, stehen wir heute in diesem Parlament vor einer wichtigen, grundsätzlichen Entscheidung. Ich sage an einem der Zwischenpunkte dieser Debatte als Vorsitzende der Christlich Demokratischen Union: Jedem, den ich in meiner Partei kenne, geht es um die Würde des Menschen. Jedem geht es um eine verantwortbare Entscheidung, und zwar eine ethisch-verantwortbare Entscheidung an einer neuen Wegmarke. Immer wieder haben wir Menschen angesichts neuer wissenschaftlicher Erkenntnisse vor solchen Wegmarken gestanden. Immer wieder war es nötig, Grenzen zu ziehen, Erlaubnisse zu geben und Erkenntnisse neu zu bewerten. Immer wieder hat dies gegenseitigen Respekt von uns verlangt.

Deshalb wird die Antwort, die die Mehrheit dieses Hauses heute findet, auch eine Antwort auf unser Bild vom Menschen sein. Sie wird aber auch eine Antwort sein, die unser Verständnis von Forschung und von den Grenzen der Forschung widerspiegelt. (...)

Das, was wir hier heute zu bescheiden haben, ist im Embryonenschutzgesetz nicht geregelt. Es ist darin deshalb nicht geregelt, weil wir zum Zeitpunkt der Verabschiedung des Embryonenschutzgesetzes von diesen neuen Möglichkeiten noch gar keine Vorstellungen hatten. Dies zeigt, mit welcher Dynamik menschliche Erkenntnis voranschreitet, und zeigt auch, dass es mit Sicherheit nicht die letzte Debatte gewesen ist. Aber ich glaube, jeder von uns weiß, dass das, was wir heute zu entscheiden haben, auf einer Rechtslücke beruht, die den Geist des Embryonenschutzgesetzes nicht etwa außer Kraft setzt, sondern ihn bei der Entscheidung, die wir zu treffen haben, wieder von uns einfordert.

Deshalb gibt es für mich auch keinerlei Abstriche bei der Aussage zu machen, dass menschliches Leben mit der Verschmelzung von Ei und Samenzelle beginnt. Dies bleibt für mich der Fixpunkt der gesamten Debatte. Deshalb darf es auf gar keinen Fall eine Erzeugung von Embryonen zum Zwecke der Forschung oder eine verbrauchende Embryonenforschung geben.

Die Sorge, die viele hier umtreibt – egal, zu welcher Antwort sie am Schluss kommen –, besteht doch darin, dass aus den Möglichkeiten der Forschung mit embryonalen Stammzellen implizit ein Druck erwächst, solche embryonalen Stammzellen aus reinen Nützlichkeitserwägungen heraus zu erzeugen. Dennoch warne ich davor, diejenigen, die sich für eine Forschung an embryonalen Stammzellen unter bestimmten Grenzsetzungen aussprechen, sozusagen als die Erfüllungsgehilfen einer wissenschaftlichen Innensicht zu betrachten, und andere, die diese wissenschaftliche Innensicht nicht teilen, wiederum als diejenigen, die den ethischen Prinzipien verpflichtet sind.

Gute Wissenschaft kann von Ethik nicht getrennt werden. Beides bildet eine Einheit; das muss auch so sein. Das ist meine Anforderung an die Wissenschaft. (...)

Es geht also um die Chancen und Möglichkeiten von Forschung, aber vor allen Dingen darum, alles zu tun, um außerhalb Deutschlands – innerhalb natürlich sowieso – den Druck zu nehmen, dass Embryonen aus Nützlichkeitserwägungen erzeugt, verbraucht und gebraucht werden und daraus völlig neue Maßstäbe entstehen würden. Deshalb plädiere ich für den Antrag, der Folgendes vorsieht: keine verbrauchende Embryonenforschung und ein grundsätzliches Verbot des Imports, der nur unter strengen Voraussetzungen zugelassen werden soll.

Wie schön wäre es, wie bereits einige heute festgestellt haben, wenn man eine so komplizierte Frage mit einem einfachen Ja oder Nein beantworten könnte. Ich stelle für mich persönlich fest: Ich kann es leider nicht. Wir leben schließlich in einer realen Welt, in der bereits embryonale Stammzellen existieren, und wir wissen, dass man mit ihnen forschen kann und dass die Tötung der Embryonen unter bestimmten Bedingungen, die wir in unserem Antrag sehr deutlich klassifiziert haben, in einem völlig anderen Zusammenhang bereits stattgefunden hat.

Deshalb meinen wir, dass ein Stichtag festgelegt werden muss, bis zu dem die embryonalen Stammzellen erzeugt wurden und von dem ab wir – weil uns neue Erkenntnisse vorliegen – alles tun, um den Druck zu nehmen, weiter embryonale Stammzelllinien herzustellen. Wir nehmen aber die Welt so zur Kenntnis, dass wir meinen: Wenn es diese Stammzellen gibt und wir diese Grenzen ziehen, dann sollten wir – weil wir in Deutschland die Therapien einsetzen werden – uns nicht davor verschließen, unter diesen strengen Grenzziehungen auch den Import dieser Stammzellen zu akzeptieren.

Meine Entscheidung kommt dadurch zustande, dass wir meiner Meinung nach in einer Gesamtwelt leben und nicht für uns allein in einem Land. Das entbindet uns natürlich nicht von der Aufgabe, unsere eigenständigen Entscheidungen zu fällen. Das haben wir in Deutschland mit dem Embryonenschutzgesetz und mit unserem Verständnis des Menschen auch eindeutig getan. Ich meine aber auch, dass wir, wenn wir unsere Wertmaßstäbe in dieser Welt erhalten wollen, mehr tun müssen, um in Zukunft auf die internationalen Maßstäbe Einfluss zu nehmen. Um dies zu können, müssen wir sicherstellen, dass kein falscher Druck zur Erzeugung von Embryonen entsteht. Wir müssen aber auch sicherstellen, dass internationale rechtliche Regelungen getroffen werden, die dies für alle bindend festlegen. Deshalb ist Politik in diesem Sinne meines Erachtens nicht auf nationales Handeln beschränkt.

„Die Ethik des Einzelnen"

„Ich will Deutschland dienen" – diese Formel prägt die Kanzlerkandidatin im Bundestagswahlkampf 2005.[25] *In ihrer Rede anlässlich des 60-jährigen Bestehens der Wochenzeitung „Rheinischer Merkur" am 13. Juni 2006 in Königwinter präzisiert sie ihr Politikverständnis. Zugleich bestreitet sie, dass sich aus religiösen Überzeugungen in jedem Fall konkrete Politik ableiten lasse.*

Es ist kein gesellschaftliches System per se gerecht oder verantwortungsbewusst. Es kommt immer auf den Einzelnen an, dass er seinen Handlungsspielraum nutzt, ihn aber niemals missbraucht. Die gröbsten Missbrauchshandlungen untersagt und bestraft unser Rechtssystem. Das ist eine erste unverzichtbare Stufe. Aber um den Handlungsspielraum zum Guten zu nutzen, bedarf es der Ethik des Einzelnen; sie bildet sozusagen die zweite Stufe auf dem Weg zu einem gedeihlichen Zusammenleben.

Ethische Grundsätze sind ein positives Korrektiv. Sie sorgen dafür, dass Toleranz nicht in Gleichgültigkeit umschlägt, Freiheit nicht in bedenkenloses „Laissez-faire", Individualität nicht in eine unsolidarische Gesellschaft. Die Frage ist nur: Woher nimmt eine pluralistische Gesellschaft ihre ethischen Grundsätze? Welche Rolle spielt die Politik bei ihrer Vermittlung – als „politische Klasse", durch ihr gestaltendes Handeln?

Über das Verständnis von geistiger Orientierung und politischer Führung entzündete sich vor über 25 Jahren eine lebhafte Debatte zwischen dem damaligen Bundeskanzler Helmut Schmidt und dem Oppositionsführer Helmut Kohl. Helmut Schmidt wies die Forderung nach geistiger Orientierung durch die Politik zurück. Er sagte damals: „In einer demokratischen – sprich: pluralen – Gesellschaft mit vielfältigsten Richtungen der religiösen wie auch philosophischen Grundüberzeugungen basiert doch das geistige Leben nicht auf irgendeiner politischen Führerschaft [...], die geistige Führung muss doch von den Philosophen, von den Autoren, aus der Kunst, aus den Kirchen [...] kommen, nicht aus der Regierung. Eine Regierung, die sich anmaßte, geistig zu führen, wäre dabei [...] den Weg zu verlassen, der ihr vorgezeichnet ist."

Helmut Kohl antwortete darauf: „Der Staat ist aber nicht nur der Notar von Mehrheitsmeinungen. [...] Der Politiker hat nicht nur die Aufgabe, Wertvorstellungen der Gesellschaft zu registrieren. Er hat die Pflicht, für die Grundwerte der Verfassung aktiv einzutreten. Dies heißt, er muss ernsthaft versuchen, ein Maximum an Konsens über Grundwerte der Gesellschaft, die verfassungsrechtlich relevant sind, anzustreben."

Ich bekenne mich ausdrücklich zur Mitverantwortung der Politik für ein Gemeinschaftsbewusstsein aus Normen, Ideen und Einstellungen. Die ethische Anstrengung ist eine Überlebensfrage des modernen Staates. Die Präambel unseres Grundgesetzes beginnt nicht ohne Grund mit dem Satz: „Im Bewusstsein seiner Verantwortung vor Gott und den Menschen ..." Es gibt also eine wechselseitige Wertebildung, in der Staat und Gesellschaft einen gestaltenden Auftrag wahrnehmen. Dementsprechend ist er auf die Hilfe aller Gesellschaftsträger angewiesen, zum Beispiel auf Eltern, die erziehen, auf Schulen, die bilden, oder auf Kirchen, die prägen. Man könnte das auch Verantwortungsgemeinschaft nennen.

In dieser Verantwortungsgemeinschaft spielen aus meiner Sicht gerade auch die Kirchen eine unverzichtbare Rolle. Sie haben beim Thema Wertevermittlung eine besondere Aufgabe, die der Staat fördert. Das Christentum ist nicht unpolitisch, und es hat die Wurzeln Europas maßgeblich bestimmt – eine Diskussion, die uns bei der Gestaltung des Verfassungsvertrages noch viele Jahre beschäftigen wird.

Die Politik wiederum kommt nicht ohne ein Fundament jenseits der Tagespolitik aus, wenn sie nicht beliebig werden und ihre grundlegenden Pflichten und Orientierungen nicht aus den Augen verlieren will. Das Verständnis für die christlichen Grundlagen unserer politischen Ordnung wach zu halten oder, wo es verschüttet worden ist, wieder zum Leben zu erwecken, ist meines Erachtens nicht nur eine Aufgabe der Politik. Das ist auch eine Aufgabe für die christlichen Kirchen und ihre Arbeit im gesellschaftlichen Raum – in den Gemeinden, Schulen und Familien. Deshalb ist auch der Dialog zwischen Kirchen und Politik so wichtig.

Das Zweite Vatikanische Konzil hat in seiner Pastoralkonstitution „Gaudium et Spes" eine gute Beschreibung für das Verhältnis von Kirche und Politik gefunden: „Die politische Gemeinschaft und die Kirche sind auf je ihrem Gebiet voneinander unabhängig und autonom. Beide aber dienen, wenn auch in verschiedener Begründung, der persönlichen und gesellschaftlichen Berufung der gleichen Menschen. Diesen Dienst können beide zum Wohl aller umso wirksamer leisten, je mehr und besser sie rechtes Zusammenwirken miteinander pflegen."

Dienst am Menschen, Deutschland dienen – darum hat es zu gehen; nicht zuletzt natürlich auch in meinem Metier, der Politik. Ich begreife Politik als Ausdruck von Wertüberzeugungen. Sie verbinden den pragmatischen Blick auf die Wirklichkeit mit der Bindung an grundlegende Werte des Zusammenlebens. So können Politiker Orientierung geben, ohne der Gefahr zu erliegen, sich zu überhöhen. Orientierung, Richtung – das ist doch genau das, was die Menschen auch heute suchen, in einer Zeit, die von vielfältigen Strukturveränderungen und von vielfältigem Wandel geprägt ist.

Grundlage meines politischen Denkens und Handelns ist das christliche Verständnis vom Menschen und die daraus abgeleiteten Grundwerte Freiheit, Solidarität und Gerechtigkeit. Wir wissen: Aus dem christlichen Menschenbild lassen sich keine konkreten Handlungsanweisungen für alle politischen Fragen des Alltags in Parteien und Parlamenten ableiten. Politik und Religion, Gestaltungswille und Glaube – das sind zwei verschiedene Dinge. Aber wir wissen auch: Das christliche Menschenbild ist nicht irgendeine politisch unverbindliche, abstrakte Formel; es ist mehr. Es bietet Orientierung und Leitlinie.

Folgende sieben Grundsätze leiten sich für mich aus dem christlichen Menschenbild ab.

Erster Grundsatz: Die Würde des Menschen achten.
Das christliche Verständnis vom Menschen besagt: Nicht der Staat ist das Maß der Politik, nicht eine Partei, nicht eine Rasse und auch nicht eine Klasse. Nein, im Mittelpunkt steht der Mensch und seine unantastbare Würde. (...) Diese Würde gilt unabhängig von Geschlecht, Hautfarbe, Leistungsfähigkeit, Religion oder anderen Merkmalen, und zwar auch, wenn das christliche Menschenbild das Wissen einschließt, dass Menschen Fehler machen und verführbar sind – auch durch Macht und Missbrauch von Macht.

Schön gesagt, wird jetzt vielleicht der eine oder andere von Ihnen denken. Wer von uns wird schon die Menschenwürde und Menschenrechte als Werte leugnen? Ich denke, niemand. Und doch wage ich die Behauptung, dass uns in bestimmten Bereichen so etwas wie eine stille Auszehrung der Menschwürde droht, zum Beispiel bei Fragen des Lebensschutzes am Anfang und am Ende des Lebens.

Ich bin zutiefst davon überzeugt: Angesichts der neuen Möglichkeiten der Gentechnologie und der Biomedizin dürfen wir nicht in einen wissenschaftlichen Machbarkeitswahn verfallen. Nützlichkeitserwägungen dürfen nicht über den Schutz menschlichen Lebens gestellt werden. Der wissenschaftliche Fortschritt muss genutzt werden, aber er findet dort seine Grenzen, wo die Würde des Menschen in Gefahr ist. Genauso, wie wir den Anfang des Lebens als unverfügbar betrachten, so darf es in Deutschland auch in Zukunft keinen Tod auf Bestellung geben. Denn auch das gehört zum christlichen Menschenbild und zu unserem

Begriff von Menschenwürde: Nicht nur der gesunde, vollauf leistungsfähige Mensch ist ein Mensch, sondern auch der Kranke; ja, auch der unheilbare Kranke. Die Würde des Menschen hört nicht irgendwo da auf, wo die Mediziner keinen Weg der Heilung mehr sehen.

Zweiter Grundsatz: Maß und Mitte wahren.
Das christliche Menschenbild zeigt sich nicht nur im Umgang mit Anfang und Ende des Lebens. Es zeigt sich auch in den zwischenmenschlichen Beziehungen und in den Beziehungen zwischen Mensch und Staat.

Der Mensch ist nach christlichem Verständnis Individuum und soziales Wesen zugleich, das Verantwortung in der Gemeinschaft trägt. Ich glaube daher an eine Politik, die den Menschen ihre Freiheit lässt und die gleichzeitig darauf zählen kann, dass die Menschen Verantwortung übernehmen – für sich und für andere. Freiheit und Verantwortung sind von Anfang an zusammengefügt. Nicht umsonst lautet der Titel unseres [CDU-]Grundsatzprogramms von 1994 „Freiheit in Verantwortung".

Die Soziale Marktwirtschaft ist Ausdruck genau dieses Menschenbildes. Sie ist eine Ordnung der Freiheit und des Wettbewerbs, aber auch eine Ordnung der Teilhabe, der Verantwortung und der Solidarität. Damit ist sie eben kein reines Wirtschaftskonzept, sondern Teil eines ebenso erfolgreichen wie menschlichen Gesellschaftsmodells. Sie schafft die Bedingungen für wirtschaftlichen Erfolg und für soziale Sicherheit, weil sie auf Freiheit setzt – aber eben nicht auf bedingungslose Freiheit, sondern auf verantwortete Freiheit. Deswegen kann sie damals wie heute eine große Dynamik von Wachstum entfalten. Das schafft Chancen für alle in der Gesellschaft. (...)

Dritter Grundsatz: Gleiches gleich und Ungleiches ungleich behandeln.
Wir sind von Gott geschaffen, wir haben uns nicht selbst erschaffen. Das christliche Menschenbild geht davon aus, dass

der Mensch zur Vernunft veranlagt ist, dass er zwischen richtig und falsch, zwischen gut und böse unterscheiden kann, dass er über unterschiedliche Fähigkeiten und Fertigkeiten verfügt. Daher sind auch die Resultate menschlichen Tuns ganz unterschiedlich. Daher haben auch die Versuche, die Menschen gleichzumachen, tunlichst zu unterbleiben.

Das ist in keiner Weise mit mangelnder Hilfe für Schwache zu verwechseln. Denn niemand ist davor geschützt, den Arbeitsplatz zu verlieren, krank, bedürftig oder arbeitsunfähig zu werden. Deshalb ist es im christlichen Verständnis vom Menschen gerecht und zwingend, wenn jeder die Hilfe bekommt, die er braucht. Ungerecht ist es aber, wenn sich Starke als Schwache verkleiden und damit die Gemeinschaft ausnutzen. (...)

Deshalb ist es beispielsweise richtig, mit der Senkung der gesetzlichen Lohnzusatzkosten die Nettoeinkommen zu erhöhen und Belastungen von Arbeitgebern zu verringern oder Korrekturen bei bestimmten Gesetzen, zum Beispiel Hartz IV, vorzunehmen. So verschaffen wir einem unverzichtbaren Grundsatz wieder Geltung. Er lautet: Leistung muss sich wieder lohnen, damit Solidarität in der Gesellschaft möglich ist.

Vierter Grundsatz: Solidarität und Mitbürgerlichkeit ermöglichen.

Im christlichen Verständnis vom Menschen ist Solidarität ein Wert, der Nähe und Teilnahme erfordert. Natürlich kann man alles Mögliche auch staatlich organisieren. Aber das mitbürgerliche, das uneigennützige Engagement, die ehrenamtlichen Tätigkeiten in kulturellen Vereinigungen, im Sport, in der Jugendarbeit, in sozial-karitativen Organisationen oder in Kirchen können nicht durch das ersetzt werden, was in staatlicher Regie zustande kommen kann. Die allein staatlich verwaltete Gesellschaft ist eine kalte und bürokratische Einheitsgesellschaft. Ihr fehlt das menschliche Maß.

Genau deshalb ist Solidarität auch ohne Subsidiarität nicht denkbar: Was der Einzelne oder kleine Gemeinschaften selbst leisten können, das soll der Staat ihnen nicht abnehmen. Was die Tarifvertragsparteien regeln können, muss der Staat nicht regeln, und was in den Betrieben geregelt werden kann, das muss nicht in betriebsfernen Verbands- und Gewerkschaftszentralen geregelt werden. Dazu gehört natürlich auch ein Umkehrschluss: Wo der Einzelne ein Risiko oder eine Notlage nicht meistern kann, da hat er Anspruch auf Hilfe der Gemeinschaft.

Fünfter Grundsatz: Über den Tag hinaus denken.
Aus dem christlichen Menschenbild speist sich auch das Bekenntnis zur Nachhaltigkeit. Die Zukunft darf nicht zur Müllhalde für die ungelösten Probleme unserer Gegenwart werden. Das gilt auch beim Schutz unserer Natur. Denn eine natürliche Ressource darf nur in dem Maße genutzt werden, in dem sie sich auch wieder regenerieren kann. Unsere Kinder und Enkelkinder haben den gleichen Anspruch auf eine intakte Natur mit reiner Luft und sauberen Gewässern wie wir.

Auch in der Finanzpolitik ist ein nachhaltiges Denken gefragt und gefordert. Deshalb ist die Tatsache, dass wir uns heute auf Kosten der nachfolgenden Generationen Jahr für Jahr weiter verschulden, eine der beunruhigendsten Entwicklungen. Denn wir machen nichts anderes, als zukünftige Generationen ihrer Lebenschancen und Lebensperspektiven zu berauben, indem wir heute für uns in Anspruch nehmen, über unsere Verhältnisse zu leben. (...)

Sechster Grundsatz: Verlässlich sein.
Eine Politik auf der Grundlage des christlichen Menschenbildes verzichtet darauf, Dinge zu versprechen, die uneinlösbar sind.

Was aber beobachte ich, seitdem ich in der Politik bin, also seit inzwischen gut 16 Jahren? Ich beobachte durchaus fatale Entwicklungen. Zu oft wurden bei den Bürgern Erwartungen geweckt und anschließend Enttäuschungen erzeugt. Das hat – man muss das zur Kenntnis nehmen – das Vertrauen in Politik nachhaltig gestört. Die Bilanz aus der Sicht vieler Bürger ist inzwischen bitter: Erst wurden immer wieder Erwartungen enttäuscht; am Ende werden fast nur noch Enttäuschungen erwartet.

Was ist die Alternative? Ich denke: Sagen, was man tun will, und tun, was man sagt. (...) Wenn Worte und Taten wieder übereinstimmen, dann kann Politik Menschen für ihre Anliegen auch wieder besser erreichen, als das heute der Fall ist. Aber es ist ein mühseliger Weg, weil wir diesen Weg an vielen Stellen lange Zeit ein bisschen verlassen hatten.

Siebter Grundsatz: Demütiger sein.

Das christliche Menschenbild befreit vom Glauben an eine politische Allmacht oder eine Allzuständigkeit von Politik und Staat. Gleichzeitig stärkt es innerlich vor Ansprüchen, die ideologische Systeme immer wieder an Menschen stellen. Ich habe dies als Pfarrerstochter in der DDR selbst erlebt. Der christliche Glaube und die Kirchen waren Schutzräume vor der Diktatur, die das tägliche Leben beherrscht hat. Sie waren im Übrigen eine unerlässliche Voraussetzung für die Wende des Jahres 1989.

Mit einer solchen inneren Freiheit wissen wir dann auch: Als Menschen sind wir unvollkommen; wir machen Fehler. Wir werden uns am Ende vor Gott verantworten müssen. Das sollte uns Demut lehren – auch in der Politik in jeder verantwortlichen Position.

„Wir müssen kämpferischer werden"

Im Zeichen der Finanzkrise steht der Auftritt der Bundeskanzlerin in der Katholischen Akademie München am 21. Juli 2009. Aus dem christlichen Menschenbild[26] leitet Merkel die Verantwortung für die Gestaltung der Globalisierung ab. Angesichts von Be-

völkerungsentwicklungen und Machtverschiebungen in der Welt warnt Merkel vor dem Bedeutungsverlust christlicher Werte, wenn diese nicht überzeugend begründet und vertreten werden.[27]

Wer im Meer der verschiedensten Interessen nicht orientierungslos hin- und hergetrieben werden will, der braucht einen verlässlichen inneren Kompass.

Die Frage heißt nun für jeden: Worauf soll dieser Kompass ausgerichtet sein? Ich möchte an dieser Stelle Bezug nehmen auf die Enzyklika des Papstes, die kürzlich veröffentlicht wurde – „Caritas in Veritate" –, in der betont wird, dass „das erste zu schützende und zu nutzende Kapital der Mensch ist, die Person in ihrer Ganzheit". Dieses Zitat aus der Enzyklika scheint mir insbesondere aus dem Blickwinkel des christlichen Menschenbildes wunderbar zu sein. Das heißt also, aus der zentralen Rolle des Menschen, die in dieser Enzyklika immer wieder betont wird, ergibt sich der Schlüssel für alle Herausforderungen, auch für eine verantwortliche Politik.

Das hört sich relativ trivial an. Und doch erfahren wir, dass in vielfältigen Erscheinungen unserer Zeit eigennütziges Streben nach Geld, Einfluss oder Ansehen immer wieder zum Schaden anderer gereicht. Ich glaube, die internationale Finanz- und Wirtschaftskrise ist geradezu ein Beispiel für eine tiefe Maßlosigkeit, für Gier, für Exzesse, für eine völlig aus der Kontrolle geratene Durchsetzung von Eigeninteressen. (...)

Natürlich wird jeder, der sich als Politiker auf das christliche Menschenbild beruft, in Kauf nehmen müssen, dass an ihn besondere Maßstäbe gelegt werden. Das heißt also, Politik aus christlichem Glauben heraus muss sich beschränken. Das empfinde ich in meiner politischen Arbeit als etwas sehr Begütigendes. Wir sind Geschöpfe Gottes und wir sind sozusagen dazu verpflichtet, nicht in staatliche Allmachtsansprüche zu verfallen, sondern unser Werk zu tun – aber auch in dem klaren Wissen darum, dass wir unvollkommen sind und dass wir an dieser Unvollkommenheit nicht zerbrechen müssen, weil die Liebe Gottes gegenwärtig ist und jeden, der in dieser Welt agiert – auch die Politiker; so verstehe ich es jedenfalls –, umfängt.

Aber dieses Wissen, dass wir Sünden begehen und dass wir unvollkommen sind, darf natürlich nicht dazu führen, dass wir lethargisch werden und sagen: Wir tun mal gerade das, was wir für richtig halten. Wir sind aus der Schöpfungsgeschichte heraus vielmehr mit dem Anspruch in die Welt gestellt, diese Welt so zu gestalten, dass wir mit ihr verantwortungsvoll umgehen. Das heißt, Politik können wir nur machen, indem wir aus dem christlichen Menschenbild heraus – ich kann zu gleichen Schlüssen im Übrigen auch aus anderen Überzeugungen heraus kommen – um die Natur des Menschen wissen, Fehler zu begehen. Dabei müssen wir aber auch immer wissen, dass Politik Gesellschaften gestaltet und dass wir einen Gestaltungsauftrag haben, der immer Freiheit in Verantwortung in sich trägt.

Unsere Unvollkommenheit gebietet es nach meiner Überzeugung auch, dass wir ein Stück weit demütig werden. Diese Demut bewahrt uns davor, Freiheitsräume anderer zu beschneiden, sie bewahrt uns davor, zu definieren, wann nach unserer Meinung Leben lebenswert ist und Leben nicht lebenswert ist, und sie bewahrt uns davor, uns im Sinne Orwells gleicher als andere zu wähnen oder zu fühlen.

Deshalb ist es natürlich wichtig, dass wir akzeptieren, dass sich gerade auch Kirchen immer wieder als kritisches Korrektiv unserer Politik einmischen. Das macht unser Leben manchmal nicht einfacher, denn eigentlich finden wir uns schon ganz gut – zumindest besser als die anderen –, bekommen aber trotzdem oft mehr Kritik als diejenigen, die die Kirchen vielleicht schon ein wenig „abgeschrieben" haben. Das dürfen sie natürlich auch nicht, denn jeder Mensch muss ja auf den Pfad der Tugend geführt werden.

Aus dem christlichen Menschenbild lassen sich mit Sicherheit nicht per se konkrete Handlungsanweisungen ableiten, aber wir sind dazu verpflichtet, uns immer wieder unseres Leitbildes zu vergewissern und unsere Politik in dem von mir beschriebenen Umfeld zu gestalten. Die Präambel unseres Grundgesetzes bringt es prägnant auf den Punkt: „Im Bewusstsein seiner Verantwortung vor Gott und den Menschen". In diesen Tagen – vor allem um den 23. Mai [Jahrestag des Inkrafttretens des Grundgesetzes] herum – habe ich sowieso sehr häufig daran gedacht, was für eine Weisheit und was für eine tiefe Demut die Väter und Mütter des Grundgesetzes geleitet haben, als sie es geschrieben haben. Wenn wir heute ein neues Grundgesetz zu schreiben hätten, weiß ich nicht, ob wir noch eine Mehrheit dafür bekämen, zu sagen: „Im Bewusstsein seiner Verantwortung vor Gott und den Menschen."

Verantwortete Freiheit leben – was bedeutet das? Was bedeutet das zum Beispiel für die Wirtschafts- und Sozialpolitik in Zeiten zunehmender Globalisierung? Die Weltwirtschaft erfährt – Sie wissen das – im Augenblick den tiefsten Abschwung seit Ende des Zweiten Weltkriegs. Es gibt viele Menschen, die Sorgen um ihren Arbeitsplatz und um ihre Zukunft haben. Für die Entwicklungsländer wird es umso schlimmer, je mehr sich die Kapitalgeber aus ihnen zurückziehen. Uns trifft die Krise schon massiv, aber wenn wir nach Afrika schauen, wenn wir in asiatische Schwellenländer schauen, so sehen wir, in welche existenziellen Nöte die Völker dort gestürzt werden.

Es darf also auf gar keinen Fall sein, dass wir verantwortete Politik nur noch für uns selbst machen, weil es uns schlechter als vielleicht noch vor einem Jahr geht, und dass wir deshalb den Blick für andere auf der Welt verlieren. Wir leben in einer globalen Krise. Es gehört vielleicht zu den politisch schwierigsten Aufgaben, gerade auch in dieser Zeit unsere Verantwortung für die ganze Welt immer wieder zu betonen. Ich könnte jetzt von meinem Kampf darum erzählen – der zum Schluss erfolgreich endete, also mit einer parlamentarischen Mehrheit und mit der Unterstützung meiner Kollegen –, von den 80 Milliarden Euro des Konjunkturprogramms 100 Millionen Euro zusätzlich für die Weltbank zur Verfügung zu stellen. Das war nicht einfach. Allerdings darf ich auch mit Stolz sagen, dass wir eines der wenigen europäischen Länder sind, die ihre Entwicklungshilfe im Augenblick nicht kürzen, sondern sogar noch erhöhen. (...)

Wir wissen mit Blick auf die verschiedenen Probleme – vom Klimawandel über die Schwankungen der Rohstoffpreise bis zum Bevölkerungswachstum und zu der Frage, wie wir damit umgehen –, dass wir in einer Welt leben, in der wir mit der Endlichkeit der Ressourcen umzugehen lernen und deshalb auch den Gedanken der Nachhaltigkeit verankern müssen. Es ist unsere Aufgabe, unseren Nachkommen eine Welt zu hinterlassen, die ihnen die gleichen Chancen zu leben bietet, wie wir sie für uns in Anspruch nehmen. Diese Aufgabe ist hart. Sie wird viel Umdenken von uns verlangen, sie wird viel Kreativität von uns verlangen und sie wird vor allen Dingen ein Stück Zuversicht von uns verlangen.

Da kommt wiederum unser christlicher Glaube ins Spiel. Ich bin einmal in einem evangelischen Diskussionsforum in eine aussichtslose Lage gebracht worden, weil ich immer wieder gefragt wurde: „Wie wollen Sie das denn machen? Heißt das, dass unser Lebensstandard sinken wird? Können Sie das alles garantieren? Sind Sie sich auch wirklich sicher? Können Sie dies nicht tun und jenes nicht tun?“ Ich wurde immer verzweifelter. Irgendwann hat Bischöfin [Margot] Käßmann zu dem Frager gesagt: „Wissen Sie, manchmal braucht man auch ein Stück Gottvertrauen.“

Dieses Gottvertrauen brauchen wir, dieses Eingebettetsein in die Erkenntnis, dass wir nicht die ersten sind, die vor Problemen stehen, dass wir vor keinen unlösbaren Problemen stehen, dass wir Kraft haben, dass wir Gedanken haben, dass wir Kreativität haben und dass wir umfangen sind von der Liebe Gottes, die uns diese Kraft gibt, und zwar auch in Situationen, in denen wir keine genaue Prognose vornehmen können, wie es in 20 oder 25 Jahren aussehen wird – zumal wir jetzt ja gelernt haben, dass alle wunderbaren Szenarien auch nur von endlicher Gültigkeit sind. Das heißt, das sollte auch eine Lehre sein. Und das sage ich als Naturwissenschaftlerin: Wir sollten die Gläubigkeit an Szenarien, die uns vermeintlich die Zukunft voraussagen können, ein bisschen ablegen. Szenarien können zwar Wahrscheinlichkeiten aufzeigen, aber auch dazu verleiten, blind zu werden und die eigene Verantwortung sowie die eigene Risikoeinschätzung völlig auszuschalten. Das entspricht mit Sicherheit keiner verantwortbaren Politik. (...)

Wir werden in dieser Krise noch so viele wunderbare Maßnahmen ergreifen können – zur Rettung von Banken, zur Beschleunigung der Kreditvergabe, zum Abbau von Bürokratie, zur Förderung von Forschung –, doch wenn wir nicht ein Gefühl des Zusammenhalts unserer Gesellschaft stärken, dann wird dies eine kalte Welt bleiben, dann wird dies eine Welt bleiben, die die Herausforderungen nicht bewältigen kann. Das heißt, es geht darum, eine Gesellschaft mit menschlichem Gesicht zu schaffen, in der die Wirtschaft dem Menschen dient und nicht der Eindruck entsteht, die Menschen liefen irgendwelchen irrationalen Mechanismen hinterher.

Deshalb muss Politik Rahmenbedingungen schaffen, innerhalb derer wir Menschen ermutigen, sich selbst für diese Gesellschaft zu engagieren – zum Beispiel ehrenamtlich in kulturellen Vereinigungen, im Sport, in der Jugendarbeit, in sozial-karitativen Organisationen, in den Kirchen, in den Religionsgemeinschaften. Das Ehrenamt ist ein sehr kostbares Gut, das wir fördern können, das wir pflegen können, das wir aber niemals komplett materialisieren dürfen und das im Grunde aus einem Bild entsteht, das der Einzelne von dieser Gesellschaft hat – vielleicht gespeist durch das christliche Menschenbild. Das ist mehr, als ein Staat jemals regeln kann. Deshalb ist es so wichtig, dass die staatliche Ordnung Freiräume lässt, dass sie Initiativen zulässt und dass sie nicht jedem Knüppel zwischen die Beine wirft, sondern dass wir stolz und froh sind über jeden, der eine Aufgabe für sich sieht. Wir haben heute tendenziell zu viele Betrachter der Unvollkommenheit unserer Gesellschaft und zu wenige Macher, die sich mit den Unvollkommenheiten auseinandersetzen und alles ein bisschen zum Guten wenden.

Natürlich ist Globalisierung manchmal auch etwas, was uns zurückschrecken lässt, denn die Welt ist so groß, die Probleme sind so vielfältig, ich als einzelner Mensch bin so klein und bin mit meinen endlichen Fähigkeiten im wahrsten Sinne des Worte auch schnell am Ende meiner Kräfte, sodass es schon sehr schwierige innere Entscheidungsprozesse in der Frage sind: Wofür genau möchte ich mich denn nun engagieren? Es ist so wunderbar, sich ein Sportereignis – sei es Fußball oder Leichtathletik – anzuschauen und die Unvollkommenheit des jeweiligen Athleten zu kritisieren. Es ist schön, auf dem Kanapee sitzend und über die Welt Bescheid wissend die Rede dieses und jenes Politikers zu kommentieren. Wenn man dann aber selber am Rednerpult steht oder sich irgendwie fortzubewegen und aufs Tor zu schießen versucht, merkt man erst einmal, wie klein und wie endlich man mit seiner Kraft ist. (...)

Wir Deutschen sind 80 Millionen. Selbst wenn wir sagen könnten, dass wir die Weisheit mit Löffeln gefressen haben und wissen, wo alles langgehen sollte, dann sind aber noch längst nicht 6,5 Milliarden Menschen von uns beeindruckt und würden sagen, dass wir Recht hätten. Das heißt also, die Frage, wie wir unsere Geschichte, unser Werteverständnis, unser abendländisches christlich-jüdisches Bild vom Menschen und von der Welt in die Welt einbringen, ist eine Frage, die in den nächsten Jahren absolut entscheidend sein wird. Wenn am Anfang des 20. Jahrhunderts noch jeder vierte Mensch auf der Welt ein Europäer war, dann wird es am Ende des 21. Jahrhunderts nur noch jeder 13. sein. Deshalb müssen wir viel Überzeugungskraft aufbringen. Darin liegt neben der Friedensaufgabe eine der ganz großen Aufgaben der europäischen Einigung, weil es auf eine Einigung von Menschen mit einem gleichen Werteverständnis ankommt, mit einem gleichen Verständnis von der Unantastbarkeit der Würde jedes einzelnen Menschen, aus dem so viel, was wir tun, resultiert.

Das heißt also, wir müssen – das ist meine feste Überzeugung – kämpferischer werden; nicht überheblicher, aber kämpferischer. Es ist kein Selbstläufer, dass sich unsere Art zu leben in der Welt durchsetzt. Im Gegenteil: Es gibt vielmehr Menschen, die auch anders denken. Deshalb müssen wir darauf beharren, dass es auch unverrückbare ethische Werte gibt, die für jeden Menschen gelten. Es gibt keinen Kompromiss in der Frage: Ist die Würde eines Menschen unantastbar oder ist sie es nicht? Wenn in dem Moment, in dem das Gemeinwohl infrage steht, die Würde des Einzelnen nichts mehr zählt – es gibt viele Länder auf der Welt, in denen so gedacht wird –, dann kommen wir in einen existenziellen Konflikt, der es uns immer schwieriger machen wird, mit unserer Art zu leben und auch erfolgreich zu leben.

6. Partei

„Keine Alternative zu unserem Kurs der Aufklärung“

Angela Merkels Aufstieg zur CDU-Vorsitzenden wird durch die tiefe Krise ihrer Partei begünstigt. Mitte Dezember 1999 gibt Helmut Kohl zu, zwischen 1993 und 1998 unter Verstoß gegen das Parteiengesetz zwischen eineinhalb und zwei Millionen Mark angenommen zu haben, weigert sich aber, die Namen der Spender zu nennen. Merkel, zu dieser Zeit CDU-Generalsekretärin, distanziert sich daraufhin in einem Zeitungsartikel vom langjährigen Übervater der Partei.[28] *Am 18. Januar 2000 legt Kohl nach Aufforderung von CDU-Präsidium und Bundesvorstand seinen Ehrenvorsitz nieder. Auch der amtierende CDU-Vorsitzende Wolfgang Schäuble kann sich nicht halten und gibt am 16. Februar 2000 seinen Posten wegen Ungereimtheiten um eine 100 000-Mark-Parteispende des Waffenlobbyisten Karlheinz Schreiber auf. Für den Parteivorsitz kandidiert die von der Spendenaffäre unbelastete Angela Merkel. In ihrer Bewerbungsrede auf dem Essener CDU-Parteitag am 10. April 2000 trifft sie mit ihrer Mischung aus Selbstkritik und Selbstbewusstsein die Stimmung der Delegierten und wird mit 95,9 Prozent der Stimmen zur neuen CDU-Chefin gewählt.*

Wir haben dramatische Momente hinter uns. Die Zeit seit Herbst 1998 war, so glaube ich, für uns alle ein Wechselbad der Gefühle. Begonnen hat sie mit einer Niederlage bei der Bundestagswahl. Diese Niederlage hat uns zugesetzt. Dann kamen Wahlerfolge [bei mehreren Landtagswahlen und der Europawahl 1999]. Die hatte uns keiner zugetraut. Schließlich mussten wir nach den bekannt gewordenen Verstößen gegen das Parteiengesetz eine Bewährungsprobe bestehen. Die hat uns wahrlich mitgenommen. In dieser Zeit, in diesen 16 Monaten, haben wir gezeigt, aus welchem Holz wir Christlichen Demokraten geschnitzt sind. Man hat versucht, uns in Lager aufzuteilen, in Flügel aufzuspalten, Keile zwischen uns zu treiben. Aber alles ist gescheitert. Ich sage: Solche Versuche werden auch in Zukunft scheitern. (...)

Wir wissen: Nur auf der Basis von Wahrheit und Klarheit kann wieder neues Vertrauen wachsen. Für die CDU kann es keine Diskussion um die Einhaltung von Recht und Gesetz geben. Wir, die CDU Deutschlands, sind die Partei, die wie keine andere für den Rechtsstaat steht. Das gilt für jeden von uns.

In diesem Geist ist die Parteiführung in den letzten Wochen ihren Kurs gegangen. Gerade weil wir die Aufklärung der Verstöße gegen das Parteiengesetz vorangetrieben haben, wird jetzt jeder Versuch scheitern, uns mundtot zu machen. Gerade weil wir berechtigte Kritik angenommen und die Konsequenzen gezogen haben, können wir selbstbewusst auftreten. (...)

Mit das Bedauerlichste in den letzten Wochen war für mich, dass wir Wolfgang Schäuble im Amt des Vorsitzenden verlieren. Lieber Wolfgang Schäuble, ich habe sehr gerne mit Ihnen und für Sie gearbeitet. Diese 16 Monate sind für mich nicht nur politisch, sondern auch menschlich eine außerordentlich prägende Zeit gewesen. Ich denke, dass für unsere Zusammenarbeit kaum ein Satz so prägend war wie der auf unserem Europawahlplakat, das Sie selbst ausgesucht hatten: „Nicht immer einer Meinung, aber immer auf einem gemeinsamen Weg." In diesem Geist will ich meine Arbeit fortsetzen. Lieber Wolfgang Schäuble, ich danke Ihnen.

Man kann eine einschneidende Krise nicht mit einem Stichtag beenden. Aber in jeder Krise steckt eine Chance. Wir werden die Chance, die in unserer Krise steckt, beherzt ergreifen. (...) Wir haben – jeder spürt das heute schon den ganzen Tag – wieder genügend Raum gewonnen, um das öffentliche Interesse auf den Kern der politischen Auseinandersetzung in Deutschland zu konzentrieren. (...)

Es geht jetzt wieder zur Sache, nicht im Sinne von „Schwamm drüber", sondern im Sinne von „Klartext reden". Deutschland braucht politischen Wettbewerb. Deshalb braucht Deutschland eine starke CDU. Es ist ja klar, dass Rot-Grün weiter mit allen Mitteln versuchen wird, der Auseinandersetzung um Sachthemen zu entgehen. (...) Aber das wird nicht länger möglich sein. Damit ist jetzt Schluss. Wir sind wieder da.

Es ist natürlich angebracht, die Frage zu stellen: Wo stehen wir? Die politische Landschaft hat sich seit 1989/1990 ganz wesentlich verändert: Der Kalte Krieg ist vorüber, der Sozialismus ist zusammengebrochen, die Deutsche Einheit in Frieden und Freiheit ist vollendet. Ich kann heute, zehn Jahre nach der Deutschen Einheit, vor Ihnen stehen. Das ist für mich nach wie vor keine Selbstverständlichkeit. Ich bin erfreut, erstaunt und manchmal immer noch sprachlos.

Für diese CDU sind die Deutsche Einheit und der Aufbau Ost nicht einfach irgendeine erklärte Chefsache, die dann später schnell aufs Abstellgleis geschoben wird. Für diese CDU ist die deutsche Einheit Herzenssache. (...) Dieses Bekenntnis zur deutschen Einheit hat die CDU geprägt. Nicht umsonst hat die CDU 1976 „Freiheit statt Sozialismus" plakatiert. Manche von Ihnen haben damals im Wahlkampf mitgemacht; ich habe ihn mir im Fernsehen angeschaut. Ohne Zweifel hat sich der politische Wettbewerb seither verändert, aber nicht, weil wir unsere Positionen verändert haben. Die anderen mussten ihre Positionen räumen – eine nach der anderen –, weil sie von der Geschichte überholt wurden, während sich unsere Visionen bewahrheitet haben.

Es waren die Visionen von der sozialen Marktwirtschaft, die enge Partnerschaft mit Amerika, die Freundschaft mit Frankreich. Es war auch die unermüdliche Arbeit an der Vision von einem geeinten, freien und friedlichen Europa. Es gab natürlich die Vision von der Deutschen Einheit, die doch längst – wenn wir ehrlich sind, müssen wir das feststellen – kein gemeinsames Ziel aller Parteien in Deutschland mehr war. Die CDU war immer auf der richtigen Spur. Man kann es ruhig noch deutlicher sagen: wir sind die Gewinner der Geschichte. Unsere Bilanz der letzten 50 Jahre stimmt.

Wir müssen glücklicherweise nicht einräumen, uns in der Auseinandersetzung mit Kommunisten und Sozialisten getäuscht zu haben. Christliche Demokraten ändern eben nicht alle halbe Jahre ihre Überzeugungen. Weil wir auf der Basis fester Grundwerte stehen, weil sich in uns christlich-soziale, wertkonservative und liberale Überzeugungen bündeln, sind wir die große Volkspartei der Mitte.

Für diese Politik der Mitte stehen große Namen, vornweg unser erster Vorsitzender Konrad Adenauer. (...) Für diese Politik stehen Ludwig Erhard, Kurt Georg Kiesinger, Rainer Barzel, Lothar de Maizière, der in diesen Tagen 60 Jahre alt geworden ist, und natürlich Helmut Kohl.

Helmut Kohl wollen wir auch von diesem Parteitag aus noch einmal ganz herzlich zu seinem 70. Geburtstag gratulieren. Wir alle wissen, dass es für ihn nicht leicht ist, das erste Mal seit 1951 nicht an einem Parteitag teilzunehmen. Wir wissen, dass auch ihm die letzten Wochen und Monate zugesetzt haben, auch wenn genauso klar ist, dass es um der Glaubwürdigkeit der Partei willen keine Alternative zu unserem Kurs der Aufklärung gegeben hat und gibt. Aber gerade, weil wir dies wissen, lassen wir es nicht zu, dass sich die Linken die Deutungshoheit über die Bilanz seiner Leistungen anmaßen. Das machen noch immer wir. Wir schließen uns dem Satz von Lord George Weidenfeld an: „Kohls Werk" – ihr Werk, lieber Helmut Kohl – „bleibt historisch überragend." (...)

Konrad Adenauer würde spätestens jetzt wahrscheinlich sagen: Die Lage war noch nie so ernst wie jetzt. Ich habe mir sagen lassen, dass er dies relativ häufig gesagt hat, und trotzdem kann ich diesen Satz in meiner Situation heute gut nachempfinden, denn die CDU Deutschlands steht am Anfang des 21. Jahrhunderts vor einer Bewährungsprobe.

Wir müssen unseren Anspruch in dieser Gesellschaft klarmachen: Ich will eine CDU, die die Ethik der Sozialen Marktwirtschaft unter globalisierten Bedingungen weiterentwickelt. Ich will eine CDU, die es schafft, auch unter diesen neuen Bedingungen Markt und Menschlichkeit zu versöhnen. Ich will eine CDU, die auf der Grundlage des christlichen Menschenbildes die Menschenwürde zu ihrem Maßstab bei der Bewertung technologischer Risiken macht. Ich will eine CDU, die der Generationengerechtigkeit bei der Weiterentwicklung der sozialen Sicherungssysteme zum Durchbruch verhilft. Ich will eine CDU, die für ein Europa der Bürger eintritt. Ich will eine CDU, die dem einzelnen Bürger Freiräume lässt und die ihm dort, wo der Bürger ihn braucht, einen starken Staat zur Seite stellt. Ich will eine CDU, die die kleinen Einheiten unterstützt. Ein Bekenntnis zur Nation, zur Heimat, ein Bekenntnis zur eigenen Identität – das ist die Voraussetzung, sich in der Welt zurechtzufinden.

Ich will eine CDU, die für ein Deutschland eintritt, das ein tolerantes Land unter anderen ist, das sich nicht aufspielt und das sein Licht nicht unter den Scheffel stellt. Ich will eine CDU, deren Mitglieder in die Meinungsbildung einbezogen werden, die selbstbewusst sind und diskutieren. Ich will aber auch eine CDU, die nach Debatten und Diskussionen klare Entscheidungen trifft, Mehrheitsentscheidungen akzeptiert und auf dem gemeinsamen Weg vorangeht.

Wer, wenn nicht wir, kann die gewaltigen Aufgaben unserer Zeit angehen? Wann, wenn nicht jetzt, können wir die Chance nutzen, unseren Anspruch neu deutlich zu machen? Wir haben mit unserem christlichen Verständnis vom Menschen, mit unserem Wertefundament herausragende Möglichkeiten, den Anforderungen der neuen Zeit gerecht zu werden. Wir müssen die Wirklichkeit aufnehmen und wir müssen an uns selbst glauben. (...)

Ich habe mich gefreut, dass in den vergangenen Wochen viel darüber diskutiert wurde, was eigentlich konservativ sei. Einer, der sich an der Debatte beteiligt hat, hat für mich richtigerweise geschrieben: „Konservativ kommt nicht von Konserve. Die Konservativen der Zukunft erkennt man am Mut zur Veränderung". Die Wirklichkeit annehmen, fähig zur Erneuerung sein und zugleich Wertvolles bewahren – genau das ist konservativ. (...)

Die CDU wurde nach 1945 als Antwort auf die Erfahrungen mit einem totalitären Regime gegründet. Diese Erfahrung liegt für den Westen schon über ein halbes Jahrhundert zurück. Für all die, die aus dem Umbruch der DDR zur CDU gestoßen sind, ist diese Erfahrung noch ganz frisch. Die CDU steht jetzt vor einem Generationenumbruch. Diejenigen, die den Zweiten Weltkrieg zumindest noch als Kinder erlebt haben, bestimmen die Politik nicht mehr in der ersten Reihe. Stattdessen prägen diejenigen, die in der Nachkriegszeit groß geworden sind oder die sogar – wie ich – 35 Jahre ihres Lebens in einer Diktatur gelebt haben, die zukünftige Richtung unserer Partei.

Damals – 1989 – sind wir aufgebrochen. Ich bin mit meinen Kollegen von der Akademie der Wissenschaften in Berlin losgezogen. Zuerst habe ich bei der SDP [Sozialdemokratische Partei der DDR] Halt gemacht, aber da habe ich mich nicht lange aufgehalten. Mich zog es in den Demokratischen Aufbruch. Der Name war Programm. Später gehörten wir zur Allianz für Deutschland. Das war für uns alle eine unglaubliche Zeit: große Neugier auf das Neue. (...)

Unsere Zukunft hängt einzig und allein von unserer eigenen Stärke ab. Die haben wir selbst in der Hand. Wir wollen die treibende Kraft in Deutschland, wir wollen wieder die Nummer eins werden. (...) Rot-Grün kann sich warm anziehen. Denn jetzt geht es wieder zur Sache – für Deutschland, für die Menschen. Dafür trete ich an und dafür bitte ich um Ihr Vertrauen.

„Deutschland kann mehr“

Auf dem Leipziger CDU-Parteitag am 1. Dezember 2003 bringt Merkel ihre Partei auf einen wirtschaftsliberaleren Kurs.[29] *Als Grundlage dienen ihr die Ergebnisse einer vom ehemaligen Bundespräsidenten Roman Herzog geleiteten Kommission. Bis ins Detail erläutert Merkel den Delegierten ein Herzstück ihrer Pläne, die Gesundheitsprämie. Dieses Modell, von seinen Gegnern „Kopfpauschale“ genannt, spaltet die politischen Lager – und auch CDU und CSU – bis heute.*

Am letzten Freitag wurde im ZDF Konrad Adenauer zu Deutschlands Bestem gewählt, und zwar von weit über 700 000 Anrufern, ganz gleichmäßig aufgeteilt nach Altersgruppen, nach Männern und Frauen. Ich bin sicher, diese Wahl ist ein gutes Omen für unseren Parteitag hier in Leipzig. Denn was wollen die Menschen im Land? Sie wollen Mut, sie wollen Beständigkeit, sie wollen Verlässlichkeit, und genau das ist das, was Konrad Adenauer zu Beginn dieser Bundesrepublik Deutschland verkörpert hat und was wir als Christlich Demokratische Union für die Menschen in Deutschland verkörpern.

Vor uns liegen jetzt zwei Tage mit bedeutenden Weichenstellungen. Nach vielen Wochen intensiver Diskussion werden wir heute und morgen ein Reformpaket vollenden. Ich freue mich auf die Debatten dieses Arbeitsparteitages, denn sie sind wichtig – nicht nur für unsere Partei, sondern für die Menschen in unserem Land. Wir, die Christlich Demokratische Union Deutschlands – das muss das Signal sein, das von Leipzig ausgeht –, wir, die CDU, haben die programmatische Kraft, den geistigen Führungsanspruch und den politischen Gestaltungswillen, Deutschland wieder nach vorne zu bringen. Deutschland kann mehr!

Dabei könnten wir es uns – das steht ja außer Frage – eigentlich sehr leicht machen. Die beiden Tage dieses Parteitages ließen sich mühelos anders bestreiten. Wir könnten die Zeit ganz locker damit verbringen, die dramatische Lage in unserem Land zu beschreiben. Rot-Grün macht Fehler am Fließband, Rot-Grün korrigiert sich in immer kürzeren Abständen. Deutschland steckt in seiner schwersten wirtschaftlichen Krise seit 1949: Rekordarbeitslosigkeit, Rekordverschuldung, Meuterei in der SPD – die Lage ist weiß Gott leicht zu kritisieren. (...)

Herr Professor Herzog, Sie werden heute noch zu uns sprechen. Aber Sie haben in einer unerbittlichen Klarheit bei der Vorstellung der Ergebnisse der Herzog-Kommission erklärt: „Wenn wir jetzt nichts machen, dann fliegt das System in die Luft." Weil Sie jenseits der parteitaktischen Verdächtigungen sind, haben nach Ihren Worten plötzlich viele Menschen im Lande aufgehorcht, weil sie wussten: Wenn er sagt, dass das System in die Luft fliegt, dann muss daran etwas Wahres sein.

Was hat uns bei der Arbeit geleitet? Wir wissen nicht alles über die Zukunft in den nächsten 30 Jahren. Das können wir auch nicht. Aber wir haben die verdammte Pflicht, das, was wir wissen, zu bedenken, dies den Menschen mitzuteilen und daraus die Schlussfolgerungen zu ziehen.

Wir stellen fest: Die Alterung der Gesellschaft wird unsere Gesellschaft zwischen 2010 und 2030 massiv verändern. Das andere Stichwort ist die globale Welt. Wir erleben hautnah – viele unserer Mitglieder jeden Tag –, wie sich die Arbeitswelt verändert, und dass der Wettbewerb nicht irgendeine Größe ist, sondern der Wettbewerb der Standorte weltweit eine persönlich gespürte Erfahrung ist. Das ist für die Menschen nichts Abstraktes, nichts, auf das man mit einem „Weiter so!" antworten kann. Wir brauchen, um wirklich vorankommen zu können, einen richtigen Befreiungsschlag.

Der Weg, den wir wählen müssen, kann nur der sein, unsere Sozialsysteme stärker von den Arbeitskosten zu entkoppeln. Diese Konstruktion ist nämlich eine der Eigenarten, die uns in der globalen Gesellschaft besondere Schwierigkeiten bereiten. Deshalb verfolgen wir diesen Weg entschieden, um etwas für die Zukunft des Wohlstands und der Arbeitsplätze in Deutschland zu tun.

Wir sind der Überzeugung, dass ein Herumdoktern an den bestehenden Systemen keine umfassende Besserung bringen wird. Ich weiß – das sage ich in aller Ernsthaftigkeit –, dass wir mit unseren Vorschlägen Neuland betreten. Wenn man in einem Bereich Neuland betritt, ist es immer so, dass man dort noch keine Erfahrungen gesammelt hat. Deshalb muss man gründlich überlegen und kann nicht hoppla-hopp beschließen, wie man etwas macht. Man muss hin- und herrechnen und muss immer wieder überprüfen, ob eine Änderung notwendig ist. Änderungen darf man den Menschen nicht einfach zumuten.

Aber wenn man, nachdem man gerechnet, überlegt und abgewägt hat, zu der festen Überzeugung kommt, dass es keine Alternative gibt, dann ist es die Pflicht ehrlicher und redlicher Politik, den Menschen zu sagen, dass es besser ist, Neuland zu beschreiten, wodurch man das Ziel erreichen kann, als das Betreten von Neuland zu vermeiden und das Ziel nicht dauerhaft erreichen zu können. Das ist unsere Aussage.

Mut an sich ist kein Selbstzweck. Aber Mut gehört auch dazu. Die Gesundheitsreform, die zum 1. Januar [2004] in Kraft treten wird, wird die Versicherten in Deutschland belasten. Das ist die Wahrheit. Man kann feststellen: Noch zwei oder drei solcher Reformen kann man den Menschen in Deutschland nicht zumuten. Angesichts dessen, dass die Schere zwischen Beiträgen und Kosten unaufhaltsam größer wird, gibt es nur noch zwei Möglichkeiten, die das System hergibt: Entweder steigen ständig die Beiträge mit der Folge, dass es weniger Arbeit und geringere Einkommen gibt, oder es werden immer mehr Leistungen ausgeschlossen. Die Erfahrung lehrt, dass beide Entwicklungen – ein Ansteigen der Beiträge und eine Ausgrenzung von Leistungen – wahrscheinlich parallel ablaufen werden.

Deshalb sind wir zu dem Schluss gekommen, dass unser bisheriges System an seine Grenzen gekommen ist. Jetzt zu zögern, hieße, dass wir zu einer Zweiklassenmedizin kommen. Aus diesem Grunde mussten wir also eine Entscheidung treffen. Wir haben uns entschieden. Der Entscheidungsprozess war, wie ich glaube, sehr lebendig; auch heute werden wir wieder darüber diskutieren. Es haben Regionalkonferenzen stattgefunden. Dort haben wir nicht nur über Zahlen gesprochen. Liebe Freunde, ganz besonders lieber Norbert Blüm[30], bei allem Disput in der Sache, bei allem, worüber auch heute noch unterschiedliche Einschätzungen vorliegen, hat jeder, der an dieser Diskussion mitgewirkt hat, gewusst, dass es nicht um Zahlen, Rechenwerke und Modelle geht, sondern um die Menschen in diesem Land, die einen Anspruch auf soziale Sicherheit im Gesundheitsbereich haben. Dieses Ziel eint uns und wird uns immer einen.

Wenn man genau hinsieht, dann hat Rot-Grün längst erkannt, dass Reformen im Rahmen des bestehenden Systems nicht tragfähig sind. Deswegen hat sich Rot-Grün für eine Bürgerversicherung entschieden. Meine Meinung ist – das sage ich Ihnen klipp und klar –: Die Bürgerversicherung ist der falsche Weg.

Was gut klingt, wird schließlich in einer Einheitskasse ohne Wettbewerb enden. Der Trend zu mehr Abhängigkeit vom demografischen Faktor würde verstärkt. Die Verkopplung von Arbeitskosten und Gesundheitskosten – das ist ein Strukturfehler – würde bestehen bleiben. Deshalb schreibt der Sachverständigenrat der Bundesregierung, dass die Einführung der Bürgerversicherung insgesamt bis zu 1,2 Millionen Arbeitsplätze kosten könnte.

Wir kennen all die Argumente, die gegen die Herzog-Prämie angeführt werden. Ich höre unsere sozialdemokratischen Wettbewerber schon schreien, das, was wir vorhätten, sei unsozial, Chef und Sekretärin müssten gleichviel bezahlen. Das hört man immer wieder. (...)

Es ist Teil unseres christlichen Menschenbildes, dass die Gesundheit jedes einzelnen Menschen, ob Sekretärin oder Chef, gleichviel wert ist. Deshalb sind die Kosten, die für die Gesundheit der Sekretärin und des Chefs anfallen, gleich hoch. Anders geht es nicht, ansonsten sind wir bei einer Zweiklassenmedizin. Diese Überlegungen ergeben eine Prämie, wenn wir gleich umsteigen, von 180 Euro und einem Vorsorgebeitrag von 20 Euro. Unser Maßstab, den wir aufgestellt haben, lautet, niemand soll mehr bezahlen, als er heute in dem bestehenden System zahlt, wenn umgestellt wird. Und umgestellt wird, wenn wir Regierungsverantwortung übernehmen. Das bringt für die Menschen in unserem Lande Klarheit und Verlässlichkeit bei der Umstellung.

Wer trägt denn zu dem sozialen Ausgleich bei? Diese Frage muss man einmal stellen. Ich bin in den letzten Wochen bei dieser Frage böse geworden. Wie ist denn heute die Verteilung der Solidarität in der gesetzlichen Krankenversicherung gesichert? Wenn der Chef, der drei Kinder hat und dessen Ehefrau nicht erwerbstätig ist, freiwillig in der gesetzlichen Krankenversicherung versichert ist, muss er bis zur Beitragsbemessungsgrenze von 3 700 Euro Beiträge bezahlen und alles, was er mehr verdient, wird zum sozialen Ausgleich des Risikos Gesundheit nicht herangezogen. Dafür ist die ganze Familie kostenlos mitversichert.

Was ist daran sozial, dass zum Beispiel ich, weil ich privat versichert bin, zum sozialen Ausgleich mit Rentnerinnen und Rentnern und mit Geringverdienenden in dieser Gesellschaft keinen einzigen Cent beitrage? Ist das sozial bei einem Risiko wie der Gesundheit, das allgemein besteht und jeden treffen kann? Ich sage, das ist nicht sozial. Deshalb müssen wir das ändern.

Die Änderung im Prämienmodell ermöglicht es, durch die Prämie Wettbewerb im System zu bekommen und gleichzeitig den sozialen Ausgleich auf breitere Schultern zu stellen. Dann durch diesen sozialen Ausgleich im Steuersystem, der durch das Steuersystem am besten geregelt werden kann, weil die Progression des Steuersystems natürlich jeden nach seiner Leistungsfähigkeit besteuert, erfolgt gleichzeitig – das ist das eigentlich Faszinierende – eine Entkopplung von den Arbeitskosten. Das ist der Grund, warum der Sachverständigenrat der Bundesregierung sagt, das koste keine Arbeitsplätze, sondern schaffe Arbeitsplätze, weil Arbeit aus der Schwarzarbeit herauskomme. Die Zahl wird mit eine Million angegeben. (...)

Eine weitere Frage, die mich besonders fasziniert, ist, wie es heute um den sozialen Ausgleich in der gesetzlichen Krankenversicherung bestellt ist, wenn es um Familien geht. Der Beitrag ist bruttolohnabhängig, das heißt, ob jemand ein Kind, zwei oder drei Kinder hat, er zahlt immer den gleichen Beitrag zur Krankenversicherung. Bei einem steuerfinanzierten System gehört zum sozialen Ausgleich auch eine Familienkomponente; denn derjenige, der Steuern zahlt, zahlt, wenn er Kinder hat, aufgrund der Kinderfreibeträge weniger als derjenige, der keine Kinder hat. Das bedeutet nicht nur beitragsfreie Mitversicherung der Kinder. Vielmehr wird der soziale Ausgleich für Familien besser geregelt, als das heute der Fall ist. Das ist ein wirklicher Beitrag zur Verbesserung der Familienpolitik in unserem Land.

Jawohl, darum will ich gar nicht herumreden, das kostet Geld. Wir haben die Kosten auf etwa 28 Milliarden Euro beziffert. Natürlich werden wir den Arbeitgeberbeitrag versteuern. Das bringt 18 Milliarden Euro, sodass nur noch zehn Milliarden Euro fehlen. Wenn wir dies politisch wollen, wenn dies Arbeitsplätze bringt, dann müssen wir die fehlenden Mittel entweder aus dem Mehr an Wachstum aufbringen oder – auch hier will ich nicht darum herumreden – die Steuern weniger als geplant senken. (...)

Wir haben in den letzten Wochen auch herausgearbeitet – ich danke allen Sozialpolitikern –, wie der soziale Ausgleich funktionieren soll. Natürlich flößt es Angst ein, wenn gesagt wird: Wenn man bedürftig wird, dann muss man zum Amt gehen. Prämie und Ausgleich werden aber automatisch verrechnet, sodass diejenigen, die Geringverdiener sind und die Familienarbeit leisten, im Endeffekt eine geringere Prämie zahlen als diejenigen, die ihre Prämie aus eigener Kraft zahlen können. Auch das ist unsere Verantwortung in einer solidarischen Gesellschaft.

Wir machen ein verlässliches Angebot, das Eigenverantwortung und Eigenvorsorge stärkt und das den Familien hilft. Wir werden heute Nachmittag bei den Beratungen über die Renten-, die Arbeitslosen- und die Pflegeversicherung ähnlich vorgehen. Ich glaube, dass am Ende ein in sich konsistentes System herauskommt, von dem wir sagen können: Wir haben nicht gepennt, nicht geträumt und uns nicht in die Tasche gelogen, sondern den Mut gehabt, umzusteigen, Neuland zu betreten, und damit für Sicherheit und Verlässlichkeit gesorgt. Ich bin stolz darauf, dass wir uns damit befassen werden. (...)

Wir, die Christlich Demokratische Union, sind zutiefst davon überzeigt: Deutschland kann mehr. Wir wissen, unser Land braucht einen neuen Anfang. „Ich glaube nicht an ein Schicksal, das uns ereilt, ganz gleich, was wir tun." Das sagte Ronald Reagan in seiner ersten Amtseinführungsrede. Er fuhr fort: „Ich glaube an ein Schicksal, das uns ereilt, wenn wir nichts tun." Ja, wir haben uns entschlossen, etwas zu tun. Wir haben uns entschlossen, das Notwendige für Deutschland zu tun.

Wir sind Opposition – noch –, die anderen regieren – noch –, aber jeder spürt: Der Wind dreht sich, die Uhr für Herrn Schröder und Rot-Grün läuft ab, langsam, aber unerbittlich. Niemand weiß, wann es so weit ist, ob 2006 oder schon vorher, aber wann immer die Zeit gekommen ist, ich kann sagen: Sie wird uns für die Übernahme von Verantwortung bereit finden. Das ist die Botschaft dieses Parteitages.

Sie wird uns bereit finden in der großen Tradition unserer Partei, aus Liebe zu unserem Land und in Verantwortung gegenüber den Menschen, bereit, willens und in der Lage, das Erforderliche zu tun. Das ist auch heute nicht anders als zum Zeitpunkt der Gründung der CDU, und deshalb sage ich es mit dem letzten Satz des Gründungsaufrufs der CDU: „voll Gottvertrauen unseren Kindern und Enkeln eine glückliche Zukunft erschließen." Das ist das einigende Band: dass wir uns bemühen, in Verantwortung vor den Gründern unserer Partei und in Verantwortung vor den Kindern und Enkeln von heute sagen zu können: Wir haben das Richtige angepackt, wir haben das Richtige getan, wir waren mutig, wir haben uns der Verantwortung gestellt, und wir können der Geschichte ins Auge sehen.

„Da, wo wir sind, ist die Mitte"

Wahlen in Deutschland werden in der Mitte gewonnen, sagen einhellig die Demoskopen. Das hat sich schon Gerhard Schröder zunutze gemacht, der die Bundestagswahl 1998 für die SPD unter dem Slogan „Die neue Mitte" führte – und gewann. In ihrer Rede am 3. Dezember 2007 auf dem CDU-Parteitag in Hannover, der das neue Grundsatzprogramm der Partei verabschiedet, macht sich die Vorsitzende an die Rückeroberung dieses politischen Kampfbegriffes. Sie versucht darüber hinaus, ihn mit Inhalten zu füllen. Wie etwa die Passage zu den Managergehältern zeigt, stößt Merkel nicht nur rhetorisch, sondern auch inhaltlich in einen Raum vor, der vormals den Sozialdemokraten vorbehalten war.

Hier ist die Mitte. Hier, in der Mitte, sind wir – und nur wir. Die Mitte ist menschlich. Darum ist die Mitte unser Platz. Die CDU hat seit ihrer Gründung die Mitte immer wieder verteidigt. So und nur so wurde sie die Partei der Freiheit, von Konrad Adenauer begründet. So und nur so wurde sie die Partei der Einheit, von Helmut Kohl vollendet. So und nur so wurde sie die Partei des Wohlstands für alle, von Ludwig Erhard gestaltet.

So und nur so – das ist unsere Aufgabe – wird die Zukunft Deutschlands auch in der globalen Zeit gestaltet werden können. Das war und ist eine einzigartige Erfolgsgeschichte. Das ist eine Erfolgsgeschichte für die Union, eine Erfolgsgeschichte für unser Land und eine Erfolgsgeschichte für die Menschen.

Wir sind heute in Hannover zusammengekommen, um darüber zu sprechen, wie wir diese Erfolgsgeschichte fortschreiben können. In diesem Zusammenhang möchte ich Ihnen allen für Ihre Beiträge zu unserem neuen Grundsatzprogramm ganz herzlich danken.[31] Es ist das dritte Grundsatzprogramm in der über 60-jährigen Geschichte unserer Partei. Dieses Grundsatzprogramm wird weit in die Zukunft weisen. Es folgt einem klaren Credo: Wir verändern, was uns belastet, und wir bewahren, was uns stark macht.

Deshalb wird dieses Grundsatzprogramm auf den Grundsätzen, die seit den Gründungsaufrufen der Christlich Demokratischen Union 1945 unverändert gültig sind, aufbauen: die Union als überkonfessionelle christlich-soziale, konservative und liberale Volkspartei der Mitte; das christliche Menschenbild als Fundament unseres Gesellschafts- und Politikverständnisses; die Grundwerte Freiheit, Gerechtigkeit, Solidarität; die Einheit Deutschlands in Frieden und Freiheit und die Einigung Europas. Auf dieser Basis hat die Union in nunmehr 38 Regierungsjahren fast alle großen Richtungsentscheidungen für die Bundesrepublik Deutschland durchgesetzt. Auf dieser Basis hat die Union unser Land entscheidend geprägt. Das gibt uns Kraft. Das sollte Ansporn für die Gestaltung unserer Zukunft sein.

Schauen wir 20 Jahre zurück: Vor 20 Jahren war Europa in Ost und West geteilt. Millionen von Menschen lebten hinter Mauer und Stacheldraht. In Südafrika war das Apartheidregime an der Macht. Die Europäische Gemeinschaft hatte mit Spanien und Portugal gerade einmal ihr elftes und zwölftes Mitglied hinzubekommen. Indien galt als bitterarmes Entwicklungsland. Das Internet gab es nicht, genauso wenig die Mobiltelefone. Heute, 20 Jahre später, leben wir in einer freieren, vernetzten Welt. Grenzen sind gefallen, Freiheit, Demokratie und Menschenrechte haben sich in vielen Teilen der Welt verbreitet. Der kulturelle Austausch hat zugenommen. Der medizinische Fortschritt ist atemberaubend. Immer mehr Menschen erreichen bei guter Gesundheit ein hohes Alter. Und das wiedervereinte Deutschland ist unsere gemeinsame Heimat.

Zugleich leben wir in einer neuen globalen Freiheit. Wir sprechen nicht mehr von der ersten, zweiten und dritten Welt, sondern nur noch von der einen Welt. Nachrichten aus allen Winkeln der Erde erreichen uns in Sekundenschnelle. Fast jeder kann mit jedem direkt kommunizieren und Handel treiben. Deutsche Unternehmen exportieren in aller Herren Länder, und umgekehrt hat sich das Angebot an Waren aus der ganzen Welt in Deutschland vervielfacht. Wir haben eine gemeinsame europäische Währung. Wir können quer durch die Staaten der Europäischen Union reisen, ohne auch nur einmal unseren Pass vorweisen zu müssen. Kurzum: Unser Leben hat sich in den vergangenen 20 Jahren dramatisch verändert. Es ist ohne die neuen Technologien, ohne die neuen Freiheiten, ohne die neue Internationalität überhaupt nicht mehr vorstellbar. Die Globalisierung ist unser aller Alltag. Wir profitieren in vielen Fällen davon, vor allen Dingen nehmen wir die Vorzüge ganz selbstverständlich in Anspruch.

Gleichzeitig spüren wir, ja, hoffen wir, dass es auch Unverrückbares in unserem Leben gibt, Allgemeingültiges: die Achtung der Würde des Menschen unabhängig von Herkunft, Ansehen oder Aussehen, die Bewahrung der Schöpfung, die Anerkennung der Lebensleistung jedes einzelnen Menschen, die Chance zum Aufstieg und den Raum für gelebte Solidarität.

Angesichts all dieser Umbrüche heißt Politik der Mitte deshalb erstens, das Ganze zu sehen. Mehr denn je kommt es dabei auf uns an. Angstmacherei bringt uns nicht weiter, Ideen, Tatkraft und Engagement sehr wohl. Die Globalisierung ist unsere globale Chance. Deutschland hat sich in den vergangenen Jahren fantastisch auf den Weltmärkten bewährt. Unsere Wirtschaft ist auch deshalb so erfolgreich, weil unsere Unternehmen so ideenreiche und tüchtige Mitarbeiter haben.

Übrigens: Es ist viel gesagt worden über Managergehälter. Ich möchte dazu nur so viel sagen: Wer viel für sein Unternehmen und seine Mitarbeiter tut, der soll auch gut bezahlt werden. Was ich aber überhaupt nicht verstehe: Warum wird mit Geld überschüttet, wer auf ganzer Linie versagt hat? Liebe Aufsichtsräte, glauben Sie, Ihre Mitarbeiter lesen keine Zeitung? Glauben Sie, Ihre Mitarbeiter beherrschen nicht die Grundrechenarten? Wenn ich das Versagen von Spitzenkräften mit Fantasieabfindungen vergoldet sehe, dann sage ich: Das untergräbt das Vertrauen in das soziale Gleichgewicht unseres Landes.

Ich habe immer sehr aufmerksam verfolgt, mit welchen Argumenten die Gehaltsspirale an der Spitze von Unternehmen begründet wird. Nur mit höchsten Gehältern bekommt man angeblich die besten und erfolgreichsten Führungskräfte. Meinetwegen. Daraus ziehen einige dann aber wohl diesen Schluss: Weil ein amerikanischer Autoboss das Tausendfache eines Arbeiters verdient, muss ganz offensichtlich auch ein deutscher Autokonzernchef eine Gehaltssteigerung bekommen, die er seinen Mitarbeitern nie zugestehen könnte.

Ich möchte mich hier nicht zum Erfolg amerikanischer Autounternehmen äußern, aber ich lese auch, dass alle Hersteller seit Jahren ein japanisches Autounternehmen als besonders erfolgreich ansehen. Dort verdient der Chef nur ungefähr das Zwanzigfache eines Arbeiters. Das ist in etwa das Doppelte eines deutschen Kanzlers, wenn er nicht gerade in der Schweiz Geschäfte für russisches Gas macht.[32]

Nein, eine Politik der Mitte sagt zu allen Mitgliedern der Gesellschaft: Denkt immer auch an die Anderen! Vergesst nicht, dass wir alle aufeinander angewiesen sind! Erfolgreiche Unternehmen gibt es nur an erfolgreichen Standorten, und erfolgreiche Standorte gibt es nur, wenn es gerecht und verantwortungsbewusst zugeht.

Wir wissen, dass das ein Bereich ist, der gesetzlich kaum zu regeln ist, auch wenn wir mit der Offenlegung der Gehälter schon einen Schritt weitergekommen sind. Umso mehr brauchen wir hierzu eine unvoreingenommene, vorurteilsfreie und nicht zuletzt sensible gesellschaftliche Diskussion. Soziale Marktwirtschaft ist immer auch eine Wirtschaft und eine Gesellschaft, in der die Menschen zusammengehören. Wenn das nicht mehr funktioniert, fliegt uns der ganze Laden auseinander, um das einmal ganz einfach zu sagen. (...)

Die Menschen haben auch ein Anrecht, für Arbeit angemessen bezahlt zu werden. Deshalb finden wir als Union uns mit sittenwidrigen Löhnen nicht ab. Wir glauben, dass ein flächendeckender, einheitlicher gesetzlicher Mindestlohn nicht die Lösung des Problems ist. Er schafft neue Probleme, denn er gefährdet Arbeitsplätze. Das ist so, weil die Situation der einzelnen Branchen und die Lebenssituation in den verschiedenen Gebieten Deutschlands viel zu unterschiedlich sind. Deshalb sagen wir: Der richtige Weg zur Findung gerechter Löhne ist und bleibt die Tarifautonomie.

Sie ist nicht ohne Grund im Grundgesetz verankert. Sie ist wesentlicher Bestandteil der Sozialen Marktwirtschaft. Aber ich sage auch mit Bedacht: Damit tragen die Tarifpartner auch eine hohe Verantwortung. Tarifautonomie ist nicht nur ein Recht, Tarifautonomie ist auch eine Verpflichtung. Auch daran muss man von Zeit zu Zeit erinnern. (...)

Zu einem internationalen Ordnungsrahmen gehört es auch, den Gegensatz zwischen Lohnarbeiterschaft und Kapitaleigentümerschaft endgültig zu überwinden, damit die Arbeitnehmer nicht nur über Lohnsteigerungen Chancen auf Teilhabe in unserer Gesellschaft haben, sondern auch über die Gewinne, die aus Kapital, Vermögen und Unternehmensbeteiligungen erwachsen. Wir wollen, dass die Arbeitnehmerinnen und Arbeitnehmer in Deutschland teilhaben an dem, was an Wertschöpfung ihres Betriebes, zum Teil auch in anderen Teilen der Welt, geschieht. Und vor allen Dingen wollen wir eines: dass möglichst viele und nicht nur wenige teilhaben. Teilhabe ist die Grundfrage der Gerechtigkeit im 21. Jahrhundert.

Deswegen unternehmen wir in der Koalition einen neuen Anlauf zur Förderung der Mitarbeiterbeteiligung. Deswegen bauen wir die Riester-Förderung in Richtung Wohneigentum aus. Deswegen entwickeln wir das Konzept des Bildungssparens. So verbinden wir immer Eigenverantwortung und gerechte Verteilung des Wohlstands. (...)

Was würde passieren, wenn es keine Politik der CDU und keine Politik der Mitte gäbe? Weniger Arbeit, mehr Schulden, weniger Freiheit, mehr Gängelung: Das wäre die Realität. Nach 16 Jahren in der Opposition hatten sich die Sozialdemokraten vor einem Jahrzehnt auf den Weg in die Mitte gemacht. Sie haben es „Neue Mitte" genannt. Vielleicht wollten sie damit sagen, dass die Mitte für sie ein neuer Ort ist, an dem sie nicht wirklich zu Hause sind. In jedem Fall aber hat dieselbe Partei vor wenigen Wochen nichts anderes getan, als die Mitte aufzugeben.

18 Jahre nach der Selbstbefreiung der Ostdeutschen hat die SPD tatsächlich den Beschluss gefasst, den Sozialismus auch in ihr neues Programm ausdrücklich wieder mit aufzunehmen, in ihr erstes Programm seit der Wiedervereini-

gung. Uns Christdemokraten fehlt dafür jedes Verständnis. Als Kraft der Mitte sagen wir: Der Sozialismus hat in Deutschland für alle Zeiten genug Schaden angerichtet. Wir wollen nie wieder Sozialismus! Wir wollen nie wieder Unterjochung der Freiheit. In der Mitte herrscht Freiheit. Auch darum sind wir die Partei der Mitte.

Demokratischer Sozialismus: Das ist ein Widerspruch in sich. Das passt denklogisch nicht zusammen. Der Sozialismus endet totalitär, ob man es will oder nicht, weil er die Gleichheit aller im Sinn hat und etwas völlig anderes als Gerechtigkeit. Damit untergräbt er die Leistungsbereitschaft. Er macht die Schwachen schwächer. Er zerstört die Gesellschaft und das Individuum. Genau das ist der Unterschied. Die Soziale Marktwirtschaft hat das Gegenteil bewiesen. Die Soziale Marktwirtschaft bringt Wohlstand für alle. Sozial ist, was Arbeit schafft, und sozial ist, was Chancen bietet. (...)

Unsere Antworten für Arbeit und Wirtschaft, für Familie, Integration und Nation, Energie und Klima, Europa und die Welt zeigen: Wir verbinden, was bei anderen teilt. Wir behalten den Blick für beides, wo andere nur eines sehen: für die Chancen und für die Risiken, für die Sorgen und für die Hoffnungen. Das können wir, weil wir getragen werden von dem, was für uns dauerhaft gilt: von unseren Wurzeln – christlich-sozial, konservativ, liberal. Wir sind getragen vom Dreiklang unserer Grundwerte: Freiheit, Solidarität, Gerechtigkeit. Wir sind offen für Neues und bewahren Bewährtes. Das ist der Kurs der Mitte. Das ist Richtung und Ziel unseres neuen Grundsatzprogramms. Das ist der Kurs unserer täglichen Politik.

Das ist der Kurs, den unser Land braucht. Mehr denn je kommt es dabei auf uns an. Es ist wahrlich nicht egal, wer regiert – weder im Bund noch in den Ländern. Nur eine Volkspartei der Mitte kann in Deutschland die notwendige Zustimmung erringen und für dieses Land auch die Zukunft gestalten. (...)

Mehr denn je kommt es auf die Union in unserem Lande an. Die Zukunft Deutschlands liegt in der Mitte. Ganz gleich, welche Kapriolen andere drehen: Wir halten Kurs! Da, wo die Mitte ist, sind wir, und da, wo wir sind, ist die Mitte. Die Mitte sind wir – zum Wohle unseres Vaterlandes.

7. Einheit

„Die Fähigkeit, auf leise Töne zu hören“

Nach dem Rückzug des letzten DDR-Ministerpräsidenten Lothar de Maizière steigt Frauen- und Jugendministerin Angela Merkel zur einflussreichsten CDU-Politikerin aus den neuen Bundesländern auf. Der Dresdener CDU-Parteitag wählt sie am 15. Dezember 1991 zur einzigen Stellvertreterin Helmut Kohls. In ihrer kurzen Vorstellungsrede erzählt die gerade 37-Jährige von der Gefühlslage im Osten der wiedervereinigten Republik.[33]

Ich möchte Ihnen (...) sagen, welche Erfahrungen aus dem Leben in der ehemaligen DDR für mich ganz besonders wichtig sind. Ich möchte Sie bitten, dass Sie als die Delegierten aus den alten Bundesländern neugierig auf unsere Erfahrungen sind, damit wir die Zukunft in der Bundesrepublik Deutschland gemeinsam gestalten können.

Ich glaube, die erste und vielleicht wichtigste Erfahrung ist das Wissen darum, wie leicht Menschen in der Versuchung stehen, sich anzupassen, und welche Möglichkeiten des Widerstandes gegen ein menschenverachtendes Regime es gibt. Dieser Erfahrungsschatz ist unverzichtbar, wenn wir die Freiheit in unserem Staat Bundesrepublik auf Dauer erhalten wollen. Ich erlebe manchmal, dass in der alten Bundesrepublik Demokratie als etwas sehr Selbstverständliches verstanden wird. Ich denke, wir müssen alle immer wieder darauf achten, dass unsere Demokratie gepflegt wird.

Die zweite Erfahrung, auf die es mir ankommt, mag sich für westdeutsche Ohren manchmal etwas seltsam anhören. Es handelt sich um die Fähigkeit, zwischen den Zeilen zu lesen, auf leise Töne zu hören, das Unausgesprochene auch wahrzunehmen. Ich denke aber, dass das gerade wichtig ist für Bevölkerungsgruppen wie die älteren Menschen, für Kinder, für Jugendliche, für Familien und Pflegebedürftige, die nicht immer die scharfen Auseinandersetzungen führen können. Deshalb brauchen wir diese Sensibilität, die für uns als ehemalige DDR-Bürger unverzichtbar war, um das Leben in diesem Lande zu überstehen.

Eine dritte Erfahrung umschreibt die kulturellen Werte, die im östlichen Teil Deutschlands vielleicht noch etwas getreuer als im westlichen Teil bewahrt wurden: die Fähigkeit, mit bescheidenen Mitteln Lebenszufriedenheit zu erwerben, die Kunst, das Leben entgegen allen Unterdrückungsversuchen zu meistern, und das Geschick, sich auch dann zu behaupten, wenn man in der Minderheit ist.

„Gehe ins Offene"

15 Jahre später klingt Merkels Rede beim Festakt zum Tag der Deutschen Einheit am 3. Oktober 2006 in Kiel für ihre Verhältnisse ungewöhnlich pathetisch. Die Kanzlerin spricht persönlich, indem sie eigene Erlebnisse aus den Monaten der friedlichen Revolution offenbart. Sie spricht ungeschminkt, indem sie eine schonungslose Stärken-/Schwächen-Analyse des vereinigten Deutschland unternimmt. Schließlich spricht sie stark rhythmisch, indem sie wiederholt Anaphern verwendet.

Zu Beginn *drei* Eindrücke, *drei* Erfahrungen:

Die *erste* spielt im Herbst 1989. Die Mauer ist gefallen, ich habe Lust bekommen, Politik zu machen. – Raus aus dem alten Beruf an der Akademie der Wissenschaften, rein ins Ungewisse, ins völlig Neue. – Damals, vielleicht auch ein wenig später, ich weiß es nicht mehr genau, schenkte mir ein Freund ein Buch mit einer Widmung. Michael Schindhelm[34] und ich hatten zu DDR-Zeiten einige Monate Tisch an Tisch in der Akademie der Wissenschaften zusammengearbeitet. Vor allen Dingen aber hatten wir miteinander geredet, geredet und noch einmal geredet – darüber, warum man in diesem Staat DDR nie seine Grenzen ausprobieren konnte, darüber, warum vieles so eng, so spießig, so klein war, darüber, wie wunderschön das letzte Geburtstagsfest war, oder darüber, was wir für den nächsten Urlaub planten, und über vieles andere mehr.

Wann genau er mir sein Buch geschenkt hat, weiß ich, wie gesagt, nicht mehr. Aber es ist auch egal. Entscheidend ist die Widmung. Sie ist für mich wie die Überschrift über all meine Gefühle, Wünsche und Sehnsüchte aus dieser Zeit. Er schrieb: „Gehe ins Offene!" Das war mit das Schönste, was man mir zu dieser Zeit sagen konnte. Und wie ich losmarschiert bin, wie viele andere auch, hinaus ins Offene, ins Neue: Zunächst einmal nur, um den Leuten beim „Demokratischen Aufbruch" zu helfen, um Computer aus Kartons auszupacken und anzuschließen – wir konnten anpacken, wir konnten zupacken –; schließlich, um die Verhandlungen zur Deutschen Einheit mitzuerleben. Das waren unglaubliche Tage, Wochen und Monate. Wer nicht wagt, der nicht gewinnt. Nicht fragen, was nicht geht, sondern fragen, was geht. Das war die Haltung, mit der wir, Ost- und Westdeutsche, in den Umbruch jener Zeit gegangen sind. Ich finde, sie sollte ein wenig auch Vorbild für uns heute sein.

Die *zweite* Erfahrung führt uns zum 3. Oktober 1990. Das Wetter in Berlin an jenem Tag war herrlich. Ich machte mich auf zur Feier in der Philharmonie. Alle waren in Feststagsstimmung. Bei mir mischte sich auf einmal Freude mit Sorge, mit so etwas wie Beklemmung. Denn gerade hatte ich entdeckt, dass man über Nacht die DDR-Volkspolizisten in Westberliner Uniformen gekleidet hatte. Die Gesichter aber verrieten noch genau, jedenfalls für mich, woher sie kamen. Alle NVA-Offiziere, alle Volkspolizisten über Nacht in anderen Kleidern – aber über Nacht auch in einem anderen

Denken und Fühlen? Für mich begann die Deutsche Einheit also mit einer Art Kulturschock. An vieles, an fast alles hatten wir gedacht. Aber hatten wir ausreichend bedacht, dass der Mensch sein Denken, Fühlen und Erfahren nicht einfach an der Garderobe abgeben kann und dass er das auch nicht will?

Der *dritte* Eindruck führt uns in die Gegenwart. Dass jemand wie ich, eine Frau aus der ehemaligen DDR, dem wiedervereinten Deutschland als Bundeskanzlerin der Bundesrepublik Deutschland dienen darf, ist für mich nach gut zehn Monaten Amtszeit einerseits schon so etwas wie Alltag. Andererseits ist es in einer Stunde und an einem Tag wie heute doch wieder etwas ganz Außergewöhnliches. Dass das möglich ist, auch das ist Deutschland. Sehr, sehr viele haben die Erfahrung gemacht: Manchmal kann es offener sein und weiter gehen, als man es anfangs selbst für möglich hält. Und das ist großartig.

Auch im Sommer dieses Jahres war das so. Die Welt war zu Gast bei Freunden. Schwarz-Rot-Gold, die Farben deutscher Demokratie, vom Hambacher Schloss bis heute, standen für ein Fest aus Fröhlichkeit, aus deutschem Selbstbewusstsein in des Wortes umfassender Bedeutung. Wer hätte gedacht, dass Deutschland und die Deutschen sich einmal so sympathisch, so ansteckend würden freuen können – nicht, weil sie Erste, sondern weil sie Dritte wurden? Wer hätte das früher für möglich gehalten? Die Welt hat ein neues Deutschland kennen gelernt. Auch das ist großartig.

16 Jahre von der Widmung „Gehe ins Offene“ bis heute nach Kiel zu diesem Festakt. 16 Jahre nicht nur in meinem Leben, 16 Jahre im Leben aller Deutschen – in Ost und in West, in Nord und in Süd. 16 Jahre – am Anfang stand Begeisterung.

Ich habe mich begeistert für die Stärken, die Möglichkeiten dieses Landes, für die Möglichkeiten der alten Bundesrepublik, für die Soziale Marktwirtschaft. Sie war immer mehr als eine wirtschaftliche Ordnung. Sie ist ein Gesellschaftsmodell. Sie ist Ordnung der Freiheit und des Wettbewerbs, Ordnung der Teilhabe und der Solidarität. Sie versöhnt Arbeit und Kapital.

Ich habe mich begeistert für die föderale Ordnung unseres Landes. Heimat und regionales Lebensgefühl fanden endlich auch bei uns wieder politisch einen Ausdruck. Nicht mehr anonyme DDR-Bezirke, sondern Identität: Die Brandenburger, die Mecklenburger, die Vorpommern, die Sachsen-Anhaltiner, die Sachsen und die Thüringer. Ich habe mich begeistert für die repräsentative Demokratie. Ihre Regeln, ihre Institutionen ermöglichen offene Diskussionen. Gleichzeitig ermöglichen sie, dass auch in komplexen Sachverhalten am Ende verlässliche Entscheidungen stehen, bei denen es nicht einfach um Ja oder Nein geht. Ich habe mich begeistert für die Freiheit, lesen, sprechen und schreiben zu dürfen ohne Furcht vor Nachteilen oder gar Verfolgung, für Medienberichte ohne staatliche Zensur und Einflussnahme. Ich habe mich begeistert für ein Land, das gelernt hat, dass erst aus dem Bewusstsein für die immerwährende Verantwortung gegenüber unserer Geschichte, auch ihren dunkelsten Teilen, die Kraft zur Gestaltung der Zukunft erwächst.

Aus dieser Begeisterung für die Stärken und Möglichkeiten unseres Landes ist Hoffnung erwachsen. Hoffnung, den Verbrauch, also das Leben von der Substanz beenden zu können. Umweltverschmutzung, Städteverfall, Staatsverschuldung – mit all diesem Zukunftsverbrauch sollte Schluss sein. Hoffnung, in Bildung und Wissenschaft wieder an die internationale Spitze anschließen zu können, unsere Potenziale an Ideen, Innovationen und Hochtechnologien nutzen zu können. Viele dieser Hoffnungen haben sich erfüllt. Viele ostdeutsche Innenstädte erstrahlen im neuen Glanz. Die Verkehrsinfrastruktur und die Telekommunikation gehören heute zu den modernsten der Welt. Die Umwelt ist sauberer geworden. Die Gesundheitsversorgung hat sich verbessert.

Alten- und Behinderteneinrichtungen sind endlich menschenwürdig geworden. Ein fester Kern wettbewerbsfähiger Unternehmen ist mit neuen und innovativen Produkten erfolgreich.

Aber nicht alle Hoffnungen haben sich erfüllt. In 16 Jahren habe ich so manche Erfahrung gemacht, die ich 1990 so nicht erwartet hatte. Ich habe die Erfahrung gemacht, wie viel Bürokratie und staatlichen Kollektivismus es auch in der alten Bundesrepublik gibt. Niemandem hier im Saal muss ich erzählen, wie viel Geduld, Zeit, Antragsformulare und, und, und man dafür braucht, bestimmte Dinge zu erledigen, zum Beispiel Existenzen zu gründen. (...)

Ich habe die Erfahrung gemacht, wie sehr sich das Leben von der Substanz auch in der Bundesrepublik eingeschlichen hat. Eine horrende Staatsverschuldung, über Jahre hinweg nicht eingehaltene Maastricht-Kriterien und keine Einhaltung des Artikels 115 unseres Grundgesetzes ohne Ausnahmetatbestand[35] – all das ist Leben von der Substanz. Wir verbrauchen unsere Zukunft. Schlimmer noch: Wir verbrauchen die Zukunft unserer Kinder.

Ich habe die Erfahrung gemacht, wie sehr die Macht von Lobby-Gruppen und organisierten Einzelinteressen Einfluss auf fast alle Entscheidungsabläufe nehmen will. Ich erspare Ihnen praktische Beispiele bei der Gesundheits- und Unternehmenssteuerreform. Ich habe die Erfahrung gemacht, welche Schattenseiten der Föderalismus hat. Wenn vor 40 Jahren nur 30 Prozent aller Gesetze zustimmungspflichtig waren und es jetzt bis zur Föderalismusreform mit 60 Prozent doppelt so viele waren, dann ist dabei etwas aus dem Lot geraten. Deshalb ist es gut, dass die Föderalismusreform diesen Kreislauf durchbricht. (...)

Ich habe die Erfahrung gemacht, dass manche beim Recht, frei ihre Meinung zu sagen oder zu schreiben, eine unnötige Schere im Kopf haben, dass gleichsam die weiße Fahne gehisst wird, bevor auch nur irgendetwas zu passieren droht. Wie anders ist denn die Entscheidung um die Absetzung der Mozart-Oper in Berlin zu werten?[36] Über Geschmack lässt sich trefflich streiten. Es gibt in Deutschland auch kein Verbot, sich verletzt zu fühlen. Man muss auch nicht in eine Oper gehen. Aber über die Freiheit der Kunst, über die Freiheit der Rede, der Presse, der Meinung, der Religion lässt sich nicht streiten. Hier kann und darf es keine Kompromisse geben. (...)

Ich habe die Erfahrung gemacht, dass wir den Hang haben, das Risiko vor der Chance zu sehen, dass wir aus Angst vor dem Neuen lieber an Bekanntem festhalten. Aber die Welt um uns herum wartet nicht auf uns. China und Indien werden ihren Weg gehen. Die Globalisierung findet statt, ob es uns passt oder nicht. Die Frage ist nur, ob wir an ihr teilhaben werden oder nicht. (...)

Die Zukunft hängt davon ab, dass Deutschland ein Land ist, das die Kraft der Freiheit in sich trägt. Sie ist und bleibt für mich der entscheidende Schlüssel, damit Gerechtigkeit und Solidarität eine Zukunft haben. Das ist Soziale Marktwirtschaft. (...) 1990 wie heute hängt Deutschlands Zukunft auch davon ab, dass es ein Land der Ideen, ein Land der Bildung und der Forschung ist. (...) 1990 wie heute hängt Deutschlands Zukunft auch davon ab, dass es in der Gemeinschaft mit anderen Verantwortung in der Welt wahrnehmen kann. (...)

Die Kraft der Freiheit, das Land der Ideen, Verantwortung in der Welt – das machte Deutschlands Stärke vor 16 Jahren aus und das macht sie heute aus. Davon hängt unsere gemeinsame Zukunft ab. Die Politik kann, wenn sie einen langen Atem hat, sehr wohl helfen, die Dinge zum Besseren zu wenden. Unsere Gesellschaft kann, wenn sie eine Verantwortungspartnerschaft zwischen Arbeitgebern und Arbeitnehmern, Bund und Ländern, Jungen und Alten, Gesunden und Kranken ist, sehr wohl auch in Zukunft lebenswert und solidarisch gestaltet sein. Die föderale Ordnung kann, wenn sie dazu beiträgt, dass der eigene Vorteil nicht zugleich der Nachteil des anderen ist, sehr wohl auch in Zukunft stark sein. Dann wird nämlich der Vorteil des Einzelnen zum Gewinn für das Ganze. Denn um das Ganze geht es – ganz besonders an diesem Tag. Es geht um Deutschland.

„Gehe ins Offene" – das ist mir zu Beginn der Deutschen Einheit geschrieben worden. „Gehe ins Offene" – das sage ich heute unserem Land. Gehen wir ins Offene, sehen wir die Chance des Risikos, wecken wir die Kraft der Freiheit für Solidarität und Gerechtigkeit, setzen wir Ideen in Taten um und tun dies in dem Geist, der unser Land stark gemacht hat – in dem Geist von Einigkeit und Recht und Freiheit für das deutsche Vaterland. Dann wird der Tag der Deutschen Einheit immer das bleiben, was er für mich seit 1990 ist: Ein Tag der Freude und ein großes Geschenk.

„Kein schablonenartiger Rückblick auf die ehemalige DDR"

Eine Buchvorstellung anlässlich des 70. Geburtstags des ehemaligen Bundesbeauftragten für die Stasi-Unterlagen, Joachim Gauck, am 22. Januar 2010 in Berlin nutzt Merkel zu grundsätzlichen Anmerkungen zur Einheit. Sie sieht die friedliche Revolution als gewichtigen Beitrag der DDR-Bürger zur deutschen Geschichte an. Zugleich positioniert sie sich in der Debatte, ob die DDR ein Unrechtsstaat gewesen sei und stellt die provokante Frage, wie tapfer sich wohl die Westdeutschen unter den Bedingungen einer Diktatur verhalten hätten.

Weil Joachim Gauck so eine spannende Persönlichkeit ist, sage ich natürlich aus vollem Herzen, dass ich ihm gerne meine Reverenz erweise, denn er hat sich in herausragender und auch in unverwechselbarer Weise um unser Land verdient gemacht – als Bürgerrechtler, politischer Aufklärer und Freiheitsdenker, als Versöhner und Einheitsstifter in unserem jetzt gemeinsamen Land sowie als Mahner und Aufarbeiter des SED-Unrechts und damit auch als ein Mann, der immer wieder an historische Verantwortung erinnert. Welche Facette man auch hervorhebt, immer spiegelt sich das Fundament unserer Gesellschaft wider: Einigkeit in Recht und Freiheit.

Zunächst zum ersten großen Leitmotiv Ihres vielfältigen Wirkens, zur Freiheit. Wer in Ihrem reichen publizistischen Werk stöbert, der spürt: Freiheit ist die zentrale politische Idee, der Sie sich zeitlebens verpflichtet gefühlt haben und auch sicherlich weiterhin verpflichtet fühlen.

Dieser Freiheitssinn ist früh geschärft worden, wohl vor allem durch ein prägendes Erlebnis: Die Verhaftung des Vaters 1951 durch die sowjetische Geheimpolizei und die anschließende Haft in der Sowjetunion. Erst nach vier Jahren kam der Vater wieder frei, kurz nach dem Besuch von Bundeskanzler Konrad Adenauer im September 1955 in Moskau. Nicht zuletzt waren unter diesen Vorzeichen die ersten 15 Lebensjahre von Joachim Gauck sicherlich sehr von Entbehrung und Schmerz, aber auch von Verantwortung geprägt, die ihm eine innere Stärke und innere Freiheit verliehen hat. So ergab sich auch früh eine Ferne zum System in der ehemaligen DDR.

Die Kirche hat Raum gegeben, trotz aller Bevormundung, auch etwas von dieser Systemferne nicht nur selbst zu leben, sondern vor allen Dingen auch anderen vorzuleben, die damit auch wiederum ein Stück ihrer Sehnsucht nach Freiheit und Unabhängigkeit artikulieren konnten und Räume zum Diskutieren hatten. Alle, die aus der ehemaligen DDR kommen, wissen, wie wichtig es ist, dass man mit seinen Gedanken nicht allein bleibt, sondern sich austauschen kann.

Sie haben als Pfarrer in Mecklenburg mutig die Chance genutzt, eine zunehmend offensive und auch DDR-kritische

Haltung in Menschenrechtsfragen, in Friedensfragen, in Umweltfragen nicht nur nach innen, sondern auch nach außen zu vertreten.

Als sich 1989 der Widerstand gegen die Regierung zu einer Massenbewegung in der DDR formierte, haben Sie die wöchentlichen Gottesdienste, die in der Marienkirche in Rostock und in anderen Kirchen stattfanden, geleitet. Die Rostocker Massendemonstrationen im Herbst 1989 gingen wesentlich – das wird heute viel zu oft vergessen – von den Kirchen aus. Dass es eine friedliche Revolution war, war mit Sicherheit auch ganz wesentlich den evangelischen Kirchen zu verdanken.

Da ergab sich der Weg von der Kirche in die Politik fast von allein. Joachim Gauck war geradezu prädestiniert, Sprecher des Neuen Forums zu werden, das Sie in Rostock mit gegründet haben. Sie sind dann – wortmächtig und wortererfahren, wie Sie waren – zu einem der Wortführer in der Wendezeit geworden; und das tat gut. Die Bürgerbewegung in Mecklenburg-Vorpommern schloss sich schließlich im Bündnis 90 zusammen. Nach der ersten freien Wahl in der DDR am 18. März 1990 wurden Sie dessen einziger mecklenburg-vorpommerscher Abgeordneter in der Volkskammer. Ich vermute, Sie haben das gut vertreten.

Die herausragende und prägende Rolle von Joachim Gauck als Pfarrer wie auch der Kirche insgesamt war kein Zufall. Wir wollen an diesem Tag hier noch einmal kurz daran erinnern: Die Kernbotschaft der friedlichen Revolution war – Sie haben es jedenfalls einmal so gesagt, lieber Herr Gauck –, „dass die Ostdeutschen mit ihrer friedlichen Revolution unserer Nation die Eintrittskarte in den Kreis jener Völker gelöst haben, die ihre eigene Freiheitstradition haben". Das ist im Rückblick das, was – ich sage das einmal als ehemalige DDR-Bürgerin – unser Beitrag für die deutsche Geschichte ist. Ich sage auch: Daran glauben wir, und daran müssen sich auch manche Westdeutsche nach 20 Jahren immer noch gewöhnen. Man predigt ja immer in den falschen Kirchen; ich vermute, hier gibt es niemanden, der das nicht schon weiß. (...)

Den Kern der Freiheit haben Sie, lieber Herr Gauck, einmal folgendermaßen umschrieben: „Wer nicht lebt, was er als Möglichkeiten, die in ihm angelegt sind, leben könnte, wer sich so die Vollmacht aus den Händen seines Lebens nehmen lässt, jene Vollmacht, die aus Verantwortung erwächst, der erlaubt sich nicht, zu einer Fülle des Lebens zu gelangen, die ihm möglich ist und die wir alle brauchen." – Damit haben Sie indirekt im Grunde das gesagt, worunter zumindest ich persönlich in der ehemaligen DDR so gelitten habe: dass man niemals an die Grenzen der eigenen Möglichkeiten kommen konnte. Das hatte den schrecklichen Nebeneffekt, dass, wenn man den Eindruck hatte, man hätte noch weiter gehen können, sich vorher aber der Staat dazwischen geschoben hat, man dann nach vielen Jahren dazu neigte, sich selbst besser zu finden, als man eigentlich war, weil man ja immer als Entschuldigung den Staat vorschieben konnte. (...)

Mittlerweile sind fast 20 Jahre vergangen, seit unser Land wieder vereint ist. Die Spuren der Mauer verschwinden zusehends, manche Wunden der Trennung verheilen nach und nach, aber Narben bleiben. Viele Erfolge des Aufbaus Ost sind selbstverständlicher Alltag geworden. Umso wichtiger ist der Kampf gegen das Vergessen. Das ist die zweite große Leistung von Joachim Gauck. Da kann ich nur sagen: Wir werden noch viel Kraft brauchen, uns dem Vergessen entgegenzustemmen. (...)

Ich glaube, im Mittelpunkt all dieser Bemühungen steht der Einsatz für eine Erinnerungskultur nach den Maßstäben von Wahrheit und Klarheit.[37] Ich weiß sehr wohl – wir haben oft darüber gesprochen –, dass zu Wahrheit und Klarheit natürlich auch gehört, dass sich diejenigen, die das Glück hatten, unter freiheitlichen Umständen aufzuwachsen, manchmal fragen, wie sie sich unter bestimmten Bedingungen der Unfreiheit verhalten hätten. Ich habe anlässlich eines solchen Gesprächs einmal erzählt, dass ich, als ich noch Fraktionsvorsitzende war, mir in meiner Fraktion immer überlegt habe, wer sich wie verhalten hätte, wenn es geboten gewesen wäre, etwa ein Buch zu schmuggeln. Wer hätte sich wie verhalten, wenn man von der Staatssicherheit angesprochen worden wäre? Es war nicht so, dass dem Westen das nicht hätte auch passieren können, sondern es ist schon einmal eine Übung wert, sich zu überlegen, wie man sich selber verhalten hätte.

Ich glaube, wir müssen vor allen Dingen Verklärungen entgegenwirken. Ich hätte es nicht für möglich gehalten, dass man versucht, manches in der Vergangenheit im Sinne des Positiven im Menschen, der lieber an das Gute als an das Schlechte denkt, zu verklären, und dass es Menschen gibt, die nicht bereit sind, sich jemals mit ihrer eigenen Geschichte auseinanderzusetzen. Deshalb gibt es immer wieder die Diskussion über die Frage „Unrechtsstaat: Ja oder Nein?“ mit einer ganz klaren Ansage und Aussage, dass die DDR von ihrem ersten Tag an auf Unrecht und nicht auf Recht gegründet war. Ein auf Unrecht gegründeter Staat kann kein Rechtsstaat werden.

Es ist aber dennoch richtig – und auch darauf haben Sie, Herr Gauck, immer wieder hingewiesen –, dass über 98 Prozent der Menschen in der ehemaligen DDR keine Stasi-Mitarbeiter waren und dass diese 98 Prozent versucht haben, auf die eine oder andere Weise mit diesem System umzugehen, mit ihm klarzukommen und sich in ihm auch aufrecht zu halten. Es ist sehr wichtig, diese Abstufungen zu verstehen, damit kein schablonenartiger Rückblick auf die ehemalige DDR übrigbleibt.

8. Geschichte

„Die Anerkennung der Singularität des Holocaust"

Die deutsche Verantwortung für die Shoah ist der Dreh- und Angelpunkt für Angela Merkels Geschichtsverständnis. Die Parteichefin ist deshalb gefordert, als der CDU-Bundestagsabgeordnete Martin Hohmann am 3. Oktober 2003 bei einer Veranstaltung in seinem Fuldaer Wahlkreis die Beteiligung von Juden an der russischen Oktoberrevolution in eine seltsame Parallele zu den deutschen NS-Verbrechen setzt. Im Hinblick auf die Millionen Toten dieser ersten russischen Revolutionsphase „könnte man Juden mit einiger Berechtigung als ‚Tätervolk' bezeichnen", so Hohmann. Zunächst will Merkel es bei einer Rüge belassen. Als sich die Affäre weiter hochschaukelt, setzt sie durch, dass der Fuldaer Abgeordnete aus der Bundestagsfraktion und aus der Partei ausgeschlossen wird. In ihrer Leipziger Parteitagsrede am 1. Dezember 2003 rechtfertigt Merkel diese – innerparteilich sehr umstrittene – Maßnahme mit dem Selbstverständnis der CDU-Gründer und grenzt die Union vom rechten Rand ab.[38]

So wie es wichtig ist, Klarheit über die Werte in Bezug auf diejenigen zu haben, die uns vertrauen, so ist es natürlich genauso wichtig, Vertrauen in Bezug auf uns zu haben, damit wir nicht Selbstzweifel bekommen. All das hat auch damit zu tun, wie ich, wie die Kolleginnen und Kollegen der Partei- und Fraktionsführung und die Mehrheit der frei gewählten Abgeordneten der Fraktionsgemeinschaft von CDU und CSU auf die Rede des Abgeordneten Martin Hohmann reagiert haben und wie sie diesbezüglich letztlich entscheiden mussten. Zu den wichtigsten geistigen und politischen Wurzeln der Christlich Demokratischen Union zählt gerade der christlich motivierte Widerstand gegen das nationalsozialistische Terrorregime.

Eugen Gerstenmeier, Mitglied der Widerstandsgruppe des „Kreisauer Kreises", später Vorstandsmitglied der CDU und über viele Jahre Bundestagspräsident, fand aufgrund seiner persönlichen Erfahrung zu der Formel: „Die Konstituierung der CDU hat in den Gefängnissen von Tegel begonnen." Eine solche Partei hat es nicht verdient, sich eine – unter welcher Überschrift auch immer – geführte Diskussion um angebliche Benachteiligungen Deutschlands vor dem Hintergrund unserer Geschichte aufdrängen zu lassen. Das brauchen wir nicht.

Für eine Partei wie die Christliche Demokratische Union gehört zur ständigen Aussöhnung der Deutschen mit sich selbst auch die fortwährende Anerkennung dessen, was unaussöhnlich ist; die Anerkennung der Singularität des Holocausts. Weil wir den Holocaust als Singularität anerkannt haben, können wir heute sagen: Wir sind frei, wir sind vereint, wir sind souverän. Diese Anerkennung hat uns zu dem gemacht, was wir heute sind. Deshalb möchte ich, dass es für die Zukunft so bleibt.

Artikel 1 des Grundgesetzes – das war eine Konsequenz aus den Erfahrungen, die in der Gründung der Bundesrepublik Deutschland mündeten – lautet: „Die Würde des Menschen ist unantastbar." Für uns gelten unwiderruflich die Werte weiter, die Andreas Hermes und Jakob Kaiser [beide Widerstandskämpfer gegen das NS-Regime und Mitbegründer der CDU nach dem Zweiten Weltkrieg] 1945 in das Land hinaussandten. Diese Werte bestimmen und prägen unauflöslich unsere programmatischen Grundsätze in der Union seit mehr als 50 Jahren. Sie gelten für jeden Einzelnen von uns, für jedes Ortsverbandsmitglied, für jeden Stadtverordneten, für jeden Abgeordneten. Wer durch sein Verhalten in Wort und Tat daran Zweifel begründet, der muss gehört werden und er muss diese Zweifel ausräumen. Wenn das in angemessener Zeit nicht geschieht, dann müssen wir die Konsequenzen ziehen, so schmerzlich sie menschlich auch sind.

Ich sage ganz bewusst: Das gilt ungeachtet öffentlicher Aufgeregtheiten oder der moralischen Entrüstung der Linken, deren Anstandsritual hauptsächlich dann in Gang kommt, wenn der Auslöser rechts von ihnen steht. Das ist schon 50 Jahre so und kann uns bei dem, was wir tun, nicht leiten.

Wir sind uns das selbst schuldig. Wir sagen: Unsere CDU ist christlich-sozial, liberal und konservativ. Wir alle sind und waren immer Mitglieder *der* deutschen Verfassungspartei; wir sind und bleiben *die* Europapartei – mit allen Rechten, aber auch mit allen Pflichten, beides gehört zusammen. Wir stehen zu unseren Pflichten aus innerer Überzeugung heraus, sensibel, selbstbewusst, aber auch konsequent. Wir billigen niemandem zu, daran zu zweifeln. „Wir sind weder auf dem linken noch auf dem rechten Auge blind." Diesen Satz hat Helmut Kohl häufig gesagt. Er hat Recht gehabt – es bleibt unser Satz: „Wir sind weder auf dem rechten noch auf dem linken Auge blind."

„Der aufrechte Gang ist alltägliche Verpflichtung"

Die Vergabe seines renommierten Leo-Baeck-Preises an die Kanzlerin begründet der Zentralrat der Juden in Deutschland damit, dass für Merkel die Verantwortung aus der deutschen Geschichte eine Herzensangelegenheit und ein politischer Wegweiser sei. Am 6. November 2007 spricht der aus der DDR ausgebürgerte Liedermacher Wolf Biermann im Berliner Hotel Adlon die Laudatio: Merkels Reden zum Thema Israel stünden „in bester Luther-Tradition", so Biermann. Sie beherzigten den Grundsatz: „Eure Rede aber sei ja, ja, nein, nein".[39] Merkel betont daraufhin, dass sich feierliche Worte erst in der Praxis bewähren müssten.

Die Auszeichnung mit dem Leo-Baeck-Preis erfüllt mich mit großer Freude. Ich empfinde sie zugleich aber auch als eine persönliche Verpflichtung. Ja, es bedeutet Verantwortung, einen Preis entgegenzunehmen, der einem der bedeutendsten jüdischen Gelehrten der Neuzeit gewidmet ist, einem Menschen, der sich während der nationalsozialistischen Diktatur mutig für die jüdische Gemeinschaft und für viele einzelne Schicksale eingesetzt hat, der Deportation und Gefangenschaft im Konzentrationslager erlitten hat, der nach dem Zweiten Weltkrieg alle Kraft darauf gerichtet hat, die geistigen Grundlagen des Judentums zu sichern und für die Zukunft zu erhalten. Ich weiß um die Verantwortung, die mit einer solchen Auszeichnung einhergeht.

Für mich heißt das vor allem *dreierlei*:

Erstens: Dauerhaft dafür einzustehen, dass Rassismus, Fremdenfeindlichkeit und Antisemitismus in Deutschland und in Europa nie wieder Fuß fassen.

Zweitens: Nach Kräften das partnerschaftliche Verhältnis zur jüdischen Gemeinschaft zu fördern.

Drittens: Heute und in Zukunft für die Sicherheit des Staates Israel und für unsere gemeinsamen Werte von Demokratie und Rechtsstaatlichkeit einzutreten.

In diesem *dreifachen* Sinn verstehe ich die Auszeichnung mit dem Leo-Baeck-Preis.

Während der Zeit des Nationalsozialismus und des Zweiten Weltkrieges hat Deutschland unendliches Leid über die Welt gebracht. Der Zivilisationsbruch durch die Shoah ist noch kein Menschenleben alt. Bis heute spüren wir die Folgen dieses dunkelsten Kapitels der deutschen Geschichte. Kaum eine jüdische Familie wurde nicht durch Vertreibung und Ermordung auseinandergerissen oder zerstört. Kaum ein jüdisches Leben blieb von Verwüstung und Vernichtung verschont.

Es erschüttert mich immer wieder, den Berichten von Überlebenden zuzuhören – wie zum Beispiel vor wenigen

Wochen von Saul Friedländer, als er bei der Verleihung des Friedenspreises des Deutschen Buchhandels aus Briefen seiner Familie zitierte.

Aber es erschüttert mich auch, dass wir trotz all dieser Lebenszeugnisse feststellen müssen, wie schnell die Gräueltaten aus der Zeit des Nationalsozialismus in Vergessenheit geraten können, wie gedankenlos manche Diskussion abläuft, wie heute manchmal mit Worten und Begriffen aus jener Zeit hantiert wird, um – sei es bewusst oder unbewusst – eigenen Argumenten vermeintlich Nachdruck zu verleihen. Müssen es denn immer wieder Vergleiche dieser Art sein?

All das erschüttert mich stets aufs Neue und es führt mich zu einer aus meiner Sicht entscheidenden Frage: Wie nehmen wir unsere historische Verantwortung wahr, wenn die Generation derer nicht mehr unter uns ist, die die Shoah selbst erlebt und überlebt hat?

Für mich gilt unverrückbar: Nur in der Annahme der Vergangenheit Deutschlands liegt das Fundament für eine gute Zukunft. Nur indem wir uns zur immerwährenden Verantwortung für die moralische Katastrophe der deutschen Geschichte bekennen, können wir unsere Zukunft menschlich gestalten.

Vielleicht wird sich jetzt so mancher von Ihnen denken: Schön gesagt. Aber wie sieht der Alltag aus? Was tun wir, wenn ein Rabbiner in Frankfurt tätlich angegriffen wird? Wie entschlossen gehen wir vor, wenn der iranische Präsident Israel vernichten will und den Holocaust relativiert? Wie verhalten wir uns, wenn ein deutscher Fußballnationalspieler iranischer Herkunft nicht in Israel spielen will? Oder wie reagieren wir, wenn Ausländer durch deutsche Straßen gejagt werden?

Wenn ich mir diese und andere alltäglichen Fragen und Probleme vor Augen führe, dann sage ich Ihnen offen: Eigentlich sind schon zu viele Sonntags- und Festreden gehalten worden. Manchmal möchte man sie gar nicht mehr hören. Damit Sie mich jetzt bitte nicht falsch verstehen: Festveranstaltungen wie diese haben eine große Bedeutung. Ja, sie haben eine unverzichtbare Bedeutung. Aber ebenso unmissverständlich ergänze ich: Die eigentliche Wirkung dieser Veranstaltungen zeigt sich erst danach, und zwar im Alltag. Dann kommt die Stunde der Bewährung. Dann zeigt sich, ob den Reden Taten folgen. Und zwar ganz konkret: Zum Beispiel indem wir in der Auseinandersetzung um das Nuklearprogramm des Irans nicht auf das Prinzip Hoffnung setzen, sondern auf Entschlossenheit und Geschlossenheit. Oder indem wir nicht wegschauen, wenn Ausländer angegriffen werden. Kurz: Indem wir den aufrechten Gang gegen Antisemitismus, Rassismus und Fremdenfeindlichkeit als alltägliche Verpflichtung begreifen – im staatlichen Handeln und im Beitrag jedes Einzelnen.

Leo Baeck sollte uns dabei Vorbild sein. Er setzte Zeichen: Zeichen für Toleranz und Zeichen für Zivilcourage. Leo Baeck wusste, dass das eine – Toleranz – nicht ohne das andere – Zivilcourage – geht. Mit beidem können wir die Welt auch mit den Augen des anderen sehen. Denn das ist es doch, was unser Leben reich macht: Die Welt auch mit den Augen der anderen zu sehen.

Um das zu schaffen, gibt es ein gutes Mittel: Es ist der Dialog, es ist die demokratische Willensbildung. Dazu gehört, ich sagte es bereits, zweierlei: Toleranz und Zivilcourage. Das geht nur zusammen. Sie sind sozusagen zwei Seiten einer Medaille, denn Toleranz darf nicht Beliebigkeit bedeuten. Das führte ins Elend. Toleranz darf nicht schweigen. Toleranz muss für eigene Werte einstehen.

Null Toleranz für Intoleranz – das muss deshalb unser Leitsatz sein, zum Beispiel im Streit mit islamistischen Fundamentalisten um Karikaturen und Operninszenierungen. Die Freiheit der Kunst, die Freiheit der Meinung, die Freiheit der Rede – sie sind unveräußerliche Werte unseres Landes. Hier Kompromisse einzugehen, käme einer Kapitulation unserer Werteordnung gleich. Also kann und darf es hier keine Kompromisse geben.

Was das konkret bedeuten kann, was einem Menschen im Extremfall unter dem Druck von Terror und Verfolgung abverlangt werden kann, hat Leo Baeck während der Zeit des Nationalsozialismus am eigenen Leib erfahren. Unermüdlich und ohne Rücksicht auf das eigene Schicksal setzte er sich für die Juden in Deutschland ein. Unzähligen Verfolgten half er aus Deutschland heraus. Das ist gelebte Zivilcourage unter Einsatz des eigenen Lebens.

Nach all diesen Schrecken jener Zeit grenzt es für mich an ein Wunder, dass wir heute in Deutschland wieder eine lebendige jüdische Gemeinschaft haben: Wachsende jüdische Gemeinden, die Ordinierung der ersten Rabbiner seit 1945, die drittgrößte jüdische Gemeinschaft in Europa. (...) Umso wichtiger ist es jetzt, all die sichtbaren Zeichen jüdischen Lebens nach Kräften zu stärken: Die vielen neu gebauten Synagogen, jüdischen Kindergärten und Schulen, das jüdische Museum, das einen festen und herausgehobenen Platz in unserer Hauptstadt hat, oder auch das Holocaust-Mahnmal, das sich in kurzer Zeit zu einem wichtigen Ort des Erinnerns und des Innehaltens entwickelt hat.

Das Miteinander von Juden und Nicht-Juden in unserem Land ist lebendiger und intensiver, als wir es uns vor noch nicht allzu langer Zeit in unseren kühnsten Träumen haben vorstellen können. Das gilt auch für das Miteinander von Deutschen und Israelis. (...)

Der Zentralrat der Juden in Deutschland verleiht den Leo Baeck gewidmeten Preis heute zum 50. Mal. Die Liste der Personen, die diesen Preis bekommen haben, ist beeindruckend. Allerdings hat Leo Baeck einmal gesagt: „Ja, die Person, sie soll vergessen werden, damit die Sache umso mehr in den Herzen lebe."

Ich weiß, dass dieser Satz nichts weiter ist als Ausdruck seiner Bescheidenheit. Dennoch muss ich ihm an dieser

Stelle ein wenig widersprechen. Denn ich bin davon überzeugt: Person und Sache, sie sind nicht wirklich zu trennen. Mehr noch: Gerade junge Menschen können in Leo Baeck Inspiration und Orientierung entdecken. Sie können in ihm ein Vorbild finden, in ihm als Menschen und in seiner Haltung, in seiner geistig-moralischen Kraft, in seiner aktiv praktizierten Toleranz, in seiner Zivilcourage und in seiner tiefen Menschlichkeit.

Um Menschlichkeit hat es doch zu gehen. Es hat darum zu gehen, in dem Gegenüber stets zuerst einen Menschen zu sehen und dann erst, woher er kommt oder welcher Gruppe er zugehört. Wie hatte der Auschwitz-Überlebende Primo Levi sein berühmtes Buch von 1947 überschrieben? „Ist das ein Mensch?" – So hat er ganz grundsätzlich gefragt.

Den von den Nationalsozialisten Verfolgten, Deportierten und Ermordeten wurde das Menschsein abgesprochen. Primo Levis Frage führt deshalb zum Kern unseres Denkens und Handelns: Stets hat es zuerst um die einzigartige Würde des einzelnen Menschen zu gehen, den ich im Gegenüber und manchmal auch mit den Augen des anderen sehe.

„Deutschland wird Israel nie allein lassen"

Als erste ausländische Regierungschefin spricht die Bundeskanzlerin bei ihrem Staatsbesuch aus Anlass des 60-jährigen Bestehens des Staates Israel vor dem Parlament in Jerusalem – eigentlich wird dieses Privileg nur Staatsoberhäuptern zuteil. Im Zentrum ihrer Rede vor der Knesset am 18. März 2008 stehen die Verneigung vor den Opfern, der Nahost-Konflikt und die Verurteilung des iranischen Atomwaffenprogramms.

Anni modda lachem – sche-nittan li – le-dabber ellechem – kaan be-bait mechubad se. Se kawwod gadol awurri. [Ich danke Ihnen, hier zu Ihnen sprechen zu dürfen. Ich empfinde dies als eine große Ehre.]

Ich danke allen Abgeordneten der Knesset dafür. Ich danke allen, dass ich in meiner Muttersprache heute zu Ihnen sprechen darf. Ich spreche zu Ihnen in einem besonderen Jahr. Denn in diesem Jahr – 2008 – feiern Sie den 60. Jahrestag der Gründung Ihres Staates, des Staates Israel.

60 Jahre Israel – das sind 60 Jahre großartiger Aufbauarbeit der Menschen unter schwierigen Bedingungen. 60 Jahre Israel – das sind 60 Jahre Herausforderungen im Kampf gegen Bedrohungen und für Frieden und Sicherheit. 60 Jahre Israel – das sind 60 Jahre Integration von Zuwanderern in das Gemeinwesen dieses Staates. 60 Jahre Israel – das ist ein Land voller Vitalität und Zuversicht, mit technologischen Spitzenleistungen, mit kulturellem Reichtum und Traditionen. 60 Jahre Israel – das ist somit vor allem ein Anlass zu großer Freude. Im Namen der Bundesregierung und der deutschen Bevölkerung gratuliere ich allen Bürgerinnen und Bürgern Israels zu diesem Jubiläum.

Deutschland und Israel sind und bleiben – und zwar für immer – auf besondere Weise durch die Erinnerung an die Shoah verbunden. (...) Der im deutschen Namen verübte Massenmord an sechs Millionen Juden hat unbeschreibliches Leid über das jüdische Volk, über Europa und die Welt gebracht. Die Shoah erfüllt uns Deutsche mit Scham. Ich verneige mich vor den Opfern, ich verneige mich vor den Überlebenden und vor all denen, die ihnen geholfen haben, dass sie überleben konnten.

Der Zivilisationsbruch durch die Shoah ist beispiellos. Er hat bis heute Wunden hinterlassen. Er schien Beziehungen zwischen Israel und Deutschland zunächst geradezu unmöglich zu machen. In den israelischen Pässen stand lange Zeit der Satz: „Gilt für alle Länder mit Ausnahme Deutschlands."

Umgekehrt habe ich selbst die ersten 35 Jahre meines Lebens in einem Teil Deutschlands – in der DDR – gelebt, der den Nationalsozialismus als westdeutsches Problem betrachtete. Auch den Staat Israel hat die DDR bis kurz vor ihrem Ende nicht anerkannt. Es dauerte über 40 Jahre, bis sich ganz Deutschland sowohl zu seiner historischen Verantwortung als auch zum Staat Israel bekennen konnte.

Ich bin zutiefst davon überzeugt: Nur wenn sich Deutschland zu seiner immerwährenden Verantwortung für die moralische Katastrophe in der deutschen Geschichte bekennt, können wir die Zukunft menschlich gestalten. Oder anders gesagt: Menschlichkeit erwächst aus der Verantwortung für die Vergangenheit.

Wir sagen oft: Deutschland und Israel verbinden besondere, einzigartige Beziehungen. Was aber ist damit genau gemeint – einzigartige Beziehungen? Ist sich gerade mein Land dieser Worte bewusst? und zwar nicht nur in Reden und Festveranstaltungen, sondern dann, wenn es darauf ankommt?

Wie gehen wir zum Beispiel ganz konkret damit um, wenn die Gräueltaten des Nationalsozialismus relativiert werden? Hierauf kann es nur eine Antwort geben: Jedem Versuch dazu muss im Ansatz entgegengetreten werden. Antisemitismus, Rassismus und Fremdenfeindlichkeit dürfen in Deutschland und in Europa nie wieder Fuß fassen, und zwar weil alles andere uns insgesamt – die deutsche Gesellschaft, das europäische Gemeinwesen, die demokratische Grundordnung unserer Länder – gefährden würde.

Oder wie gehen wir damit um, wenn in Umfragen eine deutliche Mehrheit der Befragten in Europa sagt, die größere Bedrohung für die Welt gehe von Israel aus und nicht etwa vom Iran? Schrecken wir Politiker in Europa dann aus Furcht vor dieser öffentlichen Meinung davor zurück, den Iran mit weiteren und schärferen Sanktionen zum Stopp seines Nuklearprogramms zu bewegen? Nein, wie unbequem es auch sein mag, genau das dürfen wir nicht; denn täten wir das, dann hätten wir weder unsere historische Verantwortung verstanden noch ein Bewusstsein für die Herausforderungen unserer Zeit entwickelt. Beides wäre fatal.

Genauso wäre es fatal, wenn wir die Frage ausblenden würden, wie wir die Erinnerung an die Shoah wach halten können, wenn eines Tages keine Zeitzeugen der Shoah mehr am Leben sein werden. Ja, es ist wahr: Orte des Gedenkens sind wichtig, Orte wie das Holocaust-Mahnmal in Berlin oder Yad Vashem. Sie halten die Erinnerung wach. Aber wahr ist auch: Orte allein reichen noch nicht aus, wenn Erinnerung Geschichte wird. Erinnerung muss sich immer wieder neu bewähren. Aus Gedanken müssen Worte werden und aus Worten Taten.

Der erste Premierminister Ihres Landes, David Ben Gurion, und der erste Bundeskanzler meines Landes, Konrad Adenauer, haben uns genau das vorgemacht. Deshalb war es mir wichtig, am Sonntag in den Kibbuz Sde Boker zu fahren und dort am Grab von Ben Gurion einen Kranz niederzulegen. Denn es waren Ben Gurion und Adenauer, die den Gedanken Worte, den Worten Taten folgen ließen. Sie legten mit Vorsicht und Weitsicht die Grundlage für die Beziehungen zwischen unseren Staaten.

Heute ist es an uns, an meiner Generation, zusammen mit der jungen Generation das Bewusstsein für eine Erinnerungskultur zu wecken, eine Erinnerungskultur, die auch dann trägt, wenn die Überlebenden der Shoah nicht mehr unter uns sein werden. Natürlich gibt es dafür kein Patentrezept. Aber diese Herausforderung zu erkennen und sie anzunehmen – genau das ist der erste entscheidende Schritt, um zusammen mit der Jugend kreative Wege für eine Erinnerungskultur der Zukunft zu entwickeln, und zwar in Israel und in Deutschland gemeinsam.

Helfen kann uns dabei eine Kraft, die uns auch in den vergangenen Jahrzehnten geholfen hat: Es ist die Kraft zu vertrauen. Diese Kraft zu vertrauen hat ihren Ursprung in den Werten, die wir, Deutschland und Israel, gemeinsam teilen: den Werten von Freiheit, Demokratie und der Achtung der Menschenwürde. Sie ist das kostbarste Gut, das wir haben: die unveräußerliche und unteilbare Würde jedes einzelnen Menschen – ungeachtet seines Geschlechts, seiner Abstammung, seiner Sprache, seines Glaubens, seiner Heimat und Herkunft. (...)

Während wir hier sprechen, leben Tausende von Menschen in Angst und Schrecken vor Raketenangriffen und Terror der Hamas. Ich sage klar und unmissverständlich: Die Kassam-Angriffe der Hamas müssen aufhören. Terrorangriffe sind ein Verbrechen, und sie bringen keine Lösung in dem Konflikt, der die Region und das tägliche Leben der Menschen in Israel und das Leben der Menschen in den palästinensischen Autonomiegebieten überschattet.

Ich habe wiederholt zum Ausdruck gebracht und sage es auch hier: Deutschland tritt entschieden für die Vision von zwei Staaten in sicheren Grenzen und in Frieden ein, für das jüdische Volk in Israel und das palästinensische in Palästina. Nachdrücklich unterstützen wir deshalb in der Folge der Annapolis-Konferenz alle Bemühungen – insbesondere auch die der amerikanischen Regierung –, die dazu beitragen, diese Vision in die Tat umzusetzen, und die helfen, Frieden in der Region herzustellen.

Ich weiß sehr wohl: Sie brauchen keine ungebetenen Ratschläge von außen und schon gar nicht von oben herab. Eine Lösung kann am Ende nur durch Sie hier in Israel und die Palästinenser selbst erfolgen. Aber Unterstützung durch die internationale Gemeinschaft will ich Ihnen und Ihren Verhandlungspartnern auf palästinensischer Seite, vorneweg Präsident Abbas, ausdrücklich anbieten. Denn wir wissen, dass es zur Umsetzung der Vision von zwei Staaten Kompromisse bedarf, die von allen Seiten akzeptiert werden. Es bedarf auch der Kraft zu schmerzhaften Zugeständnissen.

Wir wissen, dass es nicht nur im Interesse der Region hier ist, diesen schwierigen Prozess zum Erfolg zu führen, sondern in unser aller Interesse; denn Instabilität hier bleibt auch für uns in Deutschland und Europa nicht ohne Folgen. So birgt gerade auch die Lage im Libanon große Unsicherheit. Deutschland unterstützt die Bemühungen der Arabischen Liga, die Krise dort zu lösen. Das aber wird nur gehen, wenn auch Syrien die legitime Regierung des Libanon endlich anerkennt und einen konstruktiven Beitrag zur Lösung der Krise leistet. Dazu fordere ich Syrien auch von dieser Stelle aus auf.

Besonderen Anlass zur Sorge geben ohne Zweifel die Drohungen, die der iranische Präsident gegen Israel und das jüdische Volk richtet. Seine wiederholten Schmähungen und das iranische Nuklearprogramm sind eine Gefahr für Frieden und Sicherheit. Wenn der Iran in den Besitz der Atombombe käme, dann hätte das verheerende Folgen – zuerst und vor allem für die Sicherheit und Existenz Israels, dann für die gesamte Region und schließlich – weit darüber hinaus – für alle in Europa und der Welt, für alle, denen die Werte Freiheit, Demokratie und Menschenwürde etwas bedeuten. Das muss verhindert werden. (...)

Nicht die Welt muss dem Iran beweisen, dass der Iran die Atombombe baut. Der Iran muss die Welt überzeugen, dass er die Atombombe nicht will.

Gerade an dieser Stelle sage ich ausdrücklich: Jede Bundesregierung und jeder Bundeskanzler vor mir waren der besonderen historischen Verantwortung Deutschlands für die Sicherheit Israels verpflichtet. Diese historische Verantwortung Deutschlands ist Teil der Staatsräson meines Landes. Das heißt, die Sicherheit Israels ist für mich als deutsche Bundeskanzlerin niemals verhandelbar – und wenn das so ist, dann dürfen das in der Stunde der Bewährung keine leeren Worte bleiben. Deutschland setzt gemeinsam mit seinen Partnern auf eine diplomatische Lösung. Die Bundesregierung wird sich dabei, wenn der Iran nicht einlenkt, weiter entschieden für Sanktionen einsetzen.

Aus der Erfahrung, dass das Unmögliche möglich werden kann, können wir die Entschlossenheit und die Zuversicht schöpfen, dass sich auch jede Anstrengung lohnt, die den Nahen Osten einen großen Schritt näher zu einem friedlichen Miteinander bringt. Oder um es mit den bekannten Worten von David Ben Gurion zu sagen: „Wer nicht an Wunder glaubt, der ist kein Realist." Wenn wir heute, zum 60. Jahrestag der Gründung des Staates Israel, auf die deutsch-israelischen Beziehungen schauen, dann wissen wir: Sein Satz hat sich als ebenso realistisch wie richtig erwiesen.

Ja, es sind besondere, einzigartige Beziehungen – mit immerwährender Verantwortung für die Vergangenheit, mit gemeinsamen Werten, mit gegenseitigem Vertrauen, mit großer Solidarität füreinander und mit vereinter Zuversicht. In diesem Geist feiern wir das heutige Jubiläum. In diesem Geist wird Deutschland Israel nie allein lassen, sondern treuer Partner und Freund sein.

Mazal-tov – le-chaggigot schischim schanna – le-medinnat Issrael. Shalom. [Herzlichen Glückwunsch zu 60 Jahren Staat Israel! Shalom!]

„Wir dürfen nicht schweigen"

Die Tage Ende Oktober 2008 sind für Merkel wegen der Finanzkrise von hektischer Betriebsamkeit und wenig Schlaf gekennzeichnet. Dennoch nimmt sich Angela Merkel zwischen den vielen Terminen immer wieder Zeit für die Arbeit an dieser Gedenkrede zum 70. Jahrestag der Reichspogromnacht[40], die sie am 9. November 2008 in der Synagoge Rykestraße in Berlin hält. Sie appelliert darin eindringlich, sich nicht wegzuducken, wenn anderen Menschen Unrecht angetan wird. Der 9. November 1938 bleibt für Merkel ein fataler Moment der deutschen Geschichte, den sie auch immer dann in Erinnerung ruft, wenn der freudige Jahrestag des Mauerfalls am 9. November 1989 gefeiert wird.[41]

Heute, am 70. Jahrestag, gedenken wir der Pogromnacht von 1938. Wir gedenken einer dunklen Nacht, die stellvertretend für das dunkelste Kapitel der deutschen Geschichte steht: die Shoah. Wir gedenken in dieser Nacht vom 9. auf den 10. November eines beispiellosen, sich systematisch steigernden Ausgrenzungs- und Entrechtungsprozesses.

Am Anfang, am 10. Mai 1933, brannten Bücher. Am 9. November 1938 brannten Synagogen – 1 400 in ganz Deutschland in wenigen Stunden. Und bald danach brannte ganz Europa. Wir gedenken – wie der Historiker Dan Diner es formulierte – der „Katastrophe vor der Katastrophe". Die Pogromnacht war nicht das erste Verbrechen an der jüdischen Gemeinschaft. Und sie war nicht das letzte. Sie war eine weitere Eskalationsstufe auf dem Weg zur organisierten Ermordung von sechs Millionen Juden.

Schon vor dem 9. November wurden Juden in Deutschland systematisch entrechtet und diskriminiert. Sie wurden mit Berufsverboten belegt, sie durften nur noch eingeschränkt heiraten. Doch der 9. November ließ alle Dämme brechen. In aller Öffentlichkeit wurden jüdische Mitbürger durch Angehörige der SA und der SS ermordet, Synagogen und Bethäuser wurden niedergebrannt, jüdische Geschäfte und Wohnungen zerstört.

Diese Flammen des 9. November in ganz Deutschland – sie waren unübersehbar. Doch es folgte kein lauter Proteststurm gegen die Nazis, wenn der jüdische Nachbar aus seiner Wohnung vertrieben wurde. Das, was folgte, war vielmehr in der großen Mehrheit vor allem eines: Schweigen, Achselzucken, Wegsehen, und zwar vom einzelnen Bürger bis hin zu großen Teilen der Kirchen.

Ja, es ist wahr, es gab Ausnahmen wie die des Polizeioberleutnants Wilhelm Krützfeldt. Er verhinderte mit einigen Kollegen ein Niederbrennen der Neuen Synagoge in Berlin. Oder die der Protestantin Elisabeth Schmitz. Sie verfasste eine Denkschrift gegen die Judenverfolgung. Später kündigte sie ihre Anstellung als Lehrerin für Geschichte, Deutsch und Religion. Damit wehrte sie sich gegen die ideologische Aufladung des Unterrichts. Auch sie war eine Ausnahme von der Regel des Schweigens.

Ohne Zweifel, Gründe für das Schweigen der Anderen gab es viele – vorneweg natürlich Angst vor Repressionen. Und es ist wahrlich nicht an mir, heute gleichsam in die Rolle der Richterin zu schlüpfen; weder kann ich das, noch will ich das. Aber es ist sehr wohl an mir, auf die Folgen dieses Schweigens hinzuweisen. Es ist an mir, auf unsere heutige Verantwortung hinzuweisen. Das sind wir den Opfern schuldig. Von denen sind einige heute unter uns.

Wir haben heute Zeitzeugen unter uns, die heute vor 70 Jahren selbst erlebt haben, zu welch unmenschlichen Taten Menschen fähig sein können. Ich danke Ihnen sehr herzlich, dass Sie heute hier mit uns zusammen sind. Sie, die Angehörigen einer verfolgten Minderheit, mussten mit ansehen, wie eine schweigende Mehrheit nicht den Mut zum offenen Protest gegen Barbarei und Unrecht fand. Denn die Nationalsozialisten sahen am 9. November zweierlei. Sicherlich sahen sie: Es gibt keine Begeisterung. Aber sie sahen eben auch: Es gibt fast keinen Widerstand. Daraus schlossen sie: Der antijüdische Terror kann weitergehen. Und er ging weiter, schließlich bis zur mörderischen Konsequenz, zur systematischen Vernichtung. Auschwitz und die Shoah waren diese mörderische Konsequenz.

Martin Niemöller hat einmal gesagt: „Als die Nazis die Kommunisten holten, habe ich geschwiegen; ich war ja kein Kommunist. Als sie die Sozialdemokraten einsperrten, habe ich geschwiegen; ich war ja kein Sozialdemokrat. Als sie die Gewerkschafter holten, habe ich geschwiegen; ich war ja kein Gewerkschafter. Als sie mich holten, gab es keinen mehr, der protestieren konnte."

Man könnte das ergänzen und sagen: Als sie die Juden holten, habe ich geschwiegen, denn ich war ja kein Jude.

Als sie die Sinti und Roma holten und so viele andere Menschen, habe ich geschwiegen, denn ich war ja keiner von denen. Ich war nicht betroffen. Es ist genau dieser Irrglaube, sich nicht betroffen zu fühlen, wenn es den Nachbarn, aber nicht einen selbst unmittelbar trifft. Dieser Irrglaube führt uns immer weiter ins Unheil. (...)

Also, fassen wir die Lehre unserer Geschichte in einem Satz zusammen: Wir dürfen nicht schweigen. Es darf uns nicht gleichgültig sein, was passiert. Wir dürfen nicht schweigen, wenn Rabbiner auf offener Straße beleidigt werden. Wir dürfen nicht schweigen, wenn jüdische Friedhöfe geschändet werden. Wir dürfen nicht schweigen, wenn antisemitische Straftaten begangen werden. Allein in den ersten neun Monaten dieses Jahres waren es bundesweit 800. Wir dürfen nicht schweigen, wenn antisemitische Vorurteile auftauchen – ob klar erkennbar oder immer häufiger auch verdeckt, so wenn zum Beispiel Israels Vorgehen gegen Terroristen im Gazastreifen mit dem Wort „Vernichtungskrieg" belegt wird.

Bei all dem dürfen wir nicht schweigen, denn Antisemitismus und Rassismus bedrohen unsere grundlegenden Werte: Die Werte der Demokratie, der Vielfalt und der Achtung der Menschenrechte. Menschenrechte haben einen Wesenszug: Sie sind unteilbar. Sie gelten für alle, für jeden Einzelnen, unabhängig von Abstammung, Geschlecht, Sprache, Herkunft und Glauben. Sie sind das Fundament unserer freiheitlichen Grundordnung. Wer das nicht erkennt, wer auch nur kleinste Ausnahmen zulässt, der zerstört dieses Fundament als Ganzes.

Es geht hier also um nicht mehr und um nicht weniger als um den Kern von Kultur, Zivilisation und Demokratie. Die Geschichte hat immer wieder gezeigt: Dieser Kern kann verloren gehen. Es ist unsere Aufgabe, ihn lebendig zu halten. Was heißt das? Es darf uns nicht gleichgültig sein, wenn Extremisten versuchen, durch das Brandenburger Tor zu marschieren. Es darf uns nicht gleichgültig sein, wenn Rechtsextremisten in unseren Parlamenten sitzen.

Gleichgültigkeit und Schweigen hängen sehr eng miteinander zusammen. Wenn Schweigen vielleicht noch die Angst vor dem Aussprechen der eigenen Erkenntnis ist, so ist Gleichgültigkeit schon der erste Schritt dahin, unverzichtbare Werte aufs Spiel zu setzen. Wir dürfen nie vergessen: Demokratie, Rechtsstaatlichkeit und die Achtung der Würde jedes einzelnen Menschen sind alles andere als selbstverständlich. Daran erinnert uns der 9. November unseres Landes in ganz besonderer Weise. (...)

Die systematische Ausgrenzung, Entrechtung und Entfernung der Juden, die in der Nacht vom 9. auf den 10. November 1938 für jeden sichtbar wurden, der hören und sehen wollte, und die schließlich in den Zivilisationsbruch durch die Shoah mündeten, gibt uns Deutschen eine immerwährende Verantwortung auf, für ein Land einzutreten, das den einzelnen Menschen und seine Würde in den Mittelpunkt stellt, das Vielfalt will und unterstützt, das Zivilcourage und solidarisches Engagement stärkt, das sich der Bedeutung des Schatzes von Demokratie und Rechtsstaatlichkeit immer wieder aufs Neue bewusst wird und Angriffe darauf niemals schweigend und gleichgültig zur Kenntnis nimmt und das in der immerwährenden Erinnerung an die Shoah eine Voraussetzung dafür erkennt, die Zukunft unseres Landes gestalten zu können. Das ist unsere Verantwortung heute, es ist unsere Verpflichtung, 70 Jahre nach dem 9. November 1938.

9. Nachbarn

„Europa ist einzigartig“

Der Aufbruch der Europäischen Union aus der Schockstarre sei „entscheidend verbunden mit der ebenso tatkräftigen wie umsichtigen und integrierenden Politik des EU-Ratsvorsitzes der deutschen Bundeskanzlerin“ im ersten Halbjahr 2007. So begründet die Jury des Internationalen Karlspreises ihre Entscheidung für Angela Merkel. In ihrer Festrede am 1. Mai 2008 in Aachen beschreibt die Kanzlerin, was für sie das Wesen Europas ausmacht. Es klingt aber auch ihre Sorge durch, der Kontinent könne durch Geschichtsvergessenheit und Kleinmut an Bedeutung einbüßen.[42]

Europa hat allen Grund, selbstbewusst in die Zukunft zu blicken. Gewiss, man muss nicht aus dem Nähkästchen plaudern, um zu sagen, dass die Verhandlungen über den Vertrag von Lissabon keineswegs immer reibungslos verlaufen sind. Das wäre in einer Gemeinschaft von 27 Ländern auch geradezu unnatürlich. Aber dass wir im Ernstfall, wie eben auch im letzten Jahr, immer wieder zu einer Einigung gekommen sind – diese Kraft ist für Europa lebenswichtig.

Wir sollten uns ab und an fragen: Was macht denn diese Kraft eigentlich aus? Woher kommt diese Kraft, dass wir uns im entscheidenden Moment doch immer wieder einigen können? Der französische Soziologe und Philosoph Edgar Morin stellte einmal fest: „Außerhalb von Europa fühlt man sich als Europäer, und anderswo in Europa fühlt man sich zu Hause.“

Ich glaube, er hat Recht. Zwar mögen wir immer wieder gegensätzliche Ansichten im Detail hegen, doch in grundsätzlichen Fragen einen uns feste Bande. So bin ich tief davon überzeugt, dass wir Europäerinnen und Europäer ein gemeinsames Ideal des gesellschaftlichen, wirtschaftlichen und sozialen Lebens haben.

Ich möchte dies an vier Beispielen verdeutlichen.

Erstens: Europa bedeutet nicht nur Herkunft, sondern auch Heimat. Wir Europäerinnen und Europäer wollen wissen, woher wir kommen. Dementsprechend sind wir in Traditionen verwurzelt. Wir haben Respekt vor dem, was gewachsen ist.

In unseren Städten spiegelt sich die wechselvolle Geschichte unseres Kontinents wider. Ob in Krakau oder Paris, in Dubrovnik oder hier in Aachen – wohin wir auch kommen, wir erkennen stets das Bild der europäischen Stadt wieder. Hier können wir uns sofort zu Hause fühlen. Wir sorgen uns darum, dass unsere Städte und Dörfer Orte bleiben, in denen sich Jung und Alt, Familien, Einheimische und Zugewanderte entfalten und wohlfühlen können. Orte, in denen Wohnen und Wirtschaften zwei Seiten ein und derselben Medaille sind. Orte, die lebens- und liebenswert sind. Heimatgefühl und Offenheit für andere gehören für uns zusammen.

Wir Europäer lernen gerne fremde Sprachen, um andere näher kennen und verstehen zu lernen. Aber wir verteidigen mit Begeisterung unsere jeweilige Muttersprache, denn sie ist Ausdruck unserer geistigen Heimat. Jede Sprache, jeder Dialekt enthüllt einen feinen, über Jahrhunderte gewachsenen Unterschied in der Art zu denken. So gingen aus jeder europäischen Region auch immer wieder großartige Dichter und Denker hervor, die einen festen Platz im jeweiligen Nationalbewusstsein gefunden haben.

Dies führt mich zu meinem zweiten Beispiel: Europa bedeutet Drang und Wille nach Selbsterkenntnis und Wissen, aber auch Selbstkritik.

Spiegel der Selbsterkenntnis sind unsere Künste, die unzähligen Bühnen, Theater, Orchester, Musikschaffenden und Schauspieler. Über eine Theaterinszenierung können wir uns genauso streiten, wie wir uns über die Meisterschaft eines Musikers freuen können.

Wir lassen uns nicht nur von den schönen Künsten hinreißen. Wir sind genauso fasziniert von Wissenschaft, Forschung und Technik. Europa hat die Wissenschaft als experimentelle und freie Wissenschaft und deren tragende Institution – die Universität – ins Leben gerufen. (...) Wir wissen aber auch: Wissenschaft und Fortschritt können an Grenzen stoßen – Grenzen, die von Moral und Ethik gezogen werden. So gehören Zweifel und Selbstkritik zur europäischen Lebensauffassung. Sie helfen zu vermeiden, dass sich der Mensch über alles stellt. Sie machen Erkenntnis erst möglich. Deshalb ist unsere europäische Lebensauffassung wandelbar – durch Selbstkritik ebenso wie durch offenen Austausch mit anderen.

Damit bin ich bei meinem dritten Beispiel angelangt. Denn beides, Selbstkritik und offener Austausch, resultiert nicht unwesentlich aus Erfahrung und Erinnerung. Auch das macht Europa aus.

Europa ist voller Zeugnisse kultureller Blütezeiten, es trägt aber auch schreckliche Wunden der Vergangenheit in sich. Die Erfahrungen mit der wechselvollen Geschichte Europas waren oft keine verbindenden, sondern trennende Erfahrungen. Europa hat allzu oft erleben müssen, dass der Mensch zu Furchtbarem fähig ist. Immer wieder wurde unser Kontinent mit Krieg, Gewalt und Vertreibung überzogen. Die schlimmste Zeit von Hass und Vernichtung liegt noch kein Menschenalter hinter uns. Von deutschem Boden aus wurde unsägliches Leid über Europa und die Welt gebracht. In deutschem Namen wurde der unfassbare Zivilisationsbruch der Shoah begangen.

Nur wenn wir die Erinnerung daran wach halten, können wir die Zukunft gestalten. Nur wenn wir das erkennen, bleibt uns auch bewusst, wie wunderbar das Geschenk der

Aussöhnung zwischen unseren Völkern ist und welches Wunder das Friedenswerk der europäischen Einigung ist. So kostbar dieses Geschenk auch ist, so groß ist dennoch die Gefahr, dass wir uns dem trügerischen Gefühl der Selbstverständlichkeit hingeben könnten.

Geradezu selbstverständlich reisen wir heute durch europäische Länder, die noch vor 20 Jahren durch den Eisernen Vorhang voneinander getrennt waren. Ich habe die ersten 35 Jahre meines Lebens in der ehemaligen DDR verbracht. Ich habe selbst erfahren, dass Werte wie Freiheit und Demokratie keine Selbstverständlichkeit sind. Aber ich habe auch erlebt, was der Drang nach Freiheit zu bewegen vermag.

Doch ist das auch den Generationen bewusst, die bereits in Freiheit und Demokratie aufwachsen? Werden sie die nötige Pflege solcher grundlegenden Werte walten lassen, ohne die ein gedeihliches Miteinander nicht möglich ist? Wissen sie um die Zerbrechlichkeit dieser Werte? Deshalb ist und bleibt es – davon bin ich zutiefst überzeugt – eine Daueraufgabe, junge Menschen auch für die dunklen Kapitel europäischer Geschichte zu sensibilisieren. Denn nur wer seine Vergangenheit kennt, kann die Zukunft verantwortungsbewusst gestalten. Nur eine selbstkritische Erinnerung macht uns auch in den Augen anderer glaubwürdig – anderer, die wir von unserer Einsicht und Erfahrung gerne überzeugen wollen: Wer grundlegende Werte beachtet und lebt, hat, wie ich glaube, alle Chancen auf Stabilität und Prosperität.

Wir können am Beispiel unserer europäischen Geschichte aufzeigen: Nach Jahrhunderten gewalttätiger Auseinandersetzungen haben wir das kaum Denkbare geschafft: Ein friedliches und freundschaftliches Miteinander in Europa. Warum soll das nicht auch in anderen Regionen der Welt zu schaffen sein? Für mich ist das keine Utopie. Nein, für mich ist das eine Vision, und zwar eine, die in einen konkreten Auftrag mündet. Daher bin ich auch davon überzeugt:

Es ist jeder Mühe wert, auf friedliche Konfliktlösungen hinzuwirken. Gelingen kann dies aber nur auf der Grundlage gemeinsam anerkannter Werte. Die Geschichte Europas ist der lebendige Beweis dafür.

So ist unsere gemeinsame Wertegrundlage mein viertes Beispiel dafür, dass Europa eine gemeinsame Lebensauffassung hat.

Für uns steht der Mensch im Mittelpunkt. Seine Würde ist unantastbar. Daraus leiten sich zentrale Werte ab, die Europa im Kern zusammenhalten. So setzen wir uns gemeinsam für Frieden und Freiheit, für Solidarität und Toleranz, für Demokratie und Rechtsstaatlichkeit ein. Wir Europäerinnen und Europäer wissen um unsere Verantwortung für die Schöpfung. Wir wissen auch um unsere soziale Verantwortung – im Innern unserer Gesellschaften, aber auch im Umgang mit anderen. Wenn wir uns unserer gemeinsamen Werte bewusst sind, dann haben wir einen verlässlichen Kompass für unser Handeln in Politik und Gesellschaft.

Meine vier Hinweise enthalten einen Gedanken: Europa ist einzigartig. So ist es auch die Europäische Union. Die Europäische Union ist mit nichts, mit keinem Staat und keiner Organisation, zu vergleichen. So soll und so wird es auch bleiben. Das Europa, auf das wir uns in Lissabon geeinigt haben, ist unser Europa. In ihm und mit ihm wollen wir leben.

Mit dem Lissaboner Vertrag gehen über 15 Jahre Reformen nach dem Ende des Kalten Krieges zu Ende. Jetzt ist die Forderung an uns, die wir Politik gestalten, eine neue Forderung: Wir sollten die Ärmel hochkrempeln und uns auf Politik konzentrieren, auf Ergebnisse und Lösungen, die über die eigene Selbstbeschäftigung hinausgehen.

Was ist dafür notwendig? Zum einen müssen wir uns die Freiräume für unsere jeweiligen Eigenarten behalten. Das müssen wir aushalten. Zum anderen gilt es, immer wieder verschiedene Interessen zu bündeln, zusammenzuführen und zu einem Ausgleich zu bringen. Das ist Politik. Das ist in jeder Gemeinde, in jeder Region und in jedem Staat so und natürlich auch auf der europäischen Ebene.

Jede Ebene muss das tun, was sie am besten kann. Daher ist die Europäische Union nicht als Alternative oder Ersatz für nationale Politik zu verstehen, sondern sie ist eine notwendige Ergänzung. Die Europäische Union ist die beste Antwort auf die großen Herausforderungen unserer Zeit – Herausforderungen, denen die einzelnen Länder nicht mehr hinreichend gewachsen sind.

Globalisierung ist nicht etwas, dem wir uns schicksalhaft ergeben müssten. Nein, wir haben die Chance und die Pflicht, Globalisierung zu gestalten. Dazu müssen wir unsere politischen Kräfte bündeln. Nur so kann sich unser europäisches Wirtschafts- und Gesellschaftsmodell auch in Zeiten der Globalisierung behaupten. Das ist uns bislang gelungen. Heute vor zehn Jahren (...) sind die letzten Weichen für den Euro gestellt worden. Dass sich diese Entscheidung bewährt hat, dass sie Europa unumkehrbar gemacht hat, davon sind wir hier alle überzeugt.

Wir wollen unser europäisches Gesellschaftsmodell bewahren und weiterentwickeln, weil wir von seiner Richtigkeit überzeugt sind, weil sein Nutzen für die Menschen konkret spürbar ist – im Wirtschafts-, Arbeits-, im politischen und privaten Leben. Dieser Nutzen resultiert immer wieder aus einer gelungenen Kombination von Freiheit und geordnetem Wettbewerb einerseits sowie sozialer Verantwortung und Solidarität andererseits. Jede Ebene hat in diesem Zusammenhang ihre Aufgaben zu erfüllen. (...)

In der Europäischen Union leben 500 Millionen Menschen. Wir finden, das ist viel. Heute leben schon mehr als sechs Milliarden Menschen auf der Welt. Es werden bald mehr sein. Wir sind heute ein Kontinent, der sich mit demografischen Problemen herumschlägt – um es etwas lax zu sagen –, die bei anderen ganz anders aussehen. Während wir über die Verantwortung von Jungen und Alten sprechen, gemeinsam Verantwortung zu tragen, gibt es woanders auf der Welt weit überwiegend junge Menschen.

Ich glaube, weil wir von unseren Werten überzeugt sind, weil 500 Millionen Menschen in der Europäischen Union sagen „Wir wollen etwas schaffen", ist es das verpflichtende Erbe für unsere Politikergeneration, neben der Sicherung des Friedens, neben der Sicherung der Freiheit, auch für unser Gesellschaftsmodell in der Welt zu werben.

Mit unseren Erfahrungen aus der Geschichte sind wir guten Mutes, alle Anstrengungen zu unternehmen, der Globalisierung ein menschliches Gesicht zu geben – im Kampf gegen Terrorismus, im Kampf für Sicherheit, Frieden, Freiheit und Menschenrechte –, und zwar durch die Kraft der Innovation, durch den sorgsamen Umgang mit unseren natürlichen Ressourcen, durch das Eintreten für den Schutz des geistigen Eigentums und durch gelebte Toleranz.

Ob unser Europa dabei erfolgreich sein wird, das steht heute noch nicht fest. Aber dass es unsere Pflicht ist, darum zu kämpfen, steht für mich außer Frage. Aus unserer Geschichte können wir die Kraft dazu schöpfen. (...)

In dieser Ansicht fühle ich mich durch die Auszeichnung mit dem Internationalen Karlspreis hier in Aachen deshalb auch bestärkt. Für mich stellt dieser Preis keine Lorbeeren dar, auf denen ich mich etwa ausruhen könnte. Nein, er mahnt mich vielmehr, nicht nachzulassen, gemeinsam mit vielen Freunden unser Haus Europa wohnlich, sturmfest und gastfreundlich zu machen. Ein Haus, in dem wir uns wohl und sicher fühlen können. Ein Haus, das uns nicht einengt, sondern Freiräume lässt. Ein Haus, das offen ist für Neues. Kurzum: Ein Haus, das unsere Zukunft ist.

„Vive la France“

Zwischen 1914 und 1918 fielen 1,4 Millionen französische und 1,9 Millionen deutsche Soldaten. Am französischen Nationalfeiertag, dem 11. November, wird des Waffenstillstands nach diesem blutigen Ersten Weltkrieg gedacht. Am 11. November 2009 nimmt Merkel als erste deutsche Regierungschefin an der Militärparade und Kranzniederlegung in Paris teil. Dabei würdigt sie, wie aus ehemaligen Kriegsgegnern Freunde geworden sind.

Wir stehen hier heute gemeinsam im Gedenken an das Ende eines furchtbaren Krieges, der unermessliches Leid mit sich brachte. Ich verneige mich vor allen Opfern. Wir stehen hier gemeinsam im Bewusstsein unserer Geschichte, die uns – Deutsche und Franzosen – seit Jahrhunderten verbindet, in guten wie in schlimmen Zeiten. Wir werden nie vergessen, wie sehr in der ersten Hälfte des 20. Jahrhunderts Franzosen durch Deutsche zu leiden hatten. Der schonungslose Umgang mit der eigenen Geschichte ist – davon bin ich überzeugt – die einzige Grundlage, um aus der Geschichte zu lernen und die Zukunft gestalten zu können. Zugleich weiß ich: Geschehenes kann nicht ungeschehen gemacht werden.

Wohl aber gibt es eine Kraft, die uns helfen kann, das Geschehene zu ertragen: Es ist die Kraft der Versöhnung. Aus ihr kann Vertrauen entstehen, ja sogar Freundschaft. Die Kraft der Versöhnung befähigt uns, neue Herausforderungen gemeinsam anzugehen und Verantwortung gemeinsam wahrzunehmen. Deutschland weiß um die Kraft der Versöhnung. Denn wir Deutsche durften sie nach den Abgründen der beiden Kriege des vergangenen Jahrhunderts erfahren. Frankreich hat Deutschland die Hand zur Versöhnung gereicht. Deutschland wird das nie vergessen. Deutschland hat diese Hand dankbar angenommen.

Die Versöhnung konnte ihre Kraft entfalten – dank der Größe und der Weitsicht von Staatsmännern wie Briand,

Stresemann und de Gaulle, von Adenauer, Monnet und Robert Schuman. Die Versöhnung konnte ihre Kraft entfalten, weil die Menschen in unseren beiden Ländern die feste Überzeugung gewonnen haben: Deutsche und Franzosen dürfen nie wieder künstliche Feindbilder aufbauen. Deutsche und Franzosen dürfen sich nie wieder Leid zufügen. Denn ein Gegeneinander kennt nur Verlierer. Das Miteinander aber kennt nur Gewinner.

Aus der Kraft der Versöhnung wurde Freundschaft. Welch ein wunderbares Geschenk. Aus dem Geschenk der Freundschaft wurde der Wille zur gemeinsamen Verantwortung – einer Verantwortung, die weit mehr umfasst als das Schicksal unserer beiden Länder. Die deutsch-französische Freundschaft findet ihr Ziel in Europa. Wir Europäer – wir sind heute zu unserem Glück vereint. Genau das symbolisiert für mich auch der heutige Tag. Wir stehen hier in der Überzeugung, dass unsere beiden Länder, dass Frankreich und Deutschland im Bewusstsein der Geschichte die gemeinsame Berufung haben, Frieden und Freiheit auf unserem Kontinent zu bewahren.

Vor zwei Tagen haben wir den 20. Jahrestag des Falls der Berliner Mauer gefeiert. Es hat mich auch ganz persönlich sehr berührt, dass so viele Franzosen diesen Tag mit uns gefeiert haben – nicht nur in Berlin, sondern auch hier in Paris, auf der Place de la Concorde. So, wie für uns heute der 11. November ein Tag des Friedens in Europa geworden ist, so ist der Tag des Mauerfalls für alle ein Tag der Freiheit.

Beide Gedenktage – der des Endes des Ersten Weltkrieges und der des Falls der Berliner Mauer – mahnen uns. Sie mahnen uns, stets für die unschätzbaren Güter Frieden und Freiheit einzutreten. Sie mahnen uns, unsere Werte zu verteidigen – Demokratie und Menschenrechte, europäische Solidarität und transatlantische Partnerschaft. Das ist unser Auftrag.

Deutschland und Frankreich nehmen diesen Auftrag an – und wir tun das gemeinsam. Gemeinsam haben wir in und für Europa viel geschafft. Heute trennen uns keine Grenzen mehr. Wir zahlen in derselben Währung. Unsere Soldaten setzen ihr Leben gemeinsam, Seite an Seite, für unsere Sicherheit ein. (...)

Deutschland und Frankreich wissen um den Wert ihrer engen Zusammenarbeit. Aufbauend auf unserer Freundschaft vertiefen wir unsere Partnerschaften in Europa und im Atlantischen Bündnis. Aufbauend auf unserer Freundschaft und unserem gemeinsamen Fundament freiheitlicher und demokratischer Werte bauen wir unsere Zusammenarbeit mit anderen Ländern und Regionen aus.

Doch die Beziehungen zwischen unseren beiden Ländern – sie bleiben etwas Besonderes, etwas Einzigartiges. Uns einen ebenso viele wie feste Bande. Damit meine ich nicht nur die politische Zusammenarbeit. Damit meine ich auch die täglich gelebte und erlebte Freundschaft und den mannigfaltigen Austausch zwischen Deutschen und Franzosen. Die Zeremonie, die wir eben erlebt haben, hat mich tief bewegt. Deutsche und französische Soldaten – vereint im ehrenden Gedenken an die Gefallenen. Deutsche und Franzosen – einst erbitterte Gegner, heute verbunden als Nachbarn in einer Weise, die auch anderswo auf der Welt die Hoffnung und die Zuversicht nährt, dass auch dort tiefe Gräben überbrückt und überwunden werden können.

Es ist eine Gnade der Geschichte, dass wir heute, da wir am Grab des unbekannten Soldaten stehen, sagen können: Die deutsch-französische Aussöhnung und Freundschaft – sie sind ein Geschenk. Die Freiheit unseres Kontinents Europa – sie ist ein Wunder. Wir wissen nur zu gut, wie kostbar beides ist. Wir verpflichten uns, beides zu bewahren und zu schützen.

Vive la France, vive l'Allemagne, vive l'amitié franco-allemande!

[Es lebe Frankreich, es lebe Deutschland, es lebe die deutsch-französische Freundschaft!]

„Ich gedenke aller Polen"

Am 1. September 1939 um 4.45 Uhr beschoss das deutsche Kriegsschiff „Schleswig-Holstein" die Westerplatte bei Danzig – der Beginn des von Deutschland entfesselten Zweiten Weltkriegs. Am gleichen Ort wird am 1. September 2009 an den Kriegsausbruch 70 Jahre zuvor erinnert. Merkel stellt die deutsch-polnische Versöhnung in den Mittelpunkt[43] *und lobt den Beitrag der Solidarność zur Überwindung des Eisernen Vorhangs.*

Heute vor 70 Jahren begann mit dem deutschen Überfall auf Polen das tragischste Kapitel in der Geschichte Europas. Der von Deutschland entfesselte Krieg brachte unermessliches Leid über viele Völker – Jahre der Entrechtung, der Erniedrigung und der Zerstörung. Kein Land hat so lange in seiner Geschichte unter deutscher Besatzung gelitten wie Polen. Gerade in dieser dunklen Zeit, über die wir heute sprechen, wurde das Land verwüstet. Städte und Dörfer wurden zerstört. In der Hauptstadt wurde nach der Niederschlagung des Aufstands 1944 kaum ein Stein auf dem anderen gelassen. Willkür und Gewalt durchzogen den Alltag. Kaum eine polnische Familie blieb davon verschont.

Hier auf der Westerplatte gedenke ich als deutsche Bundeskanzlerin aller Polen, denen unter den Verbrechen der deutschen Besatzungsmacht unsägliches Leid zugefügt wurde.

Die Schrecken des 20. Jahrhunderts gipfelten im Holocaust, der systematischen Verfolgung und Ermordung der europäischen Juden.

Ich gedenke der sechs Millionen Juden und aller anderen, die in deutschen Konzentrations- und Vernichtungslagern einen grausamen Tod erlitten.

Ich gedenke der vielen Millionen Menschen, die ihr Leben im Kampf und im Widerstand gegen Deutschland lassen mussten.

Ich gedenke aller, die unschuldig durch Hunger, Kälte und Krankheit, durch die Gewalt des Krieges und seine Folgen sterben mussten.

Ich gedenke der 60 Millionen Menschen, die durch diesen von Deutschland entfesselten Krieg ihr Leben verloren haben.

Es gibt keine Worte, die das Leid dieses Krieges und des Holocaust auch nur annähernd beschreiben könnten. Ich verneige mich vor den Opfern.

Wir wissen: Die Gräuel des Zweiten Weltkriegs können wir nicht ungeschehen machen. Die Narben werden weiterhin sichtbar bleiben. Aber die Zukunft im Bewusstsein unserer immerwährenden Verantwortung gestalten – das ist unser Auftrag.

In diesem Geist hat sich Europa aus einem Kontinent des Schreckens und der Gewalt in einen Kontinent der Freiheit und des Friedens verwandelt. Dass das möglich geworden ist, ist nicht mehr und nicht weniger als ein Wunder.

Wir Deutschen haben dabei nie vergessen: Deutschlands Partner in Ost und in West haben diesen Weg durch Versöhnungsbereitschaft geebnet. Sie haben uns Deutschen die Hand zur Versöhnung ausgestreckt. Wir haben sie voller Dankbarkeit ergriffen.

Ja, es ist ein Wunder, dass wir in diesem Jahr nicht nur an die Abgründe europäischer Geschichte vor 70 Jahren denken müssen. Es ist ein Wunder, dass wir auch an die glücklichen Tage denken können, die vor 20 Jahren zum Fall der Berliner Mauer, zur Wiedervereinigung Deutschlands und zur Einheit Europas geführt haben. Denn vollendet wurde der Weg Europas zur Freiheit erst mit dem Fall des Eisernen Vorhangs.

In der Tradition der Solidarność in Polen haben die Menschen damals überall das Tor zur Freiheit mutig aufgestoßen. Wir Deutschen werden das nie vergessen

– nicht die Rolle unserer Freunde in Polen, Ungarn und der damaligen Tschechoslowakei;

– nicht die Rolle Michail Gorbatschows und unserer westlichen Partner und Verbündeten;

– und nicht die Rolle der moralischen Kraft der Wahrheit, die keiner so überzeugend und glaubwürdig verkörperte wie Papst Johannes Paul II.

Es lag auch deshalb in der besonderen deutschen Verantwortung, Polen und den anderen Staaten Mittel- und Osteuropas den Weg in die Europäische Union und die NATO zu ebnen und ihnen zur Seite zu stehen.

Ja, es ist ein Wunder, eine Gnade, dass wir Europäer heute in Freiheit und Frieden leben können. Kaum etwas könnte den Unterschied zu 1939 besser versinnbildlichen als die enge, die vertrauensvolle Zusammenarbeit zwischen Deutschland und Polen und die vielfältigen freundschaftlichen Beziehungen zwischen unseren beiden Ländern.

Die Einigung Europas und die Freundschaft Deutschlands mit seinen Nachbarn finden ihre Stärke darin, dass wir uns unserer Geschichte stellen. Dies bringen die Vorsitzenden der deutschen und polnischen Bischofskonferenzen in ihrer jüngst veröffentlichten Erklärung zum heutigen Jahrestag folgendermaßen auf den Punkt: „Gemeinsam müssen wir in die Zukunft blicken, auf die wir zugehen möchten, ohne die geschichtliche Wahrheit in all ihren Aspekten zu vergessen noch zu gering zu achten."

Wenn wir in meinem Land bis heute auch an das Schicksal der Deutschen denken, die in Folge des Krieges ihre Heimat verloren haben, dann tun wir das stets genau in dem von den Bischöfen beschriebenen Sinne. Dann tun wir das in dem Bewusstsein der Verantwortung Deutschlands, die am Anfang von allem stand. Dann tun wir das, ohne irgendetwas an der immerwährenden geschichtlichen Verantwortung Deutschlands umschreiben zu wollen. Das wird niemals geschehen. Und in genau diesem Bewusstsein bin ich heute –

70 Jahre später – hierher nach Danzig gekommen. In diese einst leidgeprüfte, nun aber glanzvoll restaurierte Stadt.

Sehr geehrter Herr Staatspräsident, sehr geehrter Herr Ministerpräsident, dass Sie mich als deutsche Bundeskanzlerin zum heutigen Gedenktag eingeladen haben, berührt mich sehr.

Ich verstehe dies als ein Zeichen unserer vertrauensvollen Nachbarschaft, unserer engen Partnerschaft und der wirklichen Freundschaft zwischen unseren Ländern, zwischen den Menschen in Deutschland und Polen. Ich möchte Ihnen ausdrücklich dafür danken!

„Wir erinnern uns nicht, um alte Wunden aufzureißen"

Hintergrund von Merkels Rede beim „Tag der Heimat" des Bundes der Vertriebenen (BdV) am 22. August 2009 in Berlin ist ein lange schwelender Streit. Die in Polen nicht gut gelittene BdV-Präsidentin Erika Steinbach will in den Stiftungsrat der neu gegründeten Stiftung „Flucht, Vertreibung, Versöhnung" einziehen und wird dabei aus den Reihen der CDU/CSU unterstützt. Merkels Koalitionspartner SPD blockiert diese Besetzung, worauf der BdV einen der ihm zustehenden Sitze im Stiftungsrat frei lässt. Die Kanzlerin drückt in ihrer Rede zwar Anteilnahme am Schicksal der Vertriebenen aus, vermeidet aber jedes inhaltliche Zugeständnis an ihre Parteifreundin Steinbach. Diese verzichtet schließlich im Februar 2010 nach mehreren Zugeständnissen der schwarz-gelben Koalition an den BdV endgültig auf einen Sitz im Stiftungsrat.

Die Vertriebenen und Flüchtlinge mussten den Verlust der Heimat verkraften und sich zugleich ein neues Leben in fremder Umgebung aufbauen. Wir wissen, Heimat ist nicht nur der Ort, an dem man lebt, Heimat ist auch ein Gefühl der Zugehörigkeit zu Menschen, zu einer Region, zu einer

Kultur, zu einer Landschaft. Heimat hat viel mit der eigenen Kindheit zu tun. Heimat schafft Identität.

Wie schwierig muss es da gewesen sein, in ein fremdes, zerstörtes, zerrissenes und in vielen Teilen hungerndes Land zu kommen? Die Ankunft der Flüchtlinge und Heimatvertriebenen veränderte das Gesicht der Regionen und Städte. In Schleswig-Holstein bestand 1950 ein Drittel der Bevölkerung aus Vertriebenen, in Niedersachsen ein Viertel und in Mecklenburg-Vorpommern sogar über 40 Prozent. Das steigerte natürlich nicht gerade die Eingliederungsbereitschaft der Bevölkerung. Viele von Ihnen berichten aus den Anfangsjahren von Ausgrenzung und Diskriminierung.

In der sowjetischen Besatzungszone und dann in der DDR hatten die Vertriebenen noch mit weiteren Problemen zu kämpfen. „Umsiedler“ nannte man sie beschönigend; ansonsten schwieg man. Die Kinder wurden angewiesen, nicht über die Vertreibung zu sprechen, und der SED-Staat nannte die Vertreibung sogar absurderweise „Friedensmaßnahme“. Nach 1989, als sich dann die Landesverbände in den neuen Ländern gründen konnten, konnten viele erstmals frei und offen über ihr Schicksal sprechen. Insofern ist der 20. Jahrestag des Mauerfalls gerade auch für Sie in den neuen Ländern ein ganz besonderes Jubiläum.

Dass die Integration in die Nachkriegsgesellschaft dennoch gelang, und zwar in beiden Teilen Deutschlands, ist und bleibt vor allem ein Verdienst der Vertriebenen selbst. Dabei hat das verantwortungsvolle Verhalten der Vertriebenenverbände eine wichtige Rolle gespielt. Sie haben die Interessen der Vertriebenen konsequent und selbstbewusst wahrgenommen, ohne sich vom Wunsch nach Rache oder Vergeltung leiten zu lassen. Im Rückblick sieht das einfach aus. In der täglichen Arbeit war das sicherlich manchmal außerordentlich schwierig. (...)

Und noch etwas finde ich ganz bemerkenswert: Ihre ausgestreckte Hand. Sie haben sich nie zurückgezogen, sondern stets den Dialog gesucht. Sie haben Rache und Gewalt abgeschworen und erkannt: Es ist die europäische Einigung, die den Weg in die Zukunft weist. Das wird schon in der Charta der Heimatvertriebenen von 1950 deutlich. So sind Sie zu Botschaftern der Verständigung in Europa geworden. Das Europa, das wir heute kennen, ist eben auch durch Sie geformt.

Sie haben die weitere Geschichte unseres Landes immer intensiv begleitet – oft kritisch, oft betroffen von politischen Entwicklungen, die von Ihnen schmerzhafte Kompromisse und Entscheidungen verlangten. Dennoch haben Sie die Deutsche Einheit und die europäische Einigung unterstützt, auch wenn diese vielerlei völkerrechtlich schwierige Konsequenzen hatten. So erklärte der Bund der Vertriebenen zur EU-Osterweiterung im Jahr 2004: „Es ist gut, dass diese Völker, die politisch, kulturell und wirtschaftlich zu Europa gehören, jetzt ihren Platz in der erweiterten Europäischen Union finden. Unsere Nachbarvölker sind uns willkommen." Angesichts des Leids der Vertriebenen während und nach dem Krieg ist eine solche Haltung gar nicht hoch genug zu schätzen.

Ich glaube, wer Flucht und Vertreibung nicht erlebt hat, (...) kann nie ganz verstehen, was das für Sie, die Sie das am eigenen Leib erlebt haben, bedeutet, und zwar nicht nur für die Erlebnisgenerationen, sondern über Generationen hinweg. Aber wir können wenigstens versuchen, zu begreifen. Wir können zuhören und lernen, wie zum Beispiel im Schlesischen Museum zu Görlitz. Dort hängt eine Tafel mit Schlüsseln – große und kleine Schlüssel, rostige und silberne Schlüssel, Schlüssel mit und ohne Anhänger. Die Schlüssel sind Symbole für das geworden, was verloren wurde – Materielles und Nichtmaterielles –, für eine Hoffnung auf Rückkehr, die viele Flüchtlinge und Vertriebene hatten, als sie ihre Wohnungen und Häuser abschlossen und verließen, die sich aber so nicht erfüllte.

Hinter den wenigen Erinnerungsstücken, die Flucht und Vertreibung überstanden haben, verbergen sich Geschichten – mehr als 14 Millionen Lebensgeschichten. Es sind die Geschichten der rund 14 Millionen Menschen, die am Ende des Krieges und danach Flucht und Vertreibung erlebt haben. Viele Lebensgeschichten handeln von Angst angesichts der näher rückenden Front, von Vergewaltigung, Gewalt und Hunger, von qualvoll langen Wegen bei eisiger Kälte über verwüstetes Land oder die eiskalte Ostsee, zu Fuß oder über das zugefrorene Eis oder auf heillos überfüllten Schiffen; so wie eine junge Frau aus Lyck in Ostpreußen es beschrieb: „Das Eis war brüchig, stellenweise mussten wir uns durch 25 Zentimeter tiefes Wasser hindurch schleppen. Bombentrichter zwangen uns zu Umwegen. Aber die Todesangst vertrieb die Frostschauer, die über den Körper jagten."

Andere Berichte erzählen von Trennung und Suche nach Kindern und nahen Angehörigen. Es gibt Schätzungen, dass 1945 fast 300 000 Kinder in Heimen lebten und nicht wussten, wo ihre Eltern waren. Und wieder andere Erzählungen handeln vom Grauen des Todes, vom Sterben naher Angehöriger und Freunde, aber auch unbekannter Menschen. Bis zu zwei Millionen Menschen sind im Zusammenhang mit Flucht und Vertreibung ums Leben gekommen. Den Überlebenden haben sich schreckliche Bilder eingeprägt. Viele – ich will fast sagen: alle – tragen sie ein Leben lang mit sich.

Wir können das Leid, die Schmerzen und die Verluste der Vergangenheit nicht ungeschehen machen, so sehr wir uns das auch wünschen würden. Wir können aber etwas anderes. Wir können dafür sorgen, dass nicht neues Leid durch Leugnung, Verdrängung und Nichtachtung geschieht. Die Wahrheit lässt sich auf Dauer nicht leugnen. Und dass sich die Wahrheit auf Dauer nicht leugnen lässt, das greift auch Ihr diesjähriges Leitwort auf: „Wahrheit und Gerechtigkeit – ein starkes Europa!"

Wir werden nie vergessen: Vertreibung und Flucht der Deutschen waren unmittelbare Folge des von Deutschland begonnenen Krieges und der Verbrechen des Nationalsozialismus. Konrad Adenauer nannte diese Zeit in seiner Biografie deshalb auch treffend „Absturz des deutschen Volks ins Bodenlose".

Ja, wir bekennen uns zu unserer Verantwortung für das dunkelste Kapitel der deutschen Geschichte. Es gibt keine Umdeutung der Geschichte mit uns. So können wir hinzufügen: Zu einem Gedenken nach den Maßstäben von Wahrheit und Klarheit gehört auch die Erinnerung an das Leid und das Unrecht der Vertreibung. Denn darum geht es. Wir erinnern uns nicht, um alte Wunden aufzureißen. Wir erinnern, damit die Ereignisse von Flucht und Vertreibung des 20. Jahrhunderts Mahnung für alle für die Zukunft sind. Wir erinnern, um Wahrhaftigkeit und echter Versöhnung mit unseren Nachbarn eine Lebensfähigkeit zu geben. Wahrhaftige Erinnerung, um daraus zu lernen und Gegenwart und Zukunft in Versöhnung zu gestalten – das ist unsere Aufgabe heute. (...)

Als Bundesregierung wollen wir dem breiten Bedürfnis nach Erinnerung als Mahnung für die Zukunft Rechnung tragen, und zwar mit der „Stiftung Flucht, Vertreibung, Versöhnung". Als ich 2005 am „Tag der Heimat" zu Ihnen sprach, habe ich Ihnen meine Unterstützung zur Errichtung eines Zentrums der Aufarbeitung und der Dokumentation zugesagt. Mittlerweile ist es uns gelungen, alle Voraussetzungen für ein solches Vorhaben als zentrales Gedenkvorhaben der Bundesregierung zu schaffen. Wir haben die „Stiftung Flucht, Vertreibung, Versöhnung" in der Trägerschaft des Deutschen Historischen Museums errichtet.

Ich darf ergänzen: Auch wenn der Bund der Vertriebenen einen Sitz im Stiftungsbeirat für seine Präsidentin Erika Steinbach unbesetzt freihält, so kann das über eines nicht hinwegtäuschen, und zwar darüber, dass eine lange, oft kontroverse und manchmal auch unselige Diskussion die Gründung der „Stiftung Flucht, Vertreibung, Versöhnung" nicht hat verhindern können, sondern sie am Ende ermöglicht hat. Darüber freue ich mich sehr. Ich sehe, dass Sie das auch tun. Das kann uns auch niemand mehr nehmen. Das ist jetzt beschlossen. Sie, liebe Erika Steinbach, haben dazu über Jahre hinweg einen besonders maßgeblichen Beitrag geleistet. Es ist vor allen Dingen auch Ihr Erfolg und der Erfolg Ihrer Weggefährten, die sich seit Jahren für dieses Projekt eingesetzt haben. Dafür gebührt Ihnen ein herzliches Dankeschön.

Die Stiftung soll die Geschichte von Flucht und Vertreibung als Teil unserer deutschen Geschichte historisch angemessen darstellen – eingebettet in den Kontext der europäischen Geschichte. Und sie soll das wichtige Thema der Integration der Vertriebenen behandeln. Damit will sie zur Aufarbeitung und eben auch wieder zur Versöhnung beitragen. Dabei geht es nicht nur um die Erinnerung der Vertriebenen. Die Geschichte von Flucht und Vertreibung geht uns alle an. Sie ist Teil unserer nationalen Identität und unserer gemeinsamen Erinnerungskultur.

Bei manchen in unseren Nachbarstaaten wurde das Vorhaben angesichts vieler schmerzvoller Erinnerungen nicht ohne Sorge und Beunruhigung aufgenommen. Ich sage: Wir werden weiter sensibel sein und argumentieren. Wir werden weiter deutlich machen, warum unsere Initiative richtig ist, warum Deutschland ein Erinnerungszentrum braucht – ein Erinnerungszentrum, das an das Leid der Vertriebenen erinnert, das sich der deutschen Verantwortung für die Verbrechen des Nationalsozialismus in vollem Umfang bewusst ist und das die europäische Dimension von Flucht und Vertreibung in den Blick nimmt. (...)

In diesem Sinne wünsche ich Ihnen und uns allen, dass es uns auch in Zukunft gelingt, ebenso aufrichtig wie umsichtig miteinander umzugehen. Genau das zeichnet ein modernes, weltoffenes und einiges Europa aus.

10. Westen

„Ich habe mich begeistert für den American Dream"

In der Tradition von Konrad Adenauer sieht Angela Merkel die Bundesrepublik Deutschland fest im westlichen Bündnis verankert. Aus ihrer Rede vor dem Kongress der Vereinigten Staaten von Amerika am 3. November 2009 in Washington spricht die persönliche Begeisterung der ehemaligen DDR-Bürgerin für das amerikanische Freiheitsideal. Hinzu kommt ihre Überzeugung vom strategischen Wert der transatlantischen Zusammenarbeit. Merkels wundersamer Weg aus der Unfreiheit des Kommunismus in das höchste Regierungsamt des wiedervereinigten Deutschland verschafft ihr umgekehrt ein hohes Ansehen auf amerikanischer Seite.

Ich danke Ihnen allen für die große Ehre, heute, kurz vor dem 20. Jahrestag des Falls der Berliner Mauer, zu Ihnen sprechen zu dürfen. Ich bin der zweite deutsche Kanzler, dem diese Ehre zuteil wird. Konrad Adenauer war der erste, als er im Jahre 1957 nacheinander vor beiden Häusern des Kongresses gesprochen hat.

Unterschiedlicher könnten unsere beiden Lebenswege gar nicht sein. 1957 war ich gerade einmal ein Kleinkind von drei Jahren. Ich lebte mit meinen Eltern in Brandenburg, einer Region, die zur DDR, dem unfreien Teil Deutschlands, gehörte. Mein Vater arbeitete als evangelischer Pfarrer. Meine Mutter, die Englisch und Latein studiert hatte, um Lehrerin zu werden, durfte ihren Beruf in der ehemaligen DDR nicht ausüben. Konrad Adenauer war 1957 bereits 81 Jahre alt. Er hatte das Kaiserreich in Deutschland erlebt, den Ersten Weltkrieg, die Weimarer Republik, den

Zweiten Weltkrieg. Von den Nationalsozialisten wurde er seines Amtes als Oberbürgermeister der Stadt Köln enthoben. Nach dem Krieg gehörte er zu den Männern und Frauen, die die freiheitliche, demokratische Bundesrepublik Deutschland mit aufgebaut haben.

Nichts steht mehr für diese Bundesrepublik Deutschland als ihre Verfassung, ihr Grundgesetz. Es wurde vor genau 60 Jahren verabschiedet. In Artikel 1 dieses Grundgesetzes heißt es: „Die Würde des Menschen ist unantastbar." Dieser kurze, einfache Satz – „Die Würde des Menschen ist unantastbar" – war die Antwort auf die Katastrophe des Zweiten Weltkriegs, auf den Mord an sechs Millionen Juden im Holocaust, auf Hass, Verwüstung und Vernichtung, die Deutschland über Europa und die Welt gebracht hat.

In wenigen Tagen schreiben wir den 9. November. Es war der 9. November 1989, an dem die Berliner Mauer fiel, aber es war auch der 9. November 1938, der sich ebenso in das Gedächtnis der deutschen und europäischen Geschichte eingebrannt hat. An diesem Tag verwüsteten die Nationalsozialisten Synagogen, setzten sie in Brand, ermordeten Unzählige. Es war der Beginn dessen, was später in den Zivilisationsbruch der Shoah mündete. Ich kann heute hier nicht vor Ihnen stehen, ohne der Opfer dieses Tages und der Shoah zu gedenken.

Unter uns ist ein Gast, der am eigenen Leib die Schrecken dieses Deutschlands im Nationalsozialismus erlebt hat und den ich vor einiger Zeit kennen lernen durfte: Professor Fritz Stern. Er wurde 1926 im damals deutschen, heute polnischen Breslau geboren und schaffte es mit seiner Familie, 1938 noch rechtzeitig vor den Nazis in die USA zu fliehen. In seiner 2006 veröffentlichten Autobiographie unter dem Titel „Five Germanies I Have Known" beschreibt Fritz Stern den Moment seiner Ankunft 1938 im Hafen von New York und damit im Hafen der Freiheit und Sicherheit. Es ist wunderbar, dass die Geschichte es wollte, dass wir – der aus

Deutschland verjagte, damals 12-jährige Junge und ich, die in der DDR aufgewachsene Bundeskanzlerin des heute wieder vereinten Deutschlands – heute gemeinsam in diesem Hohen Haus sein können. Das erfüllt mich mit großer Freude und großer Dankbarkeit.

Das hätte ich mir vor 20 Jahren, bevor die Mauer fiel, in meinen kühnsten Träumen nicht ausmalen können. Denn damals war es außerhalb meiner Vorstellungskraft, überhaupt in die Vereinigten Staaten von Amerika reisen zu dürfen, geschweige denn eines Tages hier zu stehen. Das Land der unbegrenzten Möglichkeiten – es war für mich lange Jahre meines Lebens das Land der unerreichbaren Möglichkeiten. Mauer, Stacheldraht, Schießbefehl – sie begrenzten meinen Zugang zur freien Welt. So musste ich mir aus Filmen und Büchern, die teilweise meine Verwandten aus dem Westen schmuggelten, ein Bild von den Vereinigten Staaten von Amerika machen.

Was habe ich gesehen und gelesen? Wofür habe ich mich begeistert? Ich habe mich begeistert für den American Dream – die Möglichkeit für jeden, Erfolg zu haben, durch eigene Anstrengungen es zu etwas zu bringen.

Ich habe mich, wie viele andere Teenager auch, begeistert für Jeans einer bestimmten Marke, die es in der DDR nicht gab und die mir meine Tante aus dem Westen regelmäßig geschickt hat.

Ich habe mich begeistert für die Weite der amerikanischen Landschaften, die den Geist der Freiheit und Unabhängigkeit atmen. Gleich 1990 sind mein Mann und ich das erste Mal in unserem Leben nach Amerika geflogen, nach Kalifornien. Niemals werden wir den ersten Blick auf den Pazifischen Ozean vergessen. Er war einfach grandios.

Das alles, obwohl Amerika für mich bis 1989 schier unerreichbar war. Dann, am 9. November 1989, fiel die Berliner Mauer. Die Grenze, die ein Volk für Jahrzehnte in zwei Welten teilte, war jetzt offen. Deshalb ist heute für mich zuerst einmal die Stunde des Dankes. Ich danke den amerikanischen und alliierten Piloten, die 1948 den Verzweiflungsruf des Berliner Bürgermeisters Ernst Reuter erhörten, als er sagte: „Ihr Völker der Welt, [...] schaut auf diese Stadt [...]." Monatelang flogen diese Piloten Lebensmittel über eine Luftbrücke und retteten so Berlin vor dem Verhungern. Viele dieser Soldaten riskierten dabei ihr Leben. Dutzende verloren es. Wir werden ihnen immer ein ehrendes Andenken bewahren.

Ich danke den 16 Millionen in Deutschland über die Jahrzehnte stationierten Amerikanern, ohne deren Beistand als Soldaten, als Diplomaten und als Helfer die Überwindung der Teilung Europas unmöglich gewesen wäre. Wir freuen uns auch heute und in Zukunft über amerikanische Soldaten in Deutschland. Sie sind Botschafter Ihres Landes in unserem Land, genauso wie viele Amerikaner mit deutschen Wurzeln auch heute noch Botschafter meines Landes bei Ihnen sind.

Ich denke an John F. Kennedy, dem nach dem Bau der Berliner Mauer bei seinem Besuch 1963 die Herzen der Menschen zuflogen, als er den verzweifelten Berlinern zurief: „Ich bin ein Berliner." Ronald Reagan erkannte weit vor anderen die Zeichen der Zeit, als er vor dem Brandenburger Tor bereits 1987 rief: „Mr. Gorbatschow, open this gate! [...] Mr. Gorbatschow, tear down this wall!" Dieser Appell wird für immer unvergessen bleiben.

Ich danke George Bush senior, dass er Deutschland und dem damaligen Bundeskanzler Helmut Kohl vertraute und uns Deutschen bereits im Mai 1989 etwas Unschätzbares anbot: „Partnership in Leadership." Welch ein Angebot, 40 Jahre nach dem Ende des Zweiten Weltkrieges! (...)

Lassen Sie es mich in einem Satz sagen: Ich weiß, wir Deutschen wissen, wie viel wir Ihnen, unseren amerikanischen Freunden, verdanken. Niemals werden wir, niemals werde ich Ihnen ganz persönlich das vergessen.

Überall in Europa setzte der gemeinsame Wille zur Freiheit unglaubliche Kräfte frei: In der Gewerkschaft Solidarność in Polen, bei den Reformern um Václav Havel in der Tschechoslowakei, bei der ersten Öffnung des Eisernen Vorhangs in Ungarn und bei den Demonstrationen jeden Montag in der ehemaligen DDR.

Da, wo früher eine dunkle Wand war, öffnete sich plötzlich eine Tür. Wir alle gingen hindurch – auf die Straßen, in die Kirchen, über die Grenzen. Jeder bekam die Chance, etwas Neues aufzubauen, mitzugestalten und den Aufbruch zu wagen. Auch ich bin aufgebrochen. Ich habe meine Arbeit als Physikerin in der Akademie der Wissenschaften in Ost-Berlin hinter mir gelassen und bin in die Politik gegangen. Weil ich endlich gestalten konnte. Weil ich den Eindruck hatte: Jetzt sind die Dinge veränderbar, jetzt kannst du etwas tun.

20 Jahre sind seit diesem überwältigenden Geschenk der Freiheit vergangen. Aber noch immer gibt es nichts, das mich mehr begeistert, nichts, das mich mehr ansporn, nichts, das mich stärker mit positiven Gefühlen erfüllt als die Kraft der Freiheit. Wer einmal in seinem Leben so positiv überrascht wurde, der hält vieles für möglich. Oder, um es mit den Worten Bill Clintons 1994 in Berlin zu sagen: „Nichts wird uns aufhalten. Alles ist möglich." (...)

Amerika und Europa sind wahrlich nicht immer einer Meinung. Die einen halten die anderen manchmal für zu zögerlich und ängstlich oder, umgekehrt, für zu eigensinnig und drängend. Dennoch bin ich zutiefst davon überzeugt: Einen besseren Partner als Amerika gibt es für Europa nicht, einen besseren Partner als Europa gibt es für Amerika nicht. (...)

Das, was Europäer und Amerikaner zusammenführt und zusammenhält, ist die gemeinsame Wertebasis. Es ist ein gemeinsames Bild vom Menschen und seiner unveräußerlichen Würde. Es ist ein gemeinsames Verständnis von Freiheit in Verantwortung. Dafür treten wir in der einzigartigen transatlantischen Partnerschaft und in der Wertegemeinschaft der NATO ein. So wird „Partnership in Leadership" mit Leben erfüllt. Diese Wertebasis war es, die den Kalten Krieg beendet hat. Diese Wertebasis ist es, mit der wir nun die Bewährungsproben unserer Zeit bestehen können und bestehen müssen.

Deutschland ist vereint, Europa ist vereint. Das haben wir geschafft. Heute nun muss unsere politische Generation zeigen, dass sie die Herausforderungen des 21. Jahrhunderts meistert, dass sie gleichsam im übertragenen Sinne Mauern von heute einreißen kann. Was heißt das? Erstens Frieden und Sicherheit schaffen, zweitens Wohlstand und Gerechtigkeit erreichen und drittens unseren Planeten schützen. Wieder sind dabei Amerika und Europa in ganz besonderer Weise gefordert. (...)

Null Toleranz muss es für die geben, die die unveräußerlichen Rechte des Menschen missachten und sie mit Füßen treten. Null Toleranz muss es auch geben, wenn Massenvernichtungswaffen zum Beispiel in den Händen des Iran unsere Sicherheit bedrohen könnten. Der Iran muss das wissen. Der Iran kennt unser Angebot. Doch der Iran kennt auch die Grenze: Eine Atombombe in der Hand des iranischen Präsidenten, der den Holocaust leugnet, Israel droht und das Existenzrecht abspricht, darf es nicht geben.

Wir treten auch der Bedrohung des internationalen Terrorismus entgegen. Dabei wissen wir, dass kein Land – und sei es noch so stark – das allein schaffen kann. Wir alle brauchen Partner. Erst in der Gemeinschaft mit Partnern sind wir stark. Weil wir nach den Anschlägen des 11. September mit dem damaligen Präsidenten George W. Bush die Überzeugung geteilt haben, dass von Afghanistan aus nie wieder die Sicherheit der Welt bedroht werden darf, steht Deutschland dort seit 2002 mit dem drittgrößten Truppenkontingent. (...)

Es steht außer Zweifel: Die NATO ist und bleibt der wesentliche Eckpfeiler unserer gemeinsamen Sicherheit. Ihr Sicherheitskonzept wird stetig weiterentwickelt und den neuen Herausforderungen angepasst. Ihr Fundament und ihr Kompass für Frieden und Freiheit aber bleiben unverändert. Wir Europäer – davon bin ich überzeugt – können dazu in Zukunft noch mehr beitragen. Denn wir Europäer sind in diesen Wochen im Begriff, unsere Europäische Union mit einer neuen vertraglichen Grundlage auszustatten. Die letzte Unterschrift ist gerade darunter gesetzt worden. Die Europäische Union wird damit stärker und handlungsfähiger und damit für die Vereinigten Staaten ein starker und zuverlässiger Partner. (...)

Nur in Freiheit kann der Mensch schöpferisch sein. Allerdings ist auch deutlich geworden: Diese Freiheit steht nicht allein. Es ist eine Freiheit in und zur Verantwortung. Dazu bedarf es einer Ordnung. Der Beinahe-Zusammenbruch der internationalen Finanzmärkte hat gezeigt, was passiert, wenn es diese Ordnung nicht gibt. Wenn die Welt die Lektion aus der Finanzkrise des letzten Jahres gelernt hat, dann führt kein Weg an der Erkenntnis vorbei, dass eine globalisierte Wirtschaft einen globalen Ordnungsrahmen braucht. Ohne eine weltweite Bindung durch Transparenz und Kontrolle kommt es nicht zu einem Gewinn an Freiheit, sondern vielmehr zu einem Missbrauch von Freiheit und damit zu Instabilität. Das ist dann gleichsam eine zweite Mauer, die fallen muss – eine Mauer, die vor einer wirklich globalen Wirtschaftsordnung steht, eine Mauer regionalen und ausschließlich nationalen Denkens. (...)

Dass globale Herausforderungen nur in umfassender internationaler Zusammenarbeit bewältigt werden können, zeigt sich auch an einer dritten Bewährungsprobe des 21. Jahrhunderts, an so etwas wie einer Mauer zwischen Gegenwart und Zukunft. Diese Mauer versperrt den Blick auf die Bedürfnisse kommender Generationen. Sie verhindert den dringend notwendigen Schutz unserer natürlichen Lebensgrundlagen und unseres Klimas. Wohin dieser Verbrauch unserer Zukunft führt, können wir schon jetzt sehen: In der Arktis schmelzen Eisberge, in Afrika werden Menschen zu Flüchtlingen, weil ihre Umwelt zerstört wird, weltweit steigt der Meeresspiegel. Ich freue mich, dass Präsident Obama und Sie in Ihrer Arbeit dem Schutz unseres Klimas eine hohe Bedeutung beimessen. Wir alle wissen: Wir haben keine Zeit zu verlieren. Wir brauchen eine Einigung auf der Klimakonferenz im Dezember in Kopenhagen. Wir brauchen eine Einigung auf ein Ziel: Die globale Erwärmung darf zwei Grad Celsius nicht überschreiten. (...)

Ich bin überzeugt: So wie wir im 20. Jahrhundert die Kraft hatten, eine Mauer aus Stacheldraht und Beton zu Fall zu bringen, so haben wir auch heute die Kraft, Mauern des 21. Jahrhunderts zu überwinden – Mauern in unseren Köpfen, Mauern eines kurzsichtigen Eigeninteresses, Mauern zwischen Gegenwart und Zukunft.

Meine Zuversicht speist sich aus einem ganz besonderen Klang – dem Klang der Freiheitsglocke im Schöneberger Rathaus von Berlin. Dort hängt seit 1950 ein Nachguss der amerikanischen Freiheitsglocke. Gespendet von amerikanischen Bürgern, ist sie ein Zeichen des Freiheitsversprechens, das sich erfüllt hat. Am 3. Oktober 1990 läutete die Freiheitsglocke die Wiedervereinigung Deutschlands ein – im Augenblick der größten Freude des deutschen Volkes. Am 13. September 2001 läutete sie noch einmal, und zwar zwei Tage nach dem 11. September – im Augenblick der größten Trauer des amerikanischen Volkes.

The Freedom Bell in Berlin is, like the Liberty Bell in Philadelphia, a symbol which reminds us that freedom does not come about by itself. It must be struggled for and then defended anew every day of our lives. In this endeavour, Germany and Europe will also in future remain strong and dependable partners for America. That I promise you.

[Die Freiheitsglocke in Berlin ist ebenso wie die Freiheitsglocke in Philadelphia ein Symbol, das uns daran erinnert, dass Freiheit nicht von selbst zustande kommt. Sie muss an jedem Tag unseres Lebens aufs Neue verteidigt werden. In diesem Bestreben werden Deutschland und Europa auch in Zukunft starke und verlässliche Partner für Amerika bleiben. Das verspreche ich Ihnen.]

„Nie wieder ein deutscher Sonderweg!"

Im Irakkonflikt trifft Angela Merkel eine Entscheidung, die das öffentliche Bild von ihr längere Zeit negativ beeinflussen wird: Sie ergreift Partei für die Vereinigten Staaten. Die Bundestagsrede der Oppositionsführerin am 13. Februar 2003 fällt in die heiße Phase der Kriegsvorbereitungen. Massiv greift Merkel Bundeskanzler Gerhard Schröder an.[44] Dieser hat sich – mit Hilfe des Irak-Themas gerade wiedergewählt –, Ende Januar 2003 auf einer Wahlkampfveranstaltung im niedersächsischen Goslar auf ein Nein zu einer VN-Resolution festgelegt, die Waffengewalt legitimieren könnte. Am 20. März 2003 beginnt der Irakkrieg, den letztlich nur eine kleine Zahl von amerikanischen Verbündeten unterstützt, darunter allerdings Großbritannien und mehrere Staaten Osteuropas. Dabei stützt sich die „Koalition der Willigen" auf die umstrittene völkerrechtliche Grundlage der älteren VN-Resolution 1441. Von den irakischen Massenvernichtungswaffen, deren Gefahren die US-Regierung als Kriegsgrund angegeben hatte, findet sich anschließend keine Spur.

Heute schauen Millionen Menschen in Deutschland auf uns und hören dieser Debatte zu. Sie machen sich Sorgen, ob wir, die Politiker – egal ob Regierung oder Opposition –, unser Land durch eine schwierige Zeit, insbesondere durch den Irakkonflikt und durch den Kampf gegen den Terrorismus mit Klugheit und Weisheit führen können.

Die Menschen in diesem Lande wollen keinen Krieg. Diejenigen, die in diesem Saale sitzen, wollen auch keinen Krieg. Sehr geehrter Herr Bundeskanzler, wie sehr Sie innerlich unter Druck stehen, hat man schon an der Lautstärke Ihrer Stimme gemerkt. Dass Sie es aber nötig haben, die Opposition dieses Hauses als Kriegstreiber zu verleumden, zeigt, in welcher Ecke Sie stehen. Aus dieser Ecke werden Sie nicht herauskommen können. Wer als Bundeskanzler der Bundesrepublik Deutschland den Eindruck erweckt, irgendjemand würde sich die Entscheidung über Krieg und Frieden leicht machen und die letzte Chance aus der Hand geben, der, sehr geehrter Herr Bundeskanzler, hat nicht erfasst, worum es geht.

Ich sage Ihnen: Sie sind seit Wochen auf einem Irrweg. Das Schlimmste ist – das sage ich mit großem Ernst; das ist meine feste Überzeugung –, dass insbesondere Ihr Verhalten auf dem Marktplatz von Goslar den Krieg im Irak leider nicht unwahrscheinlicher, sondern wahrscheinlicher gemacht hat; denn Sie haben den Druck auf Saddam Hussein verringert. (...)

Niemand hat behauptet, dass es aufgrund der Resolution 1441 einen Automatismus der Gewalt gibt. Sie haben es auf dem Marktplatz von Goslar aber für notwendig erachtet, der Weltöffentlichkeit mitzuteilen, dass Sie unter gar keinen Umständen – Ihnen ist es also egal, was die Inspekteure herausfinden und worum sie bitten – bereit sind, dafür zu sorgen, dass die Resolution 1441 mit letzter Konsequenz umgesetzt werden kann. Das ist der Dissens, und um den drücken Sie sich herum. (...)

Herr Bundeskanzler, wir streiten hier über die Frage: Wie kann ich in einer Gemeinschaft von Freunden, denen ich mich durch gemeinsame Werte verpflichtet fühle, einen möglichst großen Teil meiner eigenen Vorstellungen umsetzen? Das kann ich nicht dadurch, dass ich Dinge verkünde, ohne mich abzusprechen, und Teilbündnisse schließe, ohne andere zu informieren. Damit schwäche ich die Europäische

Union, die NATO, die UNO, den Sicherheitsrat und die Arbeit der Inspekteure.

Weil Sie sich so verhalten haben, wie Sie sich verhalten haben, haben Sie außenpolitischen Schaden angerichtet. Wenn ich von Schaden spreche, können Sie sicher sein, dass ich mir das gut überlegt habe. Ich erinnere an eine Gemeinsamkeit von Konrad Adenauer über Willy Brandt und Helmut Schmidt bis Helmut Kohl, die sich jenseits aller innenpolitischen Auseinandersetzungen immer einem Ziel verpflichtet gefühlt haben: Nie wieder Krieg! Das heißt in der Umsetzung: Nie wieder ein deutscher Sonderweg!

Herr Bundeskanzler, Sie versuchen den Eindruck zu erwecken, Sie seien mit Frankreich und anderen Ländern einer Meinung. Der große Unterschied ist, dass sich der Präsident der Französischen Republik seinen diplomatischen Handlungsspielraum erhalten hat. Sie haben Ihren aufgegeben und damit Deutschland in eine gewichtslose Klasse hineingeführt, die nicht mehr das bewegen kann, was sie eigentlich bewegen müsste.

Die „Süddeutsche Zeitung" schrieb gestern: „Deutschland ist in einer Sackgasse angekommen und hat, anders als Frankreich oder Russland, keine Hintertüren offen. Solange Schröder in Berlin regiert, wird Washington ihn als Gegner sehen, in Paris und London gilt er als überambitionierter Amateur." Herr Bundeskanzler, Sie können die „Süddeutsche Zeitung" in Ihrer Parteitagsdiktion nicht als Helfershelfer der Opposition bezeichnen. Deshalb rate ich Ihnen: Nehmen Sie diese Worte ernst! Wenn es nicht um so viel ginge, dann wäre die Sache mit dem „überambitionierten Amateur" sogar zum Lachen. Aber es geht hier nicht um eine ganz normale Auseinandersetzung, sondern um das Verhalten Deutschlands in der Zukunft und damit um weit mehr als nur um einen Konflikt.

Ich sage Ihnen sehr persönlich: 1990, als wir in Frieden und Freiheit die deutsche Einheit in Übereinstimmung mit

Frankreich, Russland, den Vereinigten Staaten und Großbritannien erhalten haben, als ein Kollege aus Ihren Reihen, Markus Meckel, genauso in die Zwei-plus-Vier-Verhandlungen wie viele andere eingebunden war, haben wir uns nicht träumen lassen, dass Deutschland heute einen Beitrag dazu leistet, dass Bündnisse geschwächt werden und die transatlantische Partnerschaft gegen die deutsch-französische Freundschaft ausgespielt wird. Sehr geehrter Herr Bundeskanzler, ich mache bei diesem Spiel nicht mit.

Ich war bisher gegenüber dem Bundeskanzler sehr freundlich. Dass es der Bundeskanzler wagt, zu behaupten, dass wir das Verhältnis zu Frankreich infrage stellen, um die transatlantische Partnerschaft zu pflegen, ist eine Ungeheuerlichkeit. Ich kann es Ihnen auch auf diese Art und Weise sagen. Herr Bundeskanzler, seit dem Bundestagswahlkampf schüren Sie sehr subtil einen bestimmten Antiamerikanismus. Sie haben im Wahlkampf festgestellt: „Mit mir sind Abenteuer nicht zu machen." Was soll das bedeuten? Mit wem auf dieser Welt sind Abenteuer zu machen?

Der Senator McCain hat auf der Sicherheitskonferenz in München (...) sehr deutlich darauf hingewiesen, dass er es ernst nimmt, wie eine große Zahl von Menschen in Deutschland denkt. Derselbe Senator hat uns eindringlich gebeten, unsererseits ernst zu nehmen, in welcher psychologischen Situation sich die Menschen in den Vereinigten Staaten von Amerika befinden. Sie befinden sich nach dem 11. September [2001] in einer Phase, in der sie bedroht und angegriffen werden. Ich rate uns allen dringend, gemeinsam – ich betone: gemeinsam – im Bündnis nach Lösungen zu suchen, statt Sonderwege zu beschreiten. (...)

Ich zitiere: „Gerade wir Deutschen, die wir durch die Hilfe und Solidarität unserer amerikanischen (...) Freunde und Partner die Folgen zweier Weltkriege überwinden konnten, um zu Freiheit und Selbstbestimmung zu finden, haben nun auch eine Verpflichtung, unserer neuen Verantwortung umfassend gerecht zu werden. Das schließt – und das sage ich ganz unmissverständlich – auch die Beteiligung an militärischen Operationen zur Verteidigung von Freiheit und Menschenrechten, zur Herstellung von Stabilität und Sicherheit ausdrücklich ein." Herr Bundeskanzler, das waren Ihre Worte nach dem 11. September.

Aber heute weigern Sie sich, die Legitimation der UNO anzuerkennen, Resolutionen, die sie selbst verabschiedet hat, im Ernstfall auch wirklich durchsetzen zu können. In diesem Punkt widersprechen wir Ihnen energisch, Herr Bundeskanzler. Die Geschichte des Irak – auch das vermisse ich – ist die Geschichte eines immerwährenden Verstoßes gegen die Resolutionen der Weltgemeinschaft. Sie haben heute nur über die Anteile gesprochen, die Ihnen in den Kram passen, Herr Bundeskanzler. Der Angriff des Irak auf Kuwait ist von der UN mit einer Resolution beantwortet worden, die zum Schluss mit militärischen Mitteln durchgesetzt wurde. Damals haben Sie Plakate mit der Aufschrift „Kein Krieg für Öl" geklebt. So haben Sie damals die UN-Resolution missachtet. Deshalb stelle ich fest: Sie haben an dieser Stelle nichts dazugelernt.

Es ist doch nicht so, dass die Weltgemeinschaft aus heiterem Himmel dazu kommt, darüber nachzudenken, eventuell, im allerletzten Fall, militärische Mittel einzusetzen. Der ersten Resolution sind 16 weitere gefolgt. Es ist zum Teil gelungen, den Irak zu entwaffnen, aber nach der festen Überzeugung auch von Chefinspekteur Blix ist es auch heute noch so, dass sich der Irak weigert, einem umfassenden Abrüstungskonzept entgegenzukommen. Herr Bundeskanzler, es gab 16 Resolutionen, der Chefinspekteur Butler hat gesagt, das mache weiter keinen Sinn, und es gab einen erneuten Anlauf. Ich unterstütze alles, was den Druck auf den Irak erhöht, und bin für alle Versuche, kriegerische oder militärische Aktionen zu vermeiden. Aber ich sage: Wir dürfen diese militärischen Aktionen als letztes Mittel nicht ausschließen, weil sich Saddam Hussein keinen Millimeter bewegen wird, wenn er weiß, dass er alles tun und lassen kann und wir die Konsequenzen letztendlich nicht ziehen.

Sie haben heute nur gesagt, worin keine Bedrohung durch den Irak besteht. Ich erinnere daran, dass der Irak seinerzeit Israel mit Scud-Raketen angegriffen hat. Was ist eigentlich mit unserer Verantwortung vor dem Hintergrund der deutschen Geschichte gegenüber dem Staat Israel? Und warum haben Sie eigentlich 80 Millionen Dosen zur Pockenimpfung gekauft, wenn Sie glauben, dass es keinerlei Bedrohung gibt?

Was sagen Sie denn zu diesen Fragen? Sie müssen die Menschen doch vollständig informieren, Herr Bundeskanzler. Jeder hier in diesem Haus hat ein hohes Interesse daran, dass der Druck auf den Irak erhöht wird. Wir sagen, dass man deshalb die UN nicht schwächen darf – für uns geht es um die Auseinandersetzung in der UNO –, indem man schon vorher festlegt, wie man abstimmt. Das war Ihr großer Fehler.

Herr Bundeskanzler, wenn wir über die Sicherheit und über Partnerschaften sprechen, dann geht es auch darum, dass der Stil und die Art und Weise, wie in diesen Partnerschaften Konflikte ausgetragen werden, in einem Geist bestehen, der die gegenseitigen Partner anerkennt. Sie von der SPD und von den Grünen suchen sich im Augenblick die Partner so aus – und vereinnahmen sie auch noch –, dass Sie andere Partnerschaften spalten.

Ich sage Ihnen: Mittel- und langfristig ist Deutschland genauso wie andere Länder auf Partnerschaften und auf einen starken Sicherheitsverbund angewiesen. Wir sind aus eigener Kraft nicht in der Lage, die Sicherheit unseres Landes und die Sicherheit Europas zu schützen. Deshalb ist es unablässig erforderlich, bei allem Eintreten für den Frieden alles daran zu setzen, die Zukunft dieser Partnerschaften durch ein hohes Maß an Verlässlichkeit der Bundesrepublik Deutschland zu stärken. (...)

Warum haben Sie sich als einziger mir bekannter Staats- und Regierungschef bereits zu einem Zeitpunkt festgelegt, als der UNO noch nicht einmal der erste Bericht vorlag? Warum sagen Sie, obwohl Sie doch auch der UN-Charta verpflichtet sind – die UN-Charta enthält ganz ausdrücklich die Möglichkeit, die eigenen Resolutionen auch mit militärischen Aktionen durchzusetzen –, Deutschland werde dabei nicht mitmachen? Herr Bundeskanzler, ich sage – ich habe lange darüber nachgedacht –: Es hat rein innenpolitische Gründe. Sie, Herr Bundeskanzler, haben nicht das, was ein souveräner Bundeskanzler haben müsste: die innere Freiheit, in Bezug auf die internationale Staatengemeinschaft auch frei und verantwortlich und in Partnerschaft zu entscheiden. (...)

Die Wahrheit ist – und das nimmt Ihnen die Souveränität –, dass Sie sich auf Ihre eigene Truppe nicht verlassen können. Deshalb werfe ich Ihnen einen Mangel an Autorität vor. Dieser Mangel an Autorität zeigt sich in außenpolitischer Unverlässlichkeit und diese außenpolitische Unverlässlichkeit werden wir bitter bezahlen müssen, weil sie die Autorität der Europäischen Union, der NATO und der UNO aufs Spiel setzt. Dabei werden wir nicht mitmachen, Herr Bundeskanzler.

„Die Verteidigung der Menschenrechte hat ihren Preis“

Im Afghanistaneinsatz stellt die Bundeswehr das drittgrößte Kontingent der Verbündeten. Schwach bleibt über die Jahre der öffentliche Rückhalt für die Mission. Der vom deutschen Oberst Georg Klein angeordnete Luftschlag auf zwei gekaperte Tankwagen in der Nähe von Kunduz Anfang September 2009, bei der neben Taliban auch Zivilisten ums Leben kamen, facht die Debatte über den Sinn des Einsatzes neu an und führt zur Kon-

stituierung eines Bundestags-Untersuchungsausschusses.[45] *In ihrer Regierungserklärung am 27. Januar 2010 im Deutschen Bundestag beruft sich Merkel auf die westliche Werteordnung. Sie stellt einen Abzug in Aussicht, wirbt aber vor der internationalen Afghanistan-Konferenz in London um mehr Mittel für die Entwicklungshilfe, die Entsendung weiterer Polizeiausbilder und die Erhöhung des Mandats auf bis zu 5 350 Bundeswehrsoldaten.*

Ende 2001 hat der Deutsche Bundestag beschlossen, deutsche Soldaten im Rahmen des internationalen NATO-Einsatzes auf der Grundlage einer Resolution des UN-Sicherheitsrates nach Afghanistan zu entsenden. Das war eine der schwierigsten Entscheidungen, die die damalige Bundesregierung und der Deutsche Bundestag im ganzen letzten Jahrzehnt zu treffen hatten. Leicht gemacht hat es sich damals niemand. Mitgetragen haben diese Entscheidung am Ende die allermeisten in diesem Hohen Haus, und zwar bis heute. Dafür danke ich Ihnen im Namen der Bundesregierung und unserer Soldaten ganz herzlich.

Nach den Anschlägen des 11. September [2001] galt es mitzuhelfen, dem internationalen Terrorismus die Rückkehr an seine wichtigste Heimstatt zu verwehren. Es galt mitzuhelfen, Afghanistan den Weg zurück zu Frieden und Stabilität zu öffnen. Dieser Auftrag hat an seiner Bedeutung und seiner Gültigkeit nichts verloren. Dennoch: Heute, gut acht Jahre später, ist die Bilanz dieses Einsatzes gemischt. Es gab manche Fortschritte und zu viele Rückschläge. Außer Zweifel steht: Die internationale Staatengemeinschaft hat das Ziel ihres Einsatzes noch nicht erreicht. Deshalb müssen wir handeln. (...)

Wir unterstützen das Ziel der afghanischen Regierung, bis 2014 die Verantwortung für die Sicherheit zu übernehmen. Aber ich sage an dieser Stelle klar und deutlich: Ein endgültiges Abzugsdatum nenne ich ausdrücklich nicht.

Das hielte ich für kontraproduktiv und für falsch. Mehr noch: Gerade wer tatsächlich möchte, dass der Einsatz der internationalen Staatengemeinschaft in Afghanistan nicht unendlich weitergeht, sondern in absehbarer Zeit abgeschlossen werden kann, und zwar erfolgreich, der darf dem manchmal vielleicht emotional nachvollziehbaren Impuls, ein solches Abzugsdatum zu nennen, nicht nachgeben. Das ist meine tiefe Überzeugung.

Deshalb wird die Bundesregierung das auch nicht tun.

Dabei kenne ich die kritischen Fragen so gut wie Sie alle: Engagieren wir uns nicht schon genug in Afghanistan? Lassen wir uns zu sehr von anderen drängen? Können wir dort überhaupt erfolgreich sein? Ich weiß sehr gut, dass gerade die Erhöhung der Zahl der Soldaten von niemandem mit leichtem Herzen beschlossen werden kann. Ich weiß sehr gut, dass wir sie in einen belastenden, in einen gefährlichen Einsatz schicken. Deshalb sind wir es ihnen, den Soldaten, den Polizisten, den zivilen Aufbauhelfern, die wir in diesen gefährlichen Einsatz schicken, ja wir sind es der gesamten deutschen Öffentlichkeit schuldig, hier und heute ehrlich Rechenschaft abzulegen – Rechenschaft über das, was erreicht wurde, und über das, was nicht erreicht wurde.

Ja, es ist wahr: Der Einsatz dauert länger, und er ist schwieriger, als wir zu seinem Beginn vor gut acht Jahren gedacht haben. Ja, es hat schwere Rückschläge gegeben, die wir so nicht vorausgesehen haben. Und ja, der Einsatz fordert Menschenleben bei unseren Soldaten, bei den Polizisten, bei den zivilen Helfern und in der afghanischen Bevölkerung, Menschenleben, deren Verlust wir inständig gehofft haben nicht beklagen zu müssen. Es gibt Menschen, die auch infolge deutschen Handelns ihr Leben verloren haben oder verletzt wurden, wie dies beim Luftschlag von Kunduz am 4. September des vergangenen Jahres geschehen ist. Die Bundesregierung bedauert dies zutiefst. Die Bundesregierung trauert um jedes unschuldige Opfer.

Wir sehen nicht darüber hinweg: Es herrscht immer noch kein Frieden in diesem leidgeprüften Land. Zerstörung und Tod sind tägliche, bittere Erfahrungen. Unsere Soldaten erleben vor Ort hautnah, was es bedeutet, wenn wir von kriegsähnlichen Zuständen sprechen. Das sollten wir, die hier im fernen, sicheren Berlin debattieren, in keiner Sekunde vergessen. Wir müssen uns der Größe der Aufgabe bewusst sein. Doch sollte uns die Größe dieser Aufgabe entmutigen? Sollte sie etwas daran ändern, dem internationalen Terrorismus entschlossen entgegenzutreten und alles zu tun, um einen neuen 11. September, ein neues Madrid, ein neues London zu verhindern? Ich sage ganz klar: Nein. Die Aufgabe war 2001 richtig, und sie ist es heute genauso.

Manche meinen, Afghanistan sei ein unverständliches Land, weit weg, getrennt von uns durch andere Kulturkreise. Ja, das mag so sein. Dieses Land mag vielleicht tatsächlich weit weg sein, aber was auf dem Spiel steht, das ist ganz und gar nicht weit weg. Wir dürfen nie die Umstände vergessen, die alle Bundesregierungen seit Ende 2001 bis heute zum Afghanistan-Einsatz bewogen haben: dass das von Taliban und al-Qaida beherrschte Afghanistan die Brutstätte des Terrors vom 11. September 2001 war. Ihm folgten weitere Anschläge. Deshalb galt damals und gilt heute: Der Einsatz der Bundeswehr im Rahmen des internationalen NATO-Einsatzes war und ist in dringendem Interesse der Sicherheit unseres Landes.

Ich ergänze ganz ausdrücklich: Eine Haltung nach dem Motto „Sollen doch die anderen, die Amerikaner, die Engländer, die Kohlen aus dem Feuer holen“ ist für mich als Bundeskanzlerin der Bundesrepublik Deutschland und für die gesamte Bundesregierung unverantwortbar. Deshalb wird es in meiner Regierungsverantwortung einen deutschen Alleingang niemals geben. Wir haben diesen Einsatz gemeinsam beschlossen – in den Vereinten Nationen, in der NATO –, und wir werden ihn mit überarbeiteter Strategie gemeinsam fortsetzen. Wir wollen alles daransetzen, ihn gemeinsam zum Erfolg zu führen. Deswegen wäre ein einseitiger Abzug der Bundeswehr kein Beitrag zur Übergabe in Verantwortung, sondern ein Beispiel für Aufgabe in Verantwortungslosigkeit.

Das gilt umso mehr, als doch trotz aller Rückschläge auch Fortschritte zu verzeichnen sind: Gingen 2001 nur eine Million Kinder von insgesamt rund zehn Millionen afghanischen Kindern zur Schule, davon kein einziges Mädchen, so waren es 2009 immerhin schon sieben Millionen Kinder, davon ein gutes Drittel Mädchen. Oder die Gesundheitsversorgung: Sie hat sich deutlich verbessert; die Kindersterblichkeit ist um 50 Prozent gesunken. Oder die legale Wirtschaft: Der IWF hat in diesem Bereich für das Jahr 2009 ein Wachstum von mehr als 15 Prozent festgestellt. Oder die Infrastruktur: Alle Provinzen in Nordafghanistan sind inzwischen über gut ausgebaute Straßen mit Kabul und den Nachbarstaaten verbunden; 900 000 Menschen im Norden haben oft zum ersten Mal überhaupt Zugang zu Strom und Wasser.

Noch einmal: Niemand in diesem Haus will hier und heute über die Probleme und Rückschläge den Mantel des Schweigens legen, ich jedenfalls nicht. Es steht außer Zweifel: Die internationale Staatengemeinschaft hat eine Bewährungsprobe zu bestehen. Es ist auch eine Bewährungsprobe für die drei Grundprinzipien, die die deutsche Außenpolitik in der Vergangenheit immer geleitet haben und sie weiter leiten werden – der Dienst für den Frieden, der wehrhafte Rechtsstaat, feste Bündnisse und Partnerschaften. Alle drei Grundsätze galten und gelten immer im Zusammenhang. Die Verteidigung der Menschenrechte hat ihren Preis, und die unserer Sicherheit auch – das ist wahr –, aber ich bin weder bereit, das eine, noch bin ich bereit, das andere aufzugeben. Beides zusammen trägt unser Land. (...)

Ich bin überzeugt, wenn es eine Aufgabe gibt, die zu wichtig ist, als dass parteipolitische Interessen den Ausschlag geben dürfen, dann ist es genau diese Aufgabe. In diesem Sinne bitte ich das ganze Hohe Haus um Unterstützung, damit wir unserer Verantwortung für Deutschland und für Afghanistan gerecht werden können.

„Die NATO muss ein Ort politischer Diskussionen sein"

Nach dem Ende des Kalten Krieges bleibt die Frage nach der Rolle der NATO auf der Tagesordnung. Kurz vor dem 60-jährigen Geburtstag der Allianz im April 2009 wirbt Merkel in ihrer Rede auf der Münchener Sicherheitskonferenz am 7. Februar 2009 für eine neue strategische Ausrichtung des Bündnisses, die über eine militärische Funktion hinausgehen soll.[46]

Wenn wir hier versammelt sind, dann frage ich als deutsche Bundeskanzlerin: Was eint uns in unseren Bündnissen, innerhalb derer wir leben und innerhalb derer wir arbeiten? Das ist auf der einen Seite natürlich das Fundament der gemeinsamen Werte Freiheit und Demokratie, das gemeinsame Einstehen in der transatlantischen Gemeinschaft, in der NATO, die 60 Jahre alt wird und die auch im 21. Jahrhundert – das will ich ganz deutlich sagen – der zentrale Anker des transatlantischen Bündnisses ist, in dem wir unsere gemeinsamen Interessen auf der Basis gemeinsamer Werte bündeln und daraus auch die notwendigen Handlungen ableiten. Artikel 5 [des NATO-Vertrages] als Beistandsartikel bleibt der Kern der Allianz. Die transatlantische Achse ist die Grundlage unserer Sicherheitsarchitektur.

Die NATO hat eine wesentliche Erweiterungsrunde hinter sich, aber wir sind noch nicht am Ende. (...) Auch die Ukraine und auch Georgien werden Mitglieder der NATO sein. Die NATO wird darauf bestehen, dass es kein Recht Dritter gibt, darüber zu entscheiden, wer Mitglied der NATO wird und wer nicht. Wir werden natürlich jede Mitgliedschaft darauf überprüfen, ob sie auch der Sicherheit des gesamten Bündnisses dient.

60 Jahre NATO – das heißt aber auch, dass wir im 21. Jahrhundert vor neuen Herausforderungen wie asymmetrischen Bedrohungen und Terrorismus stehen. Es gibt kein Denken mehr in Blöcken, sondern es gibt eine Welt mit völlig neuen Konflikten. Darauf muss sich die NATO einstellen. Deshalb glauben wir auch, dass der 60. Jahrestag der NATO-Gründung ein richtiger Zeitpunkt ist, um über ein neues strategisches Konzept nicht nur nachzudenken, sondern es auszuarbeiten. Gastgeber des 60. Jahrestages der NATO-Gründung werden Deutschland und Frankreich sein. Ich bin nicht nur sehr froh, dass Nicolas Sarkozy als französischer Präsident heute bei uns ist, sondern auch darüber, dass Deutschland und Frankreich gemeinsam Gastgeber sein können und Frankreich den Schritt zurück in alle Strukturen des Bündnisses geht, die Integration in das militärische Bündnis vollzieht. Das ist ein wichtiger Schritt, gerade auch aus deutscher Sicht. Die NATO wird dadurch gestärkt werden.

Wir müssen für die Erarbeitung dieses strategischen Konzeptes eine Arbeitsstruktur finden, wie wir äußere Ratschläge und innere Diskussionsprozesse so zusammenfügen, dass wir auch schnell zu Ergebnissen kommen können. Ich möchte hier deutlich machen, was ich glaube, was dieses neue strategische Konzept leisten muss.

Erstens – das ist meine und die Erwartung vieler Europäer an die Vereinigten Staaten von Amerika: Uns sollte meiner Meinung nach einen, dass die internationalen Konflikte heute von keinem Land mehr allein gelöst werden können, sondern dass wir einander brauchen. Wir müssen dies gemeinsam tun. Egal, wie groß ein Land ist, keiner kann dies allein tun. Das heißt, der kooperative Ansatz muss die Grundlage unseres Handelns sein.

Zweitens: Wir haben in den letzten Jahren sehr viel an der Frage gearbeitet: Welches Konzept der Sicherheit haben wir eigentlich? Wir sind zu der Überzeugung gelangt, dass das Konzept der Vernetzten Sicherheit die richtige Antwort auf die Herausforderungen des 21. Jahrhunderts ist. Das heißt, Krisenbewältigung und Krisenprävention müssen durch ein Miteinander von politischen, entwicklungspolitischen, polizeilichen, zum Teil kulturpolitischen und, wo nötig, natürlich auch militärischen Maßnahmen erfolgen. Die NATO ist ein militärisches Bündnis. Das heißt, wir müssen Wege finden – das muss Teil dieses neuen strategischen Konzeptes sein –, wie wir die militärischen Fähigkeiten der NATO mit dem Konzept der Vernetzten Sicherheit verbinden und daraus die notwendigen Kooperationen erwachsen lassen.

Die Europäische Sicherheits- und Verteidigungspolitik hat inzwischen 22 Missionen durchlaufen. Die Europäische Sicherheits- und Verteidigungspolitik ist zurzeit in 13 Missionen engagiert: unter anderem im Tschad, bei der polizeilichen Ausbildung in Afghanistan, im Kosovo, in Bosnien militärisch und zivil; wir helfen bei der Ausbildung palästinensischer Polizei und wir kämpfen gegen die Piraterie vor dem Horn von Afrika; wir haben die Wahlen im Kongo abgesichert. Das heißt, wir haben in einer Vielzahl von Maßnahmen Vernetzte Sicherheit in unseren Missionen gelebt, erarbeitet und sind dabei auch erfolgreich gewesen.

Kritisch muss man sicherlich sagen, dass die militärischen Fähigkeiten der Europäischen Sicherheits- und Verteidigungspolitik noch nicht ausreichend gebündelt sind. Wir haben das Prinzip der „Battle Groups", aber wenn es zum praktischen Einsatz kommt, haben wir noch viele und lange Wege zu gehen. Auf der anderen Seite zeigt die Vielfalt der Einsätze, was wir bereits können und wo wir bereit sind, Verantwortung zu übernehmen.

Ich sehe die Europäische Sicherheits- und Verteidigungspolitik als eine neue Form der Kooperation mit der NATO. Nicht mehr jeder einzelne Mitgliedstaat bringt sich nur alleine ein, sondern an einigen Stellen bringt sich auch die Europäische Sicherheits- und Verteidigungspolitik in die NATO ein. Das heißt, wir haben die Möglichkeit, durch die Europäische Sicherheits- und Verteidigungspolitik unser Bündnis, die NATO, stärker zu machen. Ich sehe das nicht als Konkurrenz an, ich sehe das nicht als Wettbewerb an, sondern wir müssen von Fall zu Fall nach gemeinsamer Analyse und mit gemeinsamer Beschlussfassung entscheiden, welche Form der Mission die geeignete ist. Das heißt also, unsere Zusammenarbeit in der NATO kann durch die Europäische Sicherheits- und Verteidigungspolitik gestärkt werden. Das ist zumindest das, was ich mir vorstelle.

Das neue strategische Konzept der NATO muss nun diesem Konzept der Vernetzten Sicherheit entsprechen und ihm näherkommen. Das heißt, wir müssen lernen, mit den militärischen Fähigkeiten der NATO dann auch Vernetzte Sicherheit vor Ort in Aktion wahrnehmen zu können. Das heißt, und darüber habe ich eigentlich jedes Jahr auf dieser Sicherheitskonferenz gesprochen: Die NATO muss ein Ort politischer Diskussionen sein. Man kann nicht Vernetzte Sicherheit fordern und anschließend die NATO nur als militärisches Bündnis begreifen. Das wird schiefgehen, die wesentlichen transatlantischen Diskussionen werden dann woanders ablaufen. (...)

Bei allem, was gelungen ist, muss man allerdings auch sagen: Die Zusammenarbeit zwischen NATO und Europäischer Sicherheits- und Verteidigungspolitik läuft noch nicht so, wie wir uns das vorstellen. Wir führen endlose Diskussionen in Bezug auf praktische Beispiele – ob es die Frage des Kosovo oder die Frage Afghanistans ist –, weil es ungelöste Konflikte zwischen Mitgliedstaaten der Europäischen Union und der NATO gibt. An dieser Stelle sind – man kann das ja beim Namen nennen – zum Beispiel die Türkei und Zypern betroffen. Das heißt, wir haben alle gemeinsam ein intensives Interesse daran, dass solche regionalen Konflikte unsere überregionale Zusammenarbeit im transatlantischen Bündnis oder in der

Europäischen Union nicht behindern, weil uns diese viel Kraft und Zeit kosten. Daran muss gearbeitet werden. (...)

Der Charakter unserer Zusammenarbeit muss also sein: Wir analysieren gemeinsam, wir treffen dann gemeinsame Entscheidungen und wir handeln gemeinsam. Dies ist im Bereich der Sicherheits- und Verteidigungspolitik von allergrößtem Interesse. Ob wir dazu in der Lage sind, wird sich an praktischen Beispielen, die ich hier aufgezählt habe, erweisen. Wir werden an anderer Stelle, wenn es um die Bewältigung der Finanz- und Wirtschaftskrise geht, beim G20-Treffen am 2. April in London zeigen, ob wir in der Lage sind, zu gemeinsamen Aktionen zu gelangen. Wir werden am Ende des Jahres im Bereich der Umwelt zeigen müssen, ob wir die Kraft haben, ein Nachfolgeprogramm für das Kyoto-Protokoll in Bezug auf den Klimaschutz zu erarbeiten.

Es geht im Kern, obwohl die Inhalte ganz unterschiedlicher Natur sind, immer wieder um die Frage: Sind wir in der Lage, kooperativ, gemeinsam zu handeln – als Länder, die eine gemeinsame Wertebasis eint? Sind wir in der Lage, eine zukunftsfähige Vision aufzubauen? Ich glaube: Ja, wir sind es. Ich sage: Deutschland ist dazu bereit. (...) Ich bin voller Optimismus. Wir haben so viel miteinander geschafft: 60 Jahre NATO, die längste Friedensperiode in Europa, Demokratie und Freiheit. Uns kann vieles gelingen, wenn wir guten Mutes sind und uns anstrengen.

11. Persönlichkeiten

„Na klar habe ich Vorbilder"

Angela Merkels Standpunkte lassen sich gut daran erkennen, wie sie sich im Verhältnis zu anderen Persönlichkeiten definiert. Auf dem Evangelischen Kirchentag am 17. Juni 1995 in Hamburg spricht die damalige Umweltministerin auf Bitten der Veranstalter über „Vorbilder meines Lebens". Mit der Erinnerung an einen Gärtner gestattet Merkel einen Einblick in ihre Kindheit im Pastoralkolleg Waldhof bei Templin. Die Hommage an die Chemie-Nobelpreisträgerin Marie Curie zeugt von der immer noch vorhandenen Begeisterung der Politikerin für die Naturwissenschaften.

Hätte man mich im Alter von 17 oder 18 Jahren nach meinen Vorbildern gefragt, hätte ich geantwortet: Na klar habe ich Vorbilder. Ich habe mich deshalb heute einmal versucht zu erinnern, wer damals eigentlich mein erstes Vorbild war, nachdem erst einmal ja die Eltern die wichtigsten Bezugspersonen sind. Ich erinnere mich da an einen Gärtner. Dieser Gärtner führte die Gärtnerei auf dem Hof, auf dem ich wegen des Berufes meines Vaters als Pfarrer aufwuchs – einem von der Diakonie geführten Heim für geistig Behinderte. Geistig Behinderte waren auch die Beschäftigten dieses Gärtners. Es konnte natürlich auch jeder sonst noch zu ihm kommen, der Langeweile oder Fragen hatte, und dazu gehörte ich. Ich hatte als Kind viel Zeit, weil ich noch nicht in den Kindergarten ging.

Dieser Gärtner, ein stämmiger älterer Mann, hat mir ein großes Grundvertrauen, eine große Ruhe eingeflößt. Er hatte immer Zeit, was ich am schönsten fand, denn meine Mutter hatte nicht immer Zeit, mein Vater schon gar nicht, aber dieser Mann, der eigentlich viel Arbeit hatte, fand trotzdem Zeit für mich. So konnte man von ihm allerhand über das praktische Leben erfahren. Beispielsweise habe ich gelernt, wie man Blumenpflanzen pikiert oder wann die Alpenveilchen gut sind. Ich habe von ihm gelernt, mit den geistig Behinderten zu sprechen. Es war eine unglaublich warme, vertrauensvolle, gute Atmosphäre, in der ich schmutzige Möhren essen durfte, in der ich faul sein durfte, in der ich sogar einmal einen Schluck schwarzen Tee bekommen habe. Es war gut. Dieser Mann hat bei mir das Gefühl der Verbundenheit zur Erde, zum Boden, zur Natur geweckt. Ich spüre auch heute selber, wie wichtig Zeit ist – neben allen anderen Gütern, die man hat –, manchmal habe ich sie leider nicht. Ich habe mich viele Jahre an den Mann nicht erinnert, aber in letzter Zeit fällt er mir wieder immer öfter ein.

Als ich dann in die Schule kam, hatte ich auch Vorbilder. Das waren aber meistens Vorbilder, von denen ich schon vorher wusste: Ich werde es nie schaffen, so zu sein wie sie. Das waren Schlagersänger, Turner, Eiskunstläufer, Tänzer, Weltreisende und Zauberer. Sie taten so ungefähr all die Sachen, die ich überhaupt nicht kann. Viele Jahre habe ich damit zugebracht, mir zu wünschen, so zu werden wie diese Menschen. Ich habe immer überlegt, was ich tun müsste, um dies zu erreichen. Das war für mich als Kind nicht immer ermutigend.

Dann aber bin ich auf einen Menschen gestoßen, bei dem es Ansätze gab, das, was ich bewundert habe, mit dem zu verbinden, was ich vielleicht auch kann. Ich meine Marie Curie. Als erstes interessierte es mich, dass sie aus Polen kam – einer meiner Großväter stammt auch aus Polen. Polen war zu ihren Lebzeiten geteilt und unter russischer Besatzung. Mit russischer Besatzung hatten wir in der DDR ja auch unsere Erfahrungen, obwohl dies offensichtlich im Polen des 19. Jahrhunderts noch sehr viel schlimmer war.

Marie Curie ist dann nach Paris aufgebrochen, lebte in sehr armen Verhältnissen, hat als Frau dort studiert, was Ende des vergangenen Jahrhunderts eine große Ausnahme war, hat Physik studiert und in ihren Arbeiten schließlich das Element Radium entdeckt. Sie hat diese Entdeckung gemacht, weil sie ganz fest daran geglaubt hat, eine gute Idee zu haben. Dazu hat sie sich tonnenweise Pechblende aus der Tschechei kommen lassen, diese zerkocht und so zusammen mit ihrem Mann Spuren des neuen Elements Radium gefunden. Dies war eine körperlich unglaublich harte Arbeit und auch nicht ungefährlich, denn Radium ist stark radioaktiv. Aber sie hat es geschafft. „Nebenbei" hatte sie noch zwei Kinder. In die französische Akademie wurde sie aber nicht aufgenommen, was man ihr als Frau wohl doch nicht gegönnt hatte. Im Jahre 1911 erhielt sie jedoch den Nobelpreis für Chemie für die Reindarstellung von Radium und seine Gewinnung in größeren Mengen.

Was mich an dieser Frau so beeindruckt hat, waren ihre Entschlossenheit, ihr Durchhaltevermögen. Wenn man an eine Idee glaubt, auch wenn man alleine ist, wenn man dieser Idee nachgeht und sich durch viele Höhen und Tiefen quält, erreicht man irgendwann das Ziel, wenn die Idee eine richtige war. Marie Curie war von der Richtigkeit ihrer Idee überzeugt und hat sich letztlich damit auch durchgesetzt.

„Frauen sind wie Teebeutel"

Die Laudatio der deutschen Noch-Oppositionsführerin auf Hillary Clinton anlässlich der Verleihung des Deutschen Medienpreises am 13. Februar 2005 in Baden-Baden ist nicht nur von Bewunderung für eine erfolgreiche Frau durchdrungen. Sie lässt auch einen Schluss darauf zu, an welchen Eigenschaften sich die Spitzenpolitikerin Angela Merkel orientiert, um sich in einer männlich geprägten Umgebung durchzusetzen.

„Ich glaube, es gibt noch eine Doppelmoral, wie Frauen sich verhalten sollten und wie es von ihnen erwartet wird." Wie passt die heutige Preisverleihung mit dieser Aussage Hillary Clintons zusammen? Vielleicht mit dieser Episode?

Vor ein paar Tagen fand in Berlin eine große Gala statt, mit der der Wechsel an der Spitze des Bundesverbandes der Deutschen Industrie gefeiert wurde. Der scheidende Präsident Rogowski sagte zu Beginn – sinngemäß: „Ich begrüße Bundeskanzler Schröder, ich freue mich, dass Sie da sind. Und dann begrüße ich auch die Oppositionsführerin, Frau Merkel. Ich freue mich auch über Ihr Kommen." So weit so gut, und dann ergänzte er: „So haben wir damit auch die Ausgewogenheit der Geschlechter."

Tja, das ist doch was; ich weiß, er hat es gut gemeint, aber vielleicht ging es ihm so, wie Bundeskanzler Schröder ein paar Tage später auf seiner Pressekonferenz mit der neuen amerikanischen Außenministerin Rice. Als Condoleezza Rice an einer Stelle die Verteilung der Wortmeldungen der Journalisten in die eigene Hand nahm, überkam es den Bundeskanzler zu sagen – Sie ahnen sicher wie oder können es sich bestimmt vorstellen, das freundliche Lächeln inklusive: „In Germany we say ‚Woman power'."

Tja, auch er wird wissen, was genau ihm an dieser Stelle wichtig war. Liebe Frau Clinton, „Ausgewogenheit der Geschlechter", „Woman Power" – Menschen wie Sie arbeiten tagtäglich daran, noch zu starre, begrenzte oder enge Rollenverständnisse und Verhaltensmuster zu erweitern und vielfältiger werden zu lassen und die von Ihnen erwähnte Doppelmoral zu überwinden.

Und deshalb würde ich Ihnen und uns allen Unrecht tun, wenn ich Sie nicht vollständig zitieren würde. Denn Sie haben es in besagter Fernsehdiskussion nicht mit dem ersten Befund bewenden lassen, sondern angefügt: „Das überwinden wir langsam. Das lassen wir hinter uns." Und mit einigem Erfolg. Denn wenn dem nicht so wäre:

Würde dann Hillary Clinton heute hier stehen? Wohl kaum. (...)

Wer ist der Mensch, den wir heute ehren? „Ich bin so vieles! Ich lebe in mehreren Rollen, die zusammen ein Bild von mir ergeben", sagte Hillary Clinton einmal selbst über sich. Und in der Tat: Sie ist eine vielschichtige Persönlichkeit: Sie war niemals „ausschließlich" Berufstätige, „ausschließlich" engagierte Kämpferin für die Rechte ihrer Mitmenschen oder „ausschließlich" Privatperson.

Hillary Clinton war immer eine besondere Mischung aus allem. Sie ist beruflich erfolgreich. Sie ist Familienmensch. Sie ist aktives und engagiertes Mitglied der Gesellschaft. Sie ist Weltbürgerin. Hillary Clinton war Anwältin und Rechtsberaterin und spezialisierte sich später auf Kinderrechtsfragen. In Little Rock in Arkansas wurde sie 1977 Teilhaberin einer renommierten Anwaltssozietät. Innerhalb weniger Jahre zählte sie zu den „100 einflussreichsten Anwälten der USA".

Drei Jahre lang lehrte sie als Assistenzprofessorin an der Universität von Arkansas (1974–1977) und später an der Universität in Little Rock (1979–1980). Sie war First-Lady. Heute ist sie Senatorin des Staates New York. Immer war sie unterwegs, um die Rechte der Menschen einzufordern und anderen Menschen Mut zu machen, für ihre Rechte zu kämpfen.

Hillary Clinton ist – ich glaube, wir dürfen dies sagen – eine Frau der Superlative. Sie war eine von nur 40 Frauen, die im Jahre 1969 am Jura-Institut der renommierten Universität von Yale angenommen worden ist. Die New York Times bezeichnete sie als „klügste Frau Amerikas". Sie ist die erste ehemalige „First Lady" in der Geschichte der Vereinigten Staaten, die für den amerikanischen Senat kandidierte und im Jahre 2000 zur Senatorin gewählt wurde. Und gleichzeitig ist sie auch Ehefrau und Mutter und, nicht zu vergessen, begeisterte Tennis-Spielerin.

Sie ahnen es: Diese Darstellung ist unvollständig, sie muss es zwangsläufig sein, aber sie ist dennoch aussagekräftig, denn es wird offensichtlich: Hillary Clinton lässt sich nicht auf eine Rolle oder eine Eigenschaft reduzieren. Und ich vermute, kaum etwas ist ihr mehr zuwider als Versuche, sie auf eine Rolle oder Eigenschaft verengen zu wollen, sie – wie wir, liebe Frau Clinton, in Deutschland sagen – in eine Schublade stecken zu wollen.

Uns verbindet deshalb der gemeinsame Wunsch und das Ziel, dass Frauen in Zukunft nicht mehr die Frage gestellt werden muss, ob sie sich nicht zu viel zumuten, wenn sie all ihren Lebenszielen gerecht werden wollen, wenn sie das, was hier in Deutschland unter den Überschriften „Vereinbarkeit von Familie und Beruf" und „Wahlfreiheit" diskutiert wird, nicht nur in so genannten Sonntagsreden hören möchten, sondern auch tatsächlich leben wollen.

Sie haben in einem Zeitungsinterview gesagt: „Die wichtigste Herausforderung für jede junge Frau heute ist es, ihren eigenen Weg zu finden [...] und die Gesellschaft muss gerade in den USA mehr tun, um diesen Weg zu unterstützen." Dieser Satz spricht mir aus dem Herzen. Denn was Sie von der amerikanischen Gesellschaft sagen, entspricht auch dem, was ich mir von der deutschen Gesellschaft – ja, überhaupt von allen Gesellschaften dieser Welt – wünsche. Ich denke, es lohnt sich, beständig dafür zu kämpfen. (...)

Was aber wären alle Ideen und Ziele, wenn Politiker kein Stehvermögen haben, wenn Politiker – wie wir in Deutschland sagen – nicht in der Lage sind, dicke Bretter zu bohren? Hillary Clinton hat genau dieses Stehvermögen, sie hat die in der Politik unverzichtbare Beharrlichkeit, sie kann warten, sie lässt nicht locker, sie hat langen Atem, sie lässt sich nicht unterkriegen, wenn es darum geht, Hoffnung zu stiften oder Phantasie zu entzünden. Auch Rückschläge haben sie nicht aus der Bahn geworfen.

Manchmal schien sie sich aus der politischen Diskussion oder von einem Projekt zurückzuziehen. Doch im Nachhinein zeigte sich: Hillary Clinton hat sich nicht geschlagen gegeben.

Ihre Rückzüge waren keine Rückzieher. Sie entzog sich der öffentlichen Debatte, um ihre Gedanken, Kräfte und Argumente zu sammeln, um dann gestärkt wieder hervorzutreten.

Einer dieser Rückschläge war ihr gescheiterter Versuch, mit Ihrem Ehemann und damaligen Präsidenten Bill Clinton in den USA eine gesetzliche Krankenkasse einzuführen. Ein Thema, bei dem ohne langen Atem gar nichts geht, wie wir zurzeit auch in Deutschland erleben. Denn die Entscheidung, aus einem bisherigen Gesundheitssystem auszusteigen und ein neues zu gestalten, ist für viele Jahrzehnte unumkehrbar. Aber wenn die Politik nicht die Kraft zu derartigen Weichenstellungen hätte, würde sie sich an der Zukunft nachwachsender Generationen versündigen.

Und so bohren wir – ob in Deutschland oder in den USA – weiter die schon genannten dicken Bretter für eine Reform der sozialen Sicherungssysteme, für eine neue Partnerschaft im transatlantischen Verhältnis, für Zugang zur Bildung für alle, für Forschung und Innovation und vieles mehr, kurz: für „Wohlstand für alle", um an dieser Stelle den Vater der Sozialen Marktwirtschaft Ludwig Erhard zu zitieren.

Sie betonen immer wieder, dass man einen Menschen nicht aufgrund dessen beurteilen sollte, was er repräsentiert, sondern aufgrund seiner Handlungen und deren Konsequenzen. Sie waren First Lady, begnügten sich aber nicht mit der Rolle der Repräsentantin. Sie kämpften und kämpfen beharrlich für die Rechte von Kindern, Frauen und Minderheiten. Sie mischten sich auch als Präsidentengattin immer wieder in die Tagespolitik ein und prangerten Ungerechtigkeiten an. (...)

Und jedem, der an dieser Feier hier in Baden-Baden teilnimmt oder sie über die Medien verfolgt, möchte ich mit Blick auf die Zukunft abschließend empfehlen, folgendem Satz von Hillary Clinton eine gewisse Aufmerksamkeit zu schenken: „Frauen", so sagt sie, „Frauen sind wie Teebeutel. Du weißt nicht, wie stark sie sind, bis du sie ins heiße Wasser tauchst."

„Warum wird Schröder nicht aufgehängt?“

Am Wahlabend des 18. September 2005 erklärt es Gerhard Schröder in der Fernseh-„Elefantenrunde“ für abwegig, dass die SPD Angela Merkel zur Bundeskanzlerin wählen könnte.[47] *Knapp zwei Jahre später, am 10. Juli 2007, wird die Galerie des Kanzleramts um das Porträt Schröders ergänzt. Der kurz vor diesem Termin verstorbene Maler Jörg Immendorff hat den Altkanzler dafür vor einem dunklen Hintergrund in goldene Farbe gefasst. Die Vorlage für Merkels süffisante Ansprache liefert Schröder selbst. Er begrüßt zunächst seine ehemaligen Mitstreiter Franz Müntefering und Frank-Walter Steinmeier, die inzwischen unter Merkel in einer Großen Koalition regieren. Mit sichtlichem Spaß stellt er fest, neben seinem Porträt sei ja noch ein bisschen Platz. Das weise darauf hin, „verehrte liebe Frau Bundeskanzlerin“, so Schröder, dass „Sie möglicherweise irgendwann neben mir hängen.“*

Sehr geehrter Herr Bundeskanzler, lieber Herr Schröder! Ich freue mich, dass wir hier zusammen sind. Die Große Koalition macht es möglich, dass Sie sich nicht ganz so fremd fühlen und Sie auch ein paar Kameraden mitbringen konnten, mit denen ich im Übrigen auch gut zusammenarbeite.

Ich war sehr gespannt auf das Bild, das in den Zeitungen eine bestimmte Wirkung entfaltet hat, das sich jetzt wieder ganz anders entfaltet. Es soll lichtmäßig etwas scheinwerferabhängig sein, was vielleicht auch nicht so schlecht ist. Ich finde es, ehrlich gesagt, auch richtig, dass es sich jetzt in der Zeit, in der dieses Bild neu ist, auch entfalten kann, also ein bisschen Leere darum herum ist und es nicht gleich erdrückt wird. Insofern, glaube ich, haben wir einen guten Ort gefunden.

Es ist in der Tat so, dass die vielen Besucher hier im Kanzleramt diese Bilder nehmen, um über Geschichte zu sprechen – über das, was sie erinnern –, aber auch über das, was lebendig ist, und dass diese Bilder ein Teil der Demokratie sind.

Helmut Schmidt hat übrigens auf die Frage „Was muss man tun, wenn man sich porträtieren lässt?" gesagt: „Man muss sich einen dunkelblauen Anzug anziehen" – das habe ich erst gelesen, nachdem ich heute schon einen anhatte – „und fertig". Und dann war das für Helmut Schmidt erledigt. (...)

Ich glaube, dass dieses Werk von Ihnen, Herr Bundeskanzler, auch deshalb sehr gut hier hängt, weil Sie jemand sind, der diesem sehr großen und auch nicht immer nur einladenden Gebäude – wir haben manchmal darüber gesprochen – mit den Bildern, die Sie zum Teil auch persönlich ausgesucht haben, ein Stück Prägung gegeben hat. Ich glaube, das Kanzleramt wird immer ein Ort moderner Kunst sein und bleiben, und das hat etwas mit Ihrer Beziehung zur Malerei zu tun. Sie war nicht bei allen Bundeskanzlern so ausgeprägt, wie wir uns schon vorher ausgetauscht haben. Deshalb wissen wir, dass Sie nicht nur irgendwie etwas ausgesucht haben, sondern dass Sie mit Jörg Immendorff, der Sie porträtiert hat, einen der ganz Großen der deutschen Geschichte ausgewählt haben, was die Malerei anbelangt.

Wir haben jetzt erst einmal die Dinge komplettiert. Die Besucherinnen und Besucher brauchen nicht mehr zu fragen: „Warum wird Schröder nicht aufgehängt?" Wir können sagen, wir arbeiten weiter gut zusammen. Wenn Sie Lust haben und Menschen hierher führen wollen: Sie sind jederzeit herzlich willkommen.

„Auch wenn es manchmal zwischen uns ein bisschen gekracht hat"

Zahlreiche Streitigkeiten zwischen den Schwesterparteien, vor allem über die Gesundheitspolitik, pflastern den gemeinsamen Weg von Angela Merkel und Edmund Stoiber. 2002 überlässt die CDU-Chefin dem CSU-Vorsitzenden bei einem Frühstück in sei-

nem Wolfratshausener Haus die Kanzlerkandidatur. Ein Jahr vor der Bundestagswahl 2005, zu der Merkel antritt, kolportieren die Medien einen Satz Stoibers, wonach die CDU-Vorsitzende und FDP-Chef Guido Westerwelle „Leichtmatrosen" seien. Am Ende der Koalitionsverhandlungen 2005 zwischen CDU/CSU und der SPD erklärt Stoiber, er werde doch kein Ministeramt antreten, sondern in München bleiben. Nach seinem Rückzug aus Berlin sinkt auch Stoibers Stern in Bayern. Infolge eines CSU-internen Machtkampfs gibt er Ende September 2007 das Amt des bayerischen Ministerpräsidenten und den CSU-Vorsitz auf und verdingt sich daraufhin als EU-Beauftragter für Bürokratieabbau in Brüssel. Die Verabschiedung Stoibers am 26. November 2007 in der Bayerischen Landesvertretung in Berlin nutzt Merkel zu einigen feinen Nadelstichen.

Es ist heute ein harmonischer Abend. (...) Ich möchte heute nur drei Bemerkungen machen und einen Schlusssatz sagen.

Lieber Edmund, wir sind uns begegnet – ich dir damals natürlich noch mehr als du mir –, als ich Bundestagsabgeordnete und stellvertretende CDU-Vorsitzende war, die mit großen Augen verfolgt hat, was im Kloster Banz zwischen den Parteivorständen besprochen wurde. Das sah sehr ernst aus, ging aber immer gemütlich zu Ende, was überhaupt das Zusammensein von CDU und CSU charakterisiert. Dann war ich Umweltministerin, dann Generalsekretärin, Parteivorsitzende, Fraktionsvorsitzende und jetzt bin ich Bundeskanzlerin. Ich möchte drei Dinge sagen, die mich dabei immer beeindruckt haben.

Erstens: Du hast dir deine unglaubliche Fähigkeit erhalten – über deine Ämter, deine Perspektiven ist viel gesprochen worden –, dir immer wieder neu eine Meinung zu den Dingen zu bilden, die auf der Welt stattfinden. Gemeinhin gilt die CSU als ein in sich relativ fest gefügtes Konsortium wichtiger Menschen namens Volkspartei. Die Fähigkeit der CSU, Mehrheiten zu gewinnen, hat immer darin bestanden, über den Tellerrand hinauszublicken und nie den Blick zu verschließen. Du hast das in exemplarischer Weise immer wieder geschafft und damit neue Blickwinkel in unsere Diskussion eingebracht. Dafür ein unglaubliches und herzliches Dankeschön. Ihr habt euch nicht dem Zeitgeist gebeugt, aber ihr wusstet schon, wie der Geist der Zeit ist. Dieser kleine Unterschied macht euch mehrheitsfähig. Ich denke, das ist und sollte auch das Kennzeichen der CSU bleiben.

Das Zweite: Aus deinen Beobachtungen heraus hast du Schlussfolgerungen gezogen, die in der dir eigenen Verhandlungsführung immer dazu geführt haben, dass du das Unmögliche für möglich gehalten und dabei erhebliche Erfolge erreicht hast. Nicht immer ist das Unmögliche möglich geworden, aber es ist mehr möglich geworden, als man am Anfang einer Verhandlung gedacht hat. Ich will nicht sagen, dass du ein sich kurz fassender Verhandlungsführer gewesen wärest; (...) Aber du hast es in wunderbarer Weise immer wieder verstanden, deinen Gesprächspartner von den verschiedenen Blickwinkeln auf den gleichen Gegenstand so zu beeindrucken, dass er irgendwann entweder wegen Erschöpfung die Waffen gestreckt hat oder aber sich wegen Einsicht überzeugen lassen hat. Du hast bis in die späten Abendstunden immer wieder gezeigt, wie du über die vermeintliche oder wirkliche Begriffsstutzigkeit deiner Verhandlungspartner erstaunt sein konntest. Ich will sagen, dass das bei mir viel Eindruck hinterlassen hat. Ich will nicht sagen, dass ich manchmal versuche, es zu kopieren. Aber es ist zumindest eine feine Charaktereigenschaft, die im Übrigen Deutschland an vielen Stellen gut getan hat.

Drittens: Du bist ein Politiker, der, wie ich glaube, eine Sache nicht leiden kann: Das ist Langeweile. Tage, an denen politisch gar nichts passiert, sind dir, wie ich glaube, eher nicht so angenehm wie mir. Insofern hast du solche Tage immer genutzt, um dir etwas ganz Unerwartetes und Überraschendes auszudenken. Ich sage das auch in voller Hochachtung vor der CSU. Die bundespolitische Rolle, die die CSU spielt, gespielt hat und spielen wird, ist durch die Eigenschaft charakterisiert und definiert, immer wieder mit unerwarteten und interessanten Vorschlägen, die wichtig für Bayern, aber gut für ganz Deutschland sind, die politische Szene zu bereichern. (...)

Man hat dir einen Vorschlag für einen neuen Job in Brüssel gemacht, von dem ich einmal annehme, dass er die Balance zwischen privatem und beruflichem Leben für deine liebe Frau Karin etwas günstiger ausfallen lässt, als es früher der Fall war, wenngleich die Summe der Bürokratie in Brüssel einen Arbeitsaufwand rechtfertigen würde, bei dem Bayern natürlich „eine Kleinigkeit" wäre. So hast du jedenfalls früher immer gesprochen. Wenn du das jetzt ernst meinst, müsstest du richtig darauf zugehen. Aber wir wollen ja nur 25 Prozent der Bürokratie abbauen. Insofern hast du nicht alle Arbeit zu erledigen. (...)

Lieber Edmund, es hat Spaß gemacht, auch wenn es manchmal zwischen uns ein bisschen gekracht hat, weil wir neben der Tatsache, dass wir uns über die vielen Diskussionen persönlich näher gekommen sind, vielleicht auch ein Stück weit ein ganz gutes deutsch-deutsches Paar waren, das nur die Deutsche Einheit so zusammenführen konnte. Ein Dankeschön dafür, dass wir CDU und CSU zum Schluss immer zusammengebracht haben und unsere Konflikte nicht auf Kosten unserer beiden stolzen Volksparteien ausgelebt haben. Ich werde diese Jahre deshalb in guter Erinnerung behalten. Ich werde auch von manchem zehren, was ich von dir gelernt habe. Ich hoffe, dass ich mir auch Rat holen darf, wenn ich das in Zukunft möchte.

„Der richtige Kanzler in der falschen Partei“

Mit ihrer Lobrede auf SPD-Amtsvorgänger Helmut Schmidt zur Verleihung des „Osgar“-Medienpreises am 24. Juni 2008 in Leipzig stellt sich Merkel in die Kontinuität deutscher (Außen-)Politik über Parteigrenzen hinweg. Ende 2009, die schwersten Wirren der Finanzkrise sind vorüber, revanchiert sich Schmidt seinerseits mit einem Lob an Merkel. Sie habe das Amt eines Bundeskanzlers „zweifellos sehr ordentlich ausgefüllt.“[48]

Ich habe mir sagen lassen, viele finden es bemerkenswert, dass eine amtierende Bundeskanzlerin eine Laudatio auf einen ihrer Amtsvorgänger hält – noch dazu, wenn er nicht ihrer Partei angehört. Das habe es noch nie gegeben. Ehrlich gesagt: Ich finde es schon wieder bemerkenswert, dass man das bemerkenswert findet, aber es war mir bei meiner Zusage auch noch nicht einmal bewusst. Ich füge hinzu: Hätte ich es gewusst, dann hätte es trotzdem nichts geändert. Ich hätte wieder genauso entschieden. Ich freue mich, heute hier zu sein. Also habe ich keine Sekunde gezögert, die Laudatio auf Helmut Schmidt zu halten. Denn es ist mir ganz einfach eine Freude und eine Ehre, heute eine der prägenden Persönlichkeiten der Bundesrepublik Deutschland auszuzeichnen.

Bei wenigen Politikern in Deutschland gibt es so klare Einordnungen und Bewertungen wie bei Helmut Schmidt. Für die einen ist er der unbeirrbare und entscheidungsfreudige Politiker, der sich in herausragender Weise um Frieden, Freiheit und die Einheit Deutschlands verdient gemacht hat – als Innensenator, als Verteidigungs- und Finanzminister, als Bundestagsabgeordneter, Fraktionsvorsitzender und als Bundeskanzler. Für die anderen ist Helmut Schmidt der Publizist, der seit inzwischen 25 Jahren das öffentliche Leben mit Zwischenrufen mitgestaltet – als Buchautor, Herausgeber und Interviewpartner.

Für die einen ist Helmut Schmidt bis heute der richtige Kanzler in der falschen Partei. Für die anderen ist er der falsche Kanzler in der richtigen Partei. Die einen loben seinen nüchternen Pragmatismus. Die anderen schwärmen von seinem wertegebundenen Engagement. Dann ist da noch die Rede von „Schmidt Schnauze", vom Besserwisser, vom Weltökonomen, vom Weltstaatsmann.

Ich sage Ihnen offen: Von allem wird etwas richtig sein – viele von Ihnen werden Helmut Schmidt länger kennen als ich, nicht wenige sicher auch besser –, aber trotzdem kann ich im Grunde mit all diesen Schubladen und Etikettierungen wirklich nur wenig anfangen. Für mich ist es einfach so: Helmut Schmidt und ich, wir sind beide Hamburger. Er ist es sein Leben lang geblieben. Ich dagegen bin als Kind im Alter von sechs Wochen mit meinen Eltern nach Brandenburg gekommen. Helmut Schmidt hat die Politik der Bundesrepublik Deutschland wie nur wenige andere Politiker geprägt. Ich dagegen bin in der DDR aufgewachsen, habe Physik studiert und bis 1990 an der Akademie der Wissenschaften gearbeitet. Helmut Schmidt ist Sozialdemokrat, ich bin Christdemokratin. Uns beide verbindet die Verantwortung, als Bundeskanzler der Bundesrepublik Deutschland für unser Land zu arbeiten – jeder von uns zu seiner Zeit und mit den Herausforderungen seiner Zeit.

Im März des letzten Jahres haben wir den 50. Jahrestag der Unterzeichnung der Römischen Verträge gefeiert. Wir haben diesen Geburtstag in der Gewissheit gefeiert, dass wir Europäer nach Jahrhunderten schlimmster Feindschaften und fürchterlicher Kriege zu unserem Glück in Frieden und Freiheit vereint sind. Vor wenigen Tagen haben wir den 60. Geburtstag der Sozialen Marktwirtschaft gefeiert. Im kommenden Jahr feiern wir den 60. Geburtstag der NATO, den 60. Geburtstag unseres Landes und den 20. Jahrestag des Mauerfalls. Wenn wir all diese Jubiläen feiern, dann feiern wir auch die Menschen, die entscheidenden Anteil an ihnen hatten – von Konrad Adenauer über Willy Brandt bis hin zu Helmut Kohl. Und, ja, dann feiern wir auch Bundeskanzler Helmut Schmidt.

Wir ehren einen Politiker, der die innere Freiheitlichkeit der Bundesrepublik Deutschland verteidigt hat, als sie der blutige Terror der RAF im Herbst 1977 herausforderte. Er tat dies unter Einsatz seines Amtes. Wir ehren einen Politiker, der daran mitgewirkt hat, dass 1978 das europäische Währungssystem EWS geschaffen wurde. Damals war das ein wahrhaft mutiger Schritt und seiner Zeit weit voraus. Heute wissen wir: Dieser Schritt führte uns Jahrzehnte später zur europäischen Gemeinschaftswährung, dem Euro. Wir ehren einen Politiker, der für den NATO-Doppelbeschluss eingetreten ist, als Hunderttausende auf die Straße gingen und dagegen protestierten. Er tat dies wieder unter Einsatz seines Amtes. Wir ehren einen Politiker, der mit dieser Standfestigkeit entscheidend dazu beigetragen hat, dass ich zusammen mit 17 Millionen Menschen aus der früheren DDR heute nicht mehr hinter Mauer und Stacheldraht lebe, sondern in einem wiedervereinten freien Land (...).

Schon allein diese wenigen Wegmarken der Kanzlerschaft Helmut Schmidts zeigen: Bundeskanzler Schmidt hat immer an die Kraft der Freiheit und der Demokratie geglaubt. Bundeskanzler Schmidt ist standhaft geblieben, selbst in Zeiten schwerster Prüfungen. Früher als andere hat er erkannt: Die Welt wird immer offener. Als Weltgemeinschaft stehen wir zunehmend vor den gleichen Herausforderungen. Wir fassen sie heute mit einem Stichwort zusammen: Globalisierung. (...)

Mit genau dieser globalen Herausforderung beschäftigt sich Helmut Schmidt seit Jahrzehnten wie wenige andere – so zu seiner Regierungszeit, als er 1975 in Rambouillet gemeinsam mit seinem großen französischen Freund und Partner Giscard d'Estaing den Grundstein für den Weltwirtschaftsgipfel gelegt hat. Wir wissen, wie wichtig heute die

Treffen der G8-Staaten sind. Heute, wenn er zu Vorträgen rund um die Welt reist, wirbt er immer wieder für eine gemeinsame Sicht auf unsere Erde. Wir sind davon überzeugt: Die globalen Herausforderungen anzunehmen, das geht nicht allein, sondern nur in der Gemeinschaft mit Partnern – in der Europäischen Union genauso wie in der transatlantischen Partnerschaft. Das waren, sind und bleiben auch die beiden Grundpfeiler deutscher Außenpolitik. Heute ist es nun an meiner politischen Generation, diese Arbeit von Personen wie Helmut Schmidt fortzusetzen.

Meine erste persönliche Erinnerung an Helmut Schmidt geht weit zurück – in das Jahr 1962. Ich war damals siebeneinhalb Jahre alt. Wenige Monate vorher, am 13. August 1961, war die Mauer gebaut worden. Das war eines der schlimmsten und einschneidendsten Ereignisse für meine Familie und für mich als Kind. Der Mauerbau betraf uns unmittelbar. Bis dahin war ich regelmäßig und für Wochen zu meinen Verwandten nach Hamburg gefahren, zu meiner Großmutter, meiner Tante, meinen Cousinen. Mit einem Schlag war das im Sommer 1961 vorbei.

Besonders schlimm wurde diese Trennung für uns dann im Februar 1962. In Hamburg tobte die Sturmflut. Ich werde nie vergessen, wie wir – ohnmächtig, aus der DDR heraus irgendetwas tun zu können – in Angst und Schrecken um meine Großmutter, die Mutter meiner Mutter, und die anderen Verwandten waren. Wir hingen am Radio, wir nahmen jede Nachricht auf, wir verfolgten die Rettungsmaßnahmen, Straßenzug um Straßenzug.

In diesen Stunden hat sich der damalige Hamburger Innensenator Helmut Schmidt meiner Familie und mir unvergesslich in unser Gedächtnis eingebrannt, weil er nicht bürokratisch danach fragte, ob der Einsatz von Soldaten der Bundeswehr und alliierter Streitkräfte zur Bekämpfung dieser Katastrophe eindeutig verfassungsgemäß war oder nicht, weil er einfach beherzt handelte und weil er es durch seine

Präsenz ganz einfach schaffte, in der Stunde der Not meiner Familie ein ganz wichtiges Gefühl zu vermitteln, und zwar Vertrauen. Was kann man mehr über einen Politiker sagen?

Anmerkungen

1 Ansprache Merkels beim Empfang der Sternsinger am 4. Januar 2010 im Kanzleramt.

2 Time Magazine vom 8. Januar 2010.

3 Forbes vom 19. August 2009.

4 Zitiert nach: Die Welt vom 4. November 2009.

5 Anders noch: Dominik Geppert, Maggie Thatchers Rosskur. Ein Rezept für Deutschland?, Berlin 2003.

6 Z. B. Wulf Schmiese, Es fehlt die Erklärkanzlerin, in: Frankfurter Allgemeine Zeitung vom 24. Februar 2009.

7 Vgl. dazu Margaret Heckel, So regiert die Kanzlerin, München 2009, S. 209: Merkel sagt während der Finanzkrise, dass es „unglaubwürdig" sei, „alle drei Wochen die Schicksalsstunden Deutschlands zu beschwören."

8 Zitiert nach: Stern vom 15. Juli 2008.

9 Sprachforscher Joachim Scharloth, Frankfurter Allgemeine Sonntagszeitung vom 10. Mai 2009, diagnostiziert wegen solcher Adjektive bei Merkel „Frauensprache". Auch neigten weibliche Redner dazu, mit Formulierungen wie „ich glaube" und „ich meine" ihre eigene Ansicht als relativ darzustellen.

10 Vgl. die Kommunikationswissenschaftlerin Miriam Meckel, zitiert nach: Der Spiegel vom 16. Oktober 2009: „Aus Mangel an Vorbildern gibt es keine weibliche Kultur der Machtinszenierung".

11 Vgl. Rhetorikprofessor Oliver Lubrich, in: Rheinischer Merkur vom 24. September 2009: Merkels Charisma beruhe darauf, „keines zu haben". Daran zu arbeiten rät er ihr dennoch nicht. „Es macht für viele Wähler einen Teil ihrer Attraktivität aus, dass sie die Ruhe bewahrt und sich nicht provozieren lässt."

12 Walter Jens, in: Neues Deutschland vom 30. März 2006. Über sich selbst sagt Angela Merkel in: Mein Weg. Angela Merkel im Gespräch mit Hugo Müller-Vogg, Hamburg 2004, S. 23: „Ich habe gelernt, dass eine gewisse Stärke im Ausdruck und bei der Formulierung notwendig ist, um einen Gedanken so rüberzubringen, dass er auch verstanden wird."

13 Gerd Langguth, Angela Merkel – Aufstieg zur Macht, München 2007, S. 279. „Ausgesprochen verständlich" sei ihre Sprache, so auch der Sprachwissenschaftler Josef Klein, in: Süddeutsche Zeitung vom 1. Dezember 2005. Mit der Begründung, sie sei eine der „herausragenden weiblichen Redner" im Bundestag, zeichnete der Förderkreis Politische Rhetorik Angela Merkel als „Frauenpersönlichkeit 2002" aus. Anders Kurt Kister, Süd-

deutsche Zeitung vom 13. November 2009, der die Kanzlerin als „Reden-ist-auch-nichts-anderes-als-Wurstschneiden"-Rhetorikerin kritisiert.

14 Siehe Merkels Regierungserklärung zur Lage der Finanzmärkte am 7. Oktober 2008 im Deutschen Bundestag.

15 Diese Passage steht im Zusammenhang mit der von der Bundesregierung unterstützten Rettung des Automobilbauers Opel. Siehe auch Merkels Rede vor der Belegschaft der Adam Opel AG in Rüsselsheim am 31. März 2009.

16 Siehe auch Regierungserklärung der Bundesumweltministerin Merkel zur Berliner Vertragsstaatenkonferenz der Klimarahmenkonvention am 16. März 1995 im Deutschen Bundestag. Zu ihrer Rolle beim Zustandekommen des Berliner Mandats siehe Gerd Langguth, a. a. O., S. 186f.

17 Zitiert nach: Pressemitteilung des Bundesministeriums für Umwelt, Naturschutz und Reaktorsicherheit vom 1. Juli 2009.

18 Als Umweltministerin hat Merkel mit den Betreibern zwiespältige Erfahrungen gemacht. Der Skandal um verstrahlte Castor-Behälter brachte sie 1998 in Bedrängnis. Siehe Rede der Bundesumweltministerin Merkel zur Sicherheit von Castor-Transporten am 27. Mai 1998 im Deutschen Bundestag. Darin schlägt sie einen Zehn-Punkte-Plan vor, um den „tiefen Vertrauensverlust in der Bevölkerung" zu beheben. Zur Umweltpolitik allgemein siehe Merkels Rede beim Fachsymposium „20 Jahre Bundesumweltministerium – Bilanz und Perspektiven" am 6. Juni 2006 in Berlin.

19 Siehe Gerd Langguth, a. a. O., S. 178ff.

20 „Wir müssen das Wickelvolontariat nicht haben", kommentierte CSU-Landesgruppenchef Peter Ramsauer die Regelung, wonach die Bezugsdauer des Elterngeldes von zwölf auf 14 Monate steigt, wenn auch der zweite Elternteil – in der Regel der Vater – eine berufliche Auszeit nimmt (zitiert nach: Berliner Zeitung vom 26. April 2006).

21 Angela Merkels Überzeugung, dass die CDU ihre Familienpolitik modernisieren müsse, reicht in ihre Zeit als Generalsekretärin der Partei zurück. Siehe ihre Rede beim Kleinen Parteitag der CDU zur Familienpolitik am 13. Dezember 1999 in Berlin.

22 Ausführlich dazu: Volker Resing, Angela Merkel – Die Protestantin, Leipzig 2009, S. 74ff.

23 Siehe auch die Bibelarbeit Merkels beim Evangelischen Kirchentag am 16. Juni 2001 in Frankfurt/Main, in der sie mahnt, „die Debatte um die Chancen und Risiken der Gentechnologie nicht so radikal zu führen, dass wir am Ende die Ethik des Heilens aus den Augen verlieren."

24 Am 3. Dezember 2007 greift Angela Merkel auf dem CDU-Parteitag in Hannover in die Grundsatzdebatte über die Stammzellforschung ein. Sie habe sich „nach langem Überlegen" für die Unterstützung von Annette Schavan entschieden, sagt sie in ihrer Rede, „weil uns auch viele Wissenschaftler dazu auffordern, die Möglichkeiten der adulten Stammzellforschung – hoffentlich nur zeitweise – durch die embryonale Stammzell-

forschung zu ergänzen." Am Ende der bis in den späten Abend dauernden Debatte stimmen 323 Delegierte für den Antrag, der die Verschiebung des Stichtags offen lässt. 302 Delegierte sprechen sich gegen eine Verschiebung aus.

25 Siehe Merkels Ansprache bei ihrer Vorstellung als CDU-Kanzlerkandidatin am 30. Mai 2005 im Konrad-Adenauer-Haus in Berlin.

26 Siehe zum christlichen Menschenbild auch Merkels Rede in der Katholischen Akademie Berlin am 24. März 2009.

27 Siehe auch die Bibelarbeit Merkels beim Evangelischen Kirchentag am 26. Mai 2005 in Hannover. Dort beklagt sie die „tief reichende Sinnkrise in unserer heutigen Gesellschaft".

28 Merkel in: Frankfurter Allgemeine Zeitung vom 22. Dezember 1999: Die Partei müsse „sich zutrauen, in Zukunft auch ohne ihr altes Schlachtross, wie Helmut Kohl sich oft selbst gerne genannt hat, den Kampf mit dem politischen Gegner aufzunehmen."

29 Programmatisch knüpft die Leipziger Rede an Merkels Aussagen im Deutschen Historischen Museum am 1. Oktober 2003 an. Siehe dazu Kapitel 1 „Ohne Freiheit ist alles nichts".

30 Sinnbildlich für den grundlegenden Wandel der CDU-Programmatik steht in Leipzig der Auftritt des langjährigen Arbeitsministers der Kohl-Regierung. Als Norbert Blüm gegen Merkels Reformpläne redet, wird er vom Parteitag mit eisigem Schweigen und Zwischenrufen bedacht. Am Ende stimmen von 1001 Delegierten nur vier gegen Merkels Konzept. Vgl. Severin Weiland, Blüms letzter Kampf, Spiegel Online vom 1. Dezember 2003.

31 Siehe zur Debatte um das Grundsatzprogramm auch Merkels Rede beim Wertekongress der CDU am 20. Februar 2006 in Berlin.

32 Merkel spielt auf ihren Vorgänger Gerhard Schröder an. Im Dezember 2005 wird bekannt, dass Schröder Vorsitzender des Aufsichtsrates des deutsch-russischen Konsortiums Nordeuropäische Gaspipeline (NEGP) werden soll, das die Ostseepipeline betreiben soll und an dem das russische Unternehmen Gazprom 51 Prozent der Anteile hält.

33 Zahlreiche Reden aus Merkels ersten Politikerjahren 1991 bis 1993 sind abgedruckt in: Angela Merkel, In unruhiger Zeit. Reden und Aufsätze aus drei Jahren deutscher Einheit, hrsg. von Stephan Walter, Düsseldorf und Bonn 1994.

34 Der Quantenchemiker Michael Schindhelm machte nach der Wende als Theaterintendant von sich reden. Von 2005 bis 2007 war er Generaldirektor der Opernstiftung in Berlin.

35 Nach Artikel 115 Grundgesetz (alte Fassung) durften die Einnahmen aus Krediten die Summe der im Haushaltsplan veranschlagten Ausgaben für Investitionen nicht überschreiten. Ausnahmen waren allerdings zulässig „zur Abwehr einer Störung des gesamtwirtschaftlichen Gleichgewichts".

36 Einige Tage zuvor, am 25. September 2006, hatte die Deutsche Oper Berlin Mozarts „Idomeneo“ vom Spielplan genommen, da sie vom Landeskriminalamt Warnungen über einen möglichen Anschlag radikaler Islamisten erhalten hatte. Dieser Vorgang löste eine heftige Debatte über die Kunstfreiheit aus.

37 Zur Erinnerungskultur siehe auch Merkels Reden zur Einsetzung der Enquete-Kommission „Aufarbeitung der Geschichte und der Folgen der DDR-Diktatur“ am 12. März 1992 im Deutschen Bundestag und anlässlich der Festveranstaltung „Vor 20 Jahren – Am Vorabend der Friedlichen Revolution“ am 7. Mai 2009 in Berlin.

38 Im April 2007 maßregelt Merkel öffentlich und in ungewöhnlich deutlicher Form Baden-Württembergs Ministerpräsident Günther Oettinger. Dieser hatte in der Trauerrede für seinen Vorgänger Hans Filbinger den ehemaligen Marinerichter zum „Gegner des NS-Regimes“ verklärt und sich davon zunächst trotz einer entsprechenden Aufforderung Merkels nicht klar distanziert. Sie hätte sich gewünscht, dass „auch die kritischen Fragen im Zusammenhang mit der Zeit des Nationalsozialismus zur Sprache gekommen wären, insbesondere mit Blick auf die Gefühle der Opfer und Betroffenen“, erklärt Merkel daraufhin [zitiert nach: Süddeutsche Zeitung vom 14. April 2007]. In dieses Muster passt auch Merkels umstrittene Kritik an Papst Benedikt XVI. Dieser hebt im Januar 2009 die Exkommunikation der Piusbruderschaft auf. Kurze Zeit später wird bekannt, dass Richard Williamson, einer der wieder in die katholische Kirche zurückgeholten Bischöfe, in einem Interview den Holocaust geleugnet hatte. Am 4. Februar 2009 fordert Merkel am Rande einer Pressekonferenz auf eine Journalistenfrage, „dass vonseiten des Papstes und des Vatikans sehr eindeutig klargestellt wird, dass es keine Leugnung geben kann und dass es natürlich einen positiven Umgang mit dem Judentum insgesamt geben muss.“ Diese Klarstellungen seien aus ihrer Sicht noch nicht ausreichend erfolgt [zitiert nach Mitschrift der Pressekonferenz des Bundespresseamtes vom 4. Februar 2009].

39 Zitiert nach: Volker Resing, a. a. O., S. 107ff.

40 Vgl. Dirk Kurbjuweit in: Der Spiegel vom 3. November 2008.

41 Siehe etwa Merkels Video-Podcast am 9. November 2008.

42 Zwei weitere längere Reden zu Europa hält Merkel während der deutschen EU-Präsidentschaft, zum einen am 17. Januar 2007 im Straßburger EU-Parlament, zum anderen am 25. März 2007 zum 50. Jahrestag der Römischen Verträge in Berlin. Am 27. Mai 2009 spricht sie an der Berliner Humboldt-Universität zu Europa.

43 Siehe zum deutsch-polnischen Verhältnis auch Merkels Rede am 16. März 2007 an der Universität Warschau.

44 Merkel distanziert sich nicht nur im Bundestag von Schröder, sondern auch – diplomatisch äußerst ungewöhnlich – in einem Zeitungsartikel in

der Washington Post vom 21. Februar 2003 anlässlich ihrer USA-Reise. „Schröder spricht nicht für alle Deutschen" betitelt die Zeitung den Artikel, in dem Merkel schreibt: „Die vom Irak ausgehende Gefahr ist nicht fiktiv, sondern real." Zur Verantwortung für die Aufrechterhaltung des internationalen Druckes auf den irakischen Diktator Saddam Hussein gehöre es, „militärische Gewalt als letztes Mittel zur Durchsetzung der UN-Resolutionen zu befürworten." Zum Irakkonflikt siehe auch bereits Merkels Rede am 13. September 2002 im Deutschen Bundestag.

45 Siehe zum Vorfall in Kunduz Merkels Regierungserklärung am 8. September 2009 im Deutschen Bundestag.

46 Vgl. dazu auch bereits Merkels Rede vor der Münchener Sicherheitskonferenz am 4. Februar 2006.

47 Die Rivalität Merkels mit Schröder reicht bis in ihre Zeit als Umweltministerin zurück. Mehrmals gerät sie in den seit 1995 laufenden Energiekonsensgesprächen mit dem niedersächsischen Ministerpräsidenten aneinander. Bei Herlinde Koelbl, Spuren der Macht, München 2002, S. 57, sagt Merkel daraufhin über Schröder: „Ich habe ihm gesagt, dass ich ihn irgendwann genauso in die Ecke stellen werde. Ich brauche dazu noch Zeit, aber eines Tages ist es soweit. Darauf freue ich mich schon."

48 Zitiert nach: ZEITmagazin Nr. 47 vom 12. November 2009.

Quellen

1. Freiheit

„Ohne Freiheit ist alles nichts“: Rede am 1. Oktober 2003 im Deutschen Historischen Museum in Berlin

„Mehr Freiheit wagen!“: Regierungserklärung am 30. November 2005 im Deutschen Bundestag

„Freiheit in Verantwortung“: Regierungserklärung am 10. November 2009 im Deutschen Bundestag

2. Finanzkrise

„Der Staat ist Hüter der Ordnung“: Regierungserklärung zum Finanzmarktstabilisierungsgesetz am 15. Oktober 2008 im Deutschen Bundestag

„Den Ratschlag der schwäbischen Hausfrau beherzigen“: Rede auf dem CDU-Parteitag am 1. Dezember 2008 in Stuttgart

„Wir nehmen sehr viel Geld in die Hand“: Regierungserklärung zu den Maßnahmen der Bundesregierung zur Stärkung von Wachstum und Beschäftigung am 14. Januar 2009 im Deutschen Bundestag

„Wir müssen einen klaren Kompass haben“: Rede anlässlich des Weltwirtschaftsforums am 30. Januar 2009 in Davos

„Wir brauchen ein Stück Anstand“: Rede bei der Meisterfeier und Besten-Ehrung der Handwerkskammer Dortmund am 28. März 2009 in Dortmund

3. Klimaschutz

„Nie war die Faktenlage so eindeutig“: Rede vor der Generalversammlung der Vereinten Nationen am 25. September 2007 in New York

„Ich will die Verlängerung der Laufzeit der Kernkraftwerke“: Rede anlässlich des 50-jährigen Bestehens des Deutschen Atomforums e.V. am 1. Juli 2009 in Berlin

„Das wird ein schreckliches Signal für alle sein“: Rede anlässlich der UN-Klimakonferenz am 17. Dezember 2009 in Kopenhagen

4. Gesellschaft

„Bildung für alle“: Rede auf der Festveranstaltung „60 Jahre Soziale Marktwirtschaft“ am 12. Juni 2008 in Berlin

„Frauen sind eben auch Menschen“: Rede anlässlich der Festveranstaltung „90 Jahre Frauenwahlrecht“ am 26. Januar 2009 in Berlin

„Familien sind Keimzellen der Gesellschaft": Rede auf der Bundesdelegiertenversammlung des Familienbundes der Katholiken e.V. am 24. April 2009 in Berlin

5. Moral

„Die Diskussion über § 218 hat mich beschwert": Rede in der Debatte zum Schutz des ungeborenen Lebens am 25. Juni 1992 im Deutschen Bundestag

„Gute Wissenschaft kann von Ethik nicht getrennt werden": Rede zur Stichtagsregelung bei der embryonalen Stammzellforschung am 30. Januar 2002 im Deutschen Bundestag

„Die Ethik des Einzelnen": Rede anlässlich des 60. Bestehens des Rheinischen Merkurs am 13. Juni 2006 in Königswinter

„Wir müssen kämpferischer werden": Rede von Bundeskanzlerin Angela Merkel in der Katholischen Akademie München am 21. Juli 2009

6. Partei

„Keine Alternative zu unserem Kurs der Aufklärung": Rede beim CDU-Parteitag am 10. April 2000 in Essen

„Deutschland kann mehr": Rede beim CDU-Parteitag am 1. Dezember 2003 in Leipzig

„Da, wo wir sind, ist die Mitte": Rede auf dem CDU-Parteitag am 3. Dezember 2007 in Hannover

7. Einheit

„Die Fähigkeit, auf leise Töne zu hören": Rede auf dem CDU-Parteitag am 15. Dezember 1991 in Dresden

„Gehe ins Offene": Rede beim Festakt zum Tag der Deutschen Einheit am 3. Oktober 2006 in Kiel

„Kein schablonenartiger Rückblick auf die ehemalige DDR": Rede zum 70. Geburtstag von Joachim Gauck am 22. Januar 2010 in Berlin

8. Geschichte

„Die Anerkennung der Singularität des Holocaust": Rede auf dem CDU-Parteitag am 1. Dezember 2003 in Leipzig

„Der aufrechte Gang ist alltägliche Verpflichtung": Rede zur Verleihung des Leo-Baeck-Preises am 6. November 2007 in Berlin

„Deutschland wird Israel nie allein lassen": Rede vor der Knesset am 18. März 2008 in Jerusalem

„Wir dürfen nicht schweigen": Rede auf der Gedenkveranstaltung zum 70. Jahrestag der Pogromnacht von 1938 am 9. November 2008 in der Synagoge Rykestraße in Berlin

9. Nachbarn

„Europa ist einzigartig“: Rede anlässlich der Verleihung des Internationalen Karlspreises am 1. Mai 2008 in Aachen

„Vive la France“: Rede zum Gedenktag des Waffenstillstands nach dem Ersten Weltkrieg am 11. November 2009 in Paris

„Ich gedenke aller Polen“: Rede bei der Gedenkveranstaltung zum 70. Jahrestag des Ausbruchs des Zweiten Weltkriegs am 1. September 2009 in Danzig

„Wir erinnern uns nicht, um alte Wunden aufzureißen“: Rede beim „Tag der Heimat“ des Bundes der Vertriebenen am 22. August 2009 in Berlin

10. Westen

„Ich habe mich begeistert für den American Dream“: Rede vor dem Kongress der Vereinigten Staaten von Amerika am 3. November 2009 in Washington

„Nie wieder ein deutscher Sonderweg!“: Rede zum Irakkonflikt am 13. Februar 2003 im Deutschen Bundestag

„Die Verteidigung der Menschenrechte hat ihren Preis“: Regierungserklärung zur Londoner Afghanistan-Konferenz am 27. Januar 2010 im Deutschen Bundestag

„Die NATO muss ein Ort politischer Diskussionen sein“: Rede anlässlich der 45. Sicherheitskonferenz am 7. Februar 2009 in München

11. Persönlichkeiten

„Na klar habe ich Vorbilder“: Vortrag auf dem Evangelischen Kirchentag am 17. Juni 1995 in Hamburg

„Frauen sind wie Teebeutel“: Laudatio anlässlich der Verleihung des Deutschen Medienpreises an Hillary Clinton am 13. Februar 2005 in Baden-Baden

„Warum wird Schröder nicht aufgehängt?“: Rede anlässlich der Übergabe des offiziellen Porträts von Bundeskanzler a.D. Gerhard Schröder an das Bundeskanzleramt am 10. Juli 2007 in Berlin

„Auch wenn es manchmal zwischen uns ein bisschen gekracht hat“: Rede zur Verabschiedung von Edmund Stoiber am 26. November 2007 in der Bayerischen Landesvertretung in Berlin

„Der richtige Kanzler in der falschen Partei“: Rede anlässlich der Verleihung des „Osgar“-Medienpreises an Bundeskanzler a.D. Helmut Schmidt am 24. Juni 2008 in Leipzig